COMMENT LA PSYCHANALYSE PEUT CHANGER LA VIE

De Sophie Carquain dans Le Livre de Poche :

PETITES HISTOIRES POUR DEVENIR GRAND

PETITES HISTOIRES POUR DEVENIR GRAND, 2

SOPHIE CARQUAIN et MARYSE VAILLANT

Comment la psychanalyse peut changer la vie

ALBIN MICHEL

ISBN : 978-2-253-16618-4 – 1re publication LGF

Introduction

Leur vie est un roman

Salomé, trente-quatre ans, analyste financière, a commencé une analyse par « manque de père » (elle a connu le sien à l'âge de vingt ans) ; Gabrielle, trente-six ans, directrice des ressources humaines, parce qu'elle a passé son enfance sous l'emprise maternelle ; Agathe, trente-neuf ans, enseignante, parce qu'elle est une « survivante » d'une fratrie de trois (elle a enterré son petit frère, puis sa petite sœur à quelques années d'intervalle) ; Isabelle, quarante ans, chef de projet, parce qu'elle a connu peu ou prou la maladie des *Mots pour le dire* de Marie Cardinal ; Nicolas, architecte de quarante-cinq ans, parce qu'il était fou amoureux de sa mère ; Louise, quarante-deux ans, journaliste, parce qu'elle ne parvenait pas à concevoir de bébé...

Voici onze témoignages. Onze parcours d'ex-analysants ou d'analysants « en cours », qui s'expriment, s'émeuvent, souffrent... qui vivent sous nos yeux comme des personnages de théâtre. Ou de roman.

On assistera avec eux à la rencontre du patient et du psy, à la naissance du transfert, aux séances cruciales sur le divan ou dans le fauteuil – séances vérité qui peuvent débloquer des nœuds mortifères, séances de silence et de frustration, séances d'émerveillement, d'émotions et d'hallucinations quand, par le pouvoir d'un mot, on comprend enfin sa vérité.

On les voit vivre, grandir, souffrir, pleurer, se révéler à eux-mêmes, se révolter, se découvrir… Tous sont arrivés avec un symptôme – crises d'angoisse, incapacité à se concentrer, sentiment d'échec, douleurs de ventre – et l'impression commune d'abriter au fond d'eux un *alien* qui se réveille de temps à autre. « J'étais Dr Jekyll et Mrs Hyde, confesse Agathe, une femme que je ne comprenais pas, qui m'était étrangère. » Nous lirons toutes les étapes de leur métamorphose ou de leur prise de conscience, l'accouchement de leur vérité, comme dans un roman. Nous verrons qu'aucune malédiction n'est irréversible, mais que l'on peut, sur le divan, se « désensorceler ». Car nous naissons dans le verbe, pris, emmêlés dans un tissu de mots, que nous pouvons aussi « détricoter » grâce à la relation transférentielle avec le psychanalyste.

Ces histoires, nous les avons classées par chapitres – l'emprise maternelle, la quête du père, les impasses du corps, la question du deuil, le poids de la famille – en tirant le fil rouge, l'élément moteur de chacune. Ces chapitres ne sont bien évidemment pas étanches : Gabrielle, souffrant d'emprise maternelle, a également un pied dans « Les impasses du corps » ; inversement, Louise, que nous avons située au chapitre « Les impasses du corps », a quelque chose à voir avec l'emprise maternelle.

Si singulières soient-elles, ces onze vies ont une portée universelle. Les personnages nous ressemblent, car ils ont la force de l'archétype. Leurs histoires n'ont-elles pas la portée symbolique des contes ?

Tous, nous naissons enfants-rois, sceptre dans la main, dans toute notre puissance d'enfant. Et puis, un jour, un mot, une malédiction, une fée Carabosse, le fantôme de la mort qui rôde... et nous voilà submergés par un symptôme, pris à la gorge.

Alors, il faut pénétrer derrière les apparences, avec la loupe de Sherlock Holmes ; lire les symptômes comme autant de « déplacements littéraires », décrypter les charges métaphoriques, métonymiques, la portée d'un rêve, en se gardant d'être trop près de l'évidence. Et c'est cela qui est passionnant : pousser la porte de l'invisible, pénétrer derrière le monde des apparences. Lever le voile...

Traquer les indices, favoriser les associations, tel est le rôle du psychanalyste. À côté des témoins, nous lirons dans ce livre onze portraits de psys, ces « présences taiseuses ». Certains sont mutiques, d'autres un peu plus bavards, certains « se plantent », d'autres gèrent difficilement leur contre-transfert ou leurs crises de colère !

Tout cela, nous l'avons voulu toutes les deux sans langue de bois. Sans « dévoterie » excessive.

Les « propos de fauteuil » ne sont pas des analyses de cure, mais plutôt des explications éclairant ce qu'est une analyse et ce que l'on peut en attendre. En contrepoint, deux psychanalystes, Catherine Mathelin et J.-D. Nasio, nous ont confié, sans fard, leur parcours sur le divan.

Enfin, cinq célébrités – Marie Darrieussecq, Irène Frain, Frédéric Mitterrand, Charles Berling et Christine Orban – expliquent comment la psychanalyse leur a permis de puiser en eux suffisamment de confiance pour gérer leur vie d'artiste, supporter les aléas et les surprises de l'existence, naviguer entre les morts ou libérer une imagination en sommeil. Bref, pour devenir ce que nous devrions tous être, créateurs de notre propre vie.

I

L'emprise maternelle

Gabrielle, 36 ans, directrice des ressources humaines

« On appelait ma mère Pinochet »

Un visage pâle, encadré par de longs cheveux châtains, des boucles d'oreilles en argent et un « total look » black, de la pointe de l'escarpin au pull. Si Gabrielle était une ado, on la dirait « gothique ». Or elle me fixe rendez-vous dans un lieu Tropicana où l'on sert des jus de fruits mixés et des boules de tarama qui ressemblent à de la glace à la fraise. On se croirait presque au Club Med. « Je suis archi-gaie et positive, annonce d'emblée Gabrielle. À l'intérieur, faut pas croire, je suis plutôt rose bonbon, palmiers et compagnie ! » Gabrielle est rayonnante : « Je n'ai jamais été aussi heureuse », dit-elle. Et pourtant, elle vient d'accoucher d'un petit garçon trisomique. Peut-être parce qu'elle fait partie de ces gens, rares, qui s'autorisent à penser par-delà les conventions, les on-dit. « La psychanalyse sert aussi à cela, à développer une vraie conscience de la vie. La bêtise, le manque d'intelligence sont aussi un symptôme. » Je comprendrai un peu plus tard qu'elle parle de sa mère...

Une autre que moi

J'ai passé mon enfance dans une maison proprette, en Suisse romande, avec Fabienne, ma sœur aînée de dix-huit mois, une mère toute-puissante et un père qui n'avait pas voix au chapitre. J'étais d'un naturel gai, mais empoisonnée par un petit nuage noir qui flottait au fond de moi. Il n'y avait qu'à l'école que je me sentais vraiment bien. Les études ont toujours été ma planche de salut car, pour m'en sortir, je bossais. Les envies de réussir, ça vient aussi d'une envie d'en sortir ! Je voulais sortir de mon trou.

À dix-neuf ans, j'ai suivi des études de droit, puis intégré une *business school*, loin, très loin de la Suisse. C'est là, sans doute par décompensation brutale, que mes symptômes ont empiré. J'étais triste, oppressée en permanence et je souffrais de crises d'étouffement. Le petit nuage noir avait grossi jusqu'à m'étrangler. Je pensais, par intermittences et plutôt doucement, au suicide. J'aurais pu plonger, sans cette petite voix salvatrice, au fond de moi, qui murmurait : « Gabrielle, ça n'est pas toi. Tu n'es pas ça. »

Qui était cette personne, en moi, qui me persécutait, avec sa déprime permanente, son malaise existentiel ? Je savais qu'il y avait de la gaieté, tout au fond de moi, camouflée sous de vieux oripeaux, qui ne demandait qu'à s'exprimer.

Le déclic qui m'a poussée à consulter a été mon problème de poids : douze kilos en trop, à vingt-deux ans, il y a de quoi se sentir mal. Cette graisse, c'était le signe capitonné de ma névrose. J'en étais d'autant plus persuadée qu'aucun régime, si restrictif soit-il, n'y pouvait rien. De son côté, ma sœur s'était mise rapidement à voir un psychanalyste. Quand je suis arrivée à Paris, je me suis décidée à consulter.

Un univers glacé

Très, très vite, chez ce psy, j'ai parlé de ma mère, castratrice, destructrice. Toute-puissante. « Ses regards, disais-je à mon psy, me glaçaient. Ma sœur aînée et moi l'appelions Pinochet, c'est vous dire ! » Mon psy souriait. Il m'a vite demandé : « Et votre père ? » Mais mon père était faible, je n'avais pour l'instant rien à en dire. « Il n'y avait aucun contrepoids à la puissance de ma mère », expliquais-je.

J'ai très vite compris que ma mère était malade, et pas moi. Et ça m'a révoltée ! « Pourquoi c'est moi qui suis là ? Et pas elle ? Ce n'est pas moi qui ai besoin de ce travail ! C'est elle qui aurait dû payer, non ? » Mon psy m'a immédiatement et fermement recadrée : « C'est comme ça et pas autrement. Vous avez reçu cela, c'est votre valise familiale, inutile de vous rebeller. Il faut se mettre au travail. » Alors, je me suis mise au travail. Et j'ai raconté.

Je vivais dans un univers sidérant, dans lequel chaque mot était pesé, comptabilisé, chaque geste scruté comme s'il s'était agi du dernier... Dès la deuxième séance m'est revenue en mémoire cette phrase, qui avait été le leitmotiv pendant mon enfance. Un leitmotiv mortifère : « Il suffit d'une fois pour... » Une fois pour perdre sa réputation, pour se casser une jambe, se faire mal, avoir un accident, se faire une coupure... C'est une formule terrible et glaçante. Quand vous entendez cette phrase, ça tue dans l'œuf tout élan spontané, toute créativité. Un peu comme ces mères qui soulignent à longueur de temps : « Tu vas te faire mal, casser ton verre... Tu vois ? Je te l'avais bien dit. » Cette phrase, nous l'avons longuement disséquée, avec mon psy. Ça va jusqu'à freiner votre processus de croissance. De fait, ma mère ne voulait pas nous voir grandir. Elle stérilisait tout processus d'individualisation et de différenciation. C'était comme un dispositif, caché dans chacune de mes cellules, qui m'empêchait de pousser.

Une chambre sans jeu... une chambre sans je...

« Comment était votre chambre ? » demanda mon psy. Je réalisai alors que j'en avais été privée. La pièce que nous occupions, ma sœur et moi, était un espace pour dormir, un point c'est tout. Pas de jeu – de je, pourrait-on dire. Pour aller jouer, il fallait se rendre au sous-sol, dans une salle collective. En fait, il n'y avait aucun espace dans lequel chacune pouvait s'individualiser. Ça aussi, c'était une façon de nous interdire de grandir. Des chambres, j'en vins à l'obsession du ménage. Je me rappelai ces jours où ma mère nous demandait de briquer, de ranger, de faire le lit au carré. Et elle passait son regard par la porte pour inspecter. Le plus fort, disais-je à mon psy, c'est que ma mère l'affirmait, en toute conscience : « J'ai toujours voulu faire de vous ce qu'il y a de mieux à mes yeux : des filles bien éduquées, policées, irréprochables. Vous façonner comme je voulais. » C'est cela que je devais accomplir devant mon psy : déjouer la prédiction maternelle, ne plus être une poupée entre les mains de cette mère abusive. Bref, me « dépouponner ».

La mainmise jusque dans l'assiette

Le psy hochait la tête et me disait : « La souffrance a commencé chez vous très tôt. » Cette phrase levier suffisait pour faire ressurgir des choses. Ramenée au cœur de l'enfance, je me souvenais de certaines scènes militaires, à table. Nous deux, ma sœur et moi, étranglées par la serviette blanche en coton, devant notre assiette, à la table rectangulaire, dans le plus profond silence, avec le tic-tac de l'horloge, sous les yeux de maman. Nous devions manger comme elle l'entendait. Quand j'ai commencé à m'arrondir à l'adolescence, mon assiette était, plus que jamais, « sous contrôle ». « Mange ça, non, pas trop de pain. Oui, des carottes râpées. Encore des pâtes ? Attention ! Pas trop de sel. » Elle s'installait face à nous et passait son temps à nous inspecter, comme une sergente en chef.

Bien sûr, toutes les mères veulent développer le goût de leurs enfants et préserver leur santé. Mais, avec son œil de Moscou, elle avait une idée précise de la quantité que nous devions ingérer, à la rondelle de carotte et à la bouchée près ! Quand vous êtes un enfant, que faites-vous ? Vous suivez votre mère, les yeux fermés, vous ouvrez le bec, comme un oisillon, pour que la mère oiseau laisse tomber la bouillie dedans. Ce faisant, vous ne prêtez pas attention à vos propres besoins. Sans savoir si vous avez faim, sommeil, si vous êtes crevé... Il y a de quoi vous mettre en danger.

Massacre des innocents

Un peu comme si le gel se mettait à fondre, comme si quelque chose se débridait en moi, dès le début de cette thérapie, je me suis remise à rêver très fort. C'étaient des rêves abracadabrants, sophistiqués, comme des contes, avec lesquels j'arrivais en séance. Il y avait ce rêve récurrent et éloquent : je me retrouvais dans l'arène, toute seule, et soudain, une armée de lions et de tigres arrivait pour me dévorer. C'était le massacre des innocents transposé dans l'arène familiale, les félins représentant bien sûr le danger maternel. Une vraie scène biblique. Un régal pour un psy, il faut bien le dire !

Je faisais un autre rêve, incestueux. Je me retrouvais aux prises avec un adulte qui abusait de moi. Je me suis demandé, comme on peut se le demander quand on fait une thérapie, s'il ne s'agissait pas d'un inceste, vécu dans ma petite enfance, que j'aurais refoulé, au plus loin de mon inconscient, pour ne plus avoir à le revivre. Qui ne s'est jamais posé cette question en analyse? Vous allez si loin dans le « revécu » de vos souvenirs. Un certain nombre de mes amies se posent la question de savoir si elles ont été abusées au sens propre.

Mais mon psy me détrompait. Pour lui, cette attitude incestueuse était là encore la métaphore de l'abus maternel, de la manipulation. Car j'avais été, d'une certaine façon, abusée.

Garçon manqué

Mon psychothérapeute était comme un extraterrestre dans le monde psy. Il intervenait beaucoup ; il était même bavard. Je sais que, dans le sérail psy, ça n'est parfois pas bien considéré. Mais c'est ce qui me fallait, à moi. Il me fallait quelqu'un qui exprime l'anormalité de ce que j'avais vécu. S'il m'avait laissée mariner dans le silence, peut-être aurais-je douté, dès le départ. Peut-être aurais-je cherché à l'excuser? À me culpabiliser? Après tout, une maman est naturellement bienveillante pour ses enfants, non? Surtout une maman qui dit vous aimer... Et pourtant, elle était très toxique!

Mais lui ouvrait de grands yeux, hochait la tête, soupirait avec force, en prenant l'air ostensiblement effaré par mes révélations. Assez vite, il a souligné l'énormité de ce comportement de ma mère par quelques phrases : « J'en ai vu beaucoup des mères névrosées, mais la vôtre est gratinée! »

Oui, elle était gratinée ! Ne m'avait-elle pas dit, quand j'avais dix-huit ans, que j'étais un accident ? Je suis née dix-huit mois après ma sœur, elle aurait volontiers attendu, et elle prononçait tout de même le mot devant moi. « Tu es un accident ! » Accident d'autant plus inattendu qu'elle espérait un garçon. Elle m'a prénommée Gabrielle parce que c'est un prénom mixte, et aussi, m'a-t-elle dit, pour me marquer du sceau du G, comme garçon. Comme Gérald, mon père, et Gaston, mon grand-père. J'étais censée pérenniser le patronyme de mon père. Mais je n'étais qu'une fille, c'est-à-dire un garçon raté.

Privée de règles

J'ai passé toute mon adolescence les cheveux tondus, trois centimètres sur le crâne, comme punie, finalement, sans une once de maquillage, assez peu apprêtée, camouflée sous des vêtements sacs à patates. Bref, un garçon franchement manqué dans un corps trop rond pour moi, histoire de bien me soustraire au regard des hommes ! Une mère abusive ne vous transmet bien entendu pas le flambeau de la féminité. Donc je lui obéissais inconsciemment sans sourciller. Je faisais tout pour obéir à cette injonction implicite : « Ne grandis pas ! Reste un bébé ! Reste mon bébé. »

Mon corps lui a obéi. Je n'ai pas eu mes règles pendant mon adolescence. Je les ai eues à peu près une fois par an, entre treize et vingt-sept ans. Ainsi, elle avait vraiment réussi à faire de moi sa poupée sans sève, sans vie ! Le regard de ma mère sur moi était, disais-je à mon psy, comme une sorte de rayon laser mortifère, qui pénétrait loin en moi, parvenant à me stériliser. Je comprenais aussi à quoi servait cette couche de graisse dont je m'enrobais : c'était un réflexe de mon corps pour me soustraire à l'œil de Moscou.

Le désir des hommes

Je racontais à mon psy à quel point, à l'adolescence, ma vie amoureuse avait été d'une pauvreté crasse. J'éconduisais les garçons qui me draguaient, ou je m'offrais une petite aventure avec un homme pas libre, ou bien encore je m'arrangeais pour que ça dure trois mois, pas plus. C'était un peu Blanche-Neige, qui s'amourache de nains, des garçons pas à la hauteur, qui ne pouvaient tenir le choc. Il y avait de la mère derrière tout cela. Du trop de mère. Pour autant, heureusement, je n'étais pas frigide ni trop coincée au lit – la puissance maternelle n'avait pas réussi à me voler ça. Un jour, mon psy m'a dit, toujours en hochant la tête : « Vous avez de sacrées ressources intérieures. Vous vous en êtes sortie grâce à vos ressources psychiques. »

La menace de l'intérieur

Sans cet élan vital, j'aurais pu devenir dingue. C'est assez mystérieux, du reste. Qu'est-ce qui fait que vous vous en sortez ? Que vous avez cette force, au fond de vous ? « Vous savez, disais-je à mon psy, je pense que j'ai frôlé l'autisme quand j'étais petite. » Je lui racontais que j'avais été repliée sur moi-même, peu ouverte aux autres. Fermée sur le monde. Je me suis souvenue que, toute petite, j'entendais mal, comme si mes oreilles s'étaient bouchées. Je suis certaine d'avoir développé une forme de surdité psychique. Je me souvenais aussi que j'étais terrorisée par l'extérieur – par le téléphone qui sonnait, quelqu'un qui venait frapper à la porte. Ça me faisait trembler ! Je me réfugiais comme une petite souris dans ma chambre, comme si la terre allait s'ouvrir et m'engloutir. « Vous pensiez que la menace venait de l'extérieur, analysait mon psy, car vous ne vouliez pas vous imaginer un instant qu'elle venait de l'intérieur, de votre mère. »

Mon psy m'a alors dit que j'avais en effet sans doute eu une très forte tentation de repli autistique, que j'avais tout verrouillé de l'intérieur, l'accès à l'autre (mes relations avec les garçons) et même l'accès à mes propres émotions. Il m'a dit aussi, je m'en souviens : « Certains enfants sombrent dans la psychose pour moins que ça. Vous, vous avez tout fermé et laissé passer la tempête. C'était votre façon de vous protéger. Et vous y êtes parvenue sans trop d'encombre. »

J'avais en moi suffisamment de ressources créatrices pour passer outre et m'en sortir. Il a énormément insisté sur ces ressources créatrices. Pour lui, c'était la clé de la thérapie. Il m'a dit : « Réfléchissez-y, essayez de créer, développez vos talents. » Pour mon psy, la créativité était la planche de salut ; car c'était là que l'individu s'exprimait, dans toute sa singularité. Qu'il affirmait sa légitimité d'exister.

Divine surprise

Il m'a fallu deux ans environ pour me récupérer et me sentir mieux. C'est à ce moment-là, à vingt-huit ans, que j'ai rencontré mon mari. Sincèrement, je pense que sans ce travail, je me serais, là encore, braquée contre les garçons.

Femme gelée et pétrifiée, je ne me serais pas laissée aller à cette rencontre.

C'est cela que m'a apporté l'analyse : faire confiance, accepter ce que la marée vous apporte chaque matin, saisir au vol, sans en être effrayé, sans en être démoli, la surprise, l'inattendu. Tout ce que ma mère, dans sa toute-puissance, son désir de maîtrise absolue, ne m'avait pas enseigné.

Alors quelque chose d'incroyable s'est produit : du jour où j'ai rencontré mon mari, mes règles ont réapparu, sans que je n'aie rien fait pour cela. Second effet : je me suis mise à maigrir de sept kilos, spontanément ! Et je vous assure qu'il n'était pas question de régime alimentaire. J'avais un appétit d'ogre, je mangeais comme quatre. Je me souviens d'orgies de gâteaux au chocolat, Olivier et moi allions au resto tous les soirs... Et je maigrissais. J'étais heureuse. Je me suis laissé pousser les cheveux. J'ai suspendu ma cure.

Attentif à ses besoins et à ses désirs

Et puis un jour, à trente ans, j'ai eu une sorte de rechute. Aux toilettes, il m'est arrivé quelque chose de foudroyant : une fissure anale. Je me suis déchirée de l'intérieur. Cela se manifeste par des pertes de sang au niveau de l'anus et surtout une douleur abominable et terrifiante. J'ai perdu trois kilos en deux jours, à cause de la douleur. Je ne connais rien de plus horrible.

C'est ce qui m'a fait revenir en thérapie, moi qui étais persuadée de l'influence du psychisme sur le corps. À peine avais-je pris place devant lui qu'il m'a dit : « Vous avez encore voulu tout maîtriser, tout contrôler. Vous n'avez pas prêté attention à vos besoins. » Faire ses besoins, prêter attention à ses besoins : bien sûr ! J'ai compris, alors, ce qu'il voulait me dire. Comment percevoir ses propres besoins quand vous avez été manipulé comme une marionnette pendant toutes ces années ? Quand votre mère va jusqu'à régenter votre assiette, votre appétit...

Des hommes malmenés

À partir de cette notion de besoin qui me ramenait tant à ma mère, j'en suis venue au désir. Et j'ai enchaîné, cette fois assez rapidement, sur mon père, qui avait été le grand absent de ma psychothérapie. Mais n'était-ce pas logique ? N'avait-il pas vécu en demi-teinte, étouffé par la toute-puissance maternelle ? J'avais tout simplement reproduit en séance les déséquilibres de ce couple.

« Chez moi, disais-je à mon psy, les hommes ont toujours été méprisés par les femmes, traités plus bas que terre, considérés comme des violeurs potentiels. » Mais pourquoi ? Je compris que ma mère agissait ainsi par peur des hommes – peur de ce désir masculin qui menaçait de réveiller en elle son propre désir. Tout cela risquait de ruiner cette superbe maîtrise d'elle-même. La sexualité est perçue comme une menace pour les gens qui contrôlent tout.

Quelles relations ont ils eues, tous les deux ? Je pense que ça ne devait pas être le Pérou entre eux. Mon père avait eu une aventure pendant que ma mère était enceinte de moi, elle le lui avait fait payer toute sa vie. « Il suffit d'une fois pour ! » Elle ne lui a jamais pardonné. Elle ne pardonnait jamais. Je ne sais même pas s'ils avaient encore des relations sexuelles car mon père m'avait confié un jour : « Ça n'intéresse pas du tout ta mère. » J'avais vingt-cinq ans quand il me l'a dit. C'est le genre de révélation dont, franchement, on se passerait bien.

Désirs de père

Je débusquais mon père, je l'arrachais à l'ombre maternelle. Je comprenais, face à ce psy qui me permettait de revivre le visible mais aussi l'invisible, à quel point, toute petite déjà, j'avais reçu comme une gifle le désir de mon père, ce désir non assouvi dans le lit conjugal et qu'il reportait sur moi. Ce désir suintait par tous les pores de sa peau. Me désirait-il consciemment ? Ça, je ne sais pas. Mais quand il me regardait, il rayonnait. Et ça, c'est terriblement déstabilisant pour une adolescente. C'était comme si à la menace maternelle venait s'ajouter la menace paternelle. Ce double danger, de part et d'autre, me crevait. J'étais épuisée. C'était donc ça, aussi, la cause de mon mal-être.

Je me rappelais alors ces scènes où, seule dans ma chambre, devant mon miroir, je prenais ma tête entre mes mains et je hurlais intérieurement : « Ne me touche pas ! Ne me regarde pas ! » On ne parle pas assez de ces incestes platoniques, mais je pense qu'ils peuvent faire beaucoup de mal. Il y a, là encore, de quoi vous geler, de quoi vous faire couper vos cheveux en quatre, de quoi vous faire grossir de douze kilos ! Je réalisais alors qu'entre le regard de Méduse de ma mère et le regard désirant de mon père, je m'étais progressivement transformée en statue. Un genre de Botero difforme, histoire d'éloigner les indésirables.

J'avais parlé pendant quatre ans quasi exclusivement de ma mère. Mais je n'avais pas parlé de mon « non-père », de ce père absent, si peu père, donc beaucoup trop homme !

Ce « violeur potentiel », aurait dit ma mère. Cette prise de conscience a achevé de me libérer.

Gaspard et moi : deux garçons manqués

Olivier et moi avons eu deux enfants : Violette, qui a deux ans et demi aujourd'hui, et, il y a neuf mois, Gaspard. Sans aucun signe précurseur à l'échographie – ni épaisseur de la nuque, ni malformation cardiaque, rien – Gaspard est né trisomique. Encore une « surprise », un « accident » de la vie ? Après quelques heures de doute à attendre le résultat du caryotype, nous avons été fixés. Je l'ai pour ma part très bien accepté, car tout cela faisait sens. Grâce à la psychothérapie, j'ai intégré Gaspard dans mon parcours et dans ma vie. Il était, après ma fille aînée, le garçon que tout le monde attendait – mais un garçon handicapé, intellectuellement parlant, qui renvoyait à moi, garçon manqué ; j'ajouterai que, dès l'âge de dix-huit ans, je me suis toujours sentie « handicapée de la vie »...

Certains penseront que je pousse un peu l'interprétation ? Mais, pour moi, la force de l'esprit sur la matière est colossale. Tout est psychosomatique, et pas uniquement les rhumes et les cancers. Chaque cellule, dans notre corps, est régie par notre cerveau. Quand on est amoureux, on est lumineux, on est beau. À force d'être triste, on tombe malade. N'en avais-je pas été la preuve vivante, avec mes règles qui avaient réapparu au moment où je découvrais les délices de la féminité ?

Gaspard n'est pas né par hasard. Je suis un numéro deux, lui aussi. Je m'appelle Gabrielle, lui aussi est marqué du sceau du G, comme garçon. Avec moi, pauvre fille, disparaissait le nom de mon père (j'étais la seconde, et une fille en plus). Avec Gaspard s'évanouit le patronyme de mon mari, car les hommes trisomiques sont congénitalement stériles.

Enfant inachevé

Bref, avec Gaspard, j'ai le sentiment de n'être pas parvenue à échapper totalement à l'emprise maternelle, à cette terrible programmation puisque j'ai fait un garçon castré, le contraire d'un « violeur potentiel ». Cette terreur de l'homme désirant était telle qu'elle s'est infiltrée en moi, je pense. Malgré toute ma bonne volonté et mon travail personnel, je ne suis pas parvenue à déjouer le plan qui a pesé sur moi, et que j'ai moi-même légué à mon fils, en en faisant un petit d'homme stérile. Dans ce cas-là, comme dans l'histoire de la fissure anale, mon corps avait pris le relais, et j'avais fabriqué un garçon inachevé, incomplet. Il fallait bien voir la vérité en face, et aller jusqu'au bout du décodage : cet enfant inachevé faisait écho à mon analyse inachevée.

Ma mère a parfaitement perçu l'enjeu de cette histoire. À sa manière. Une semaine après l'accouchement, quand nous avons été fixés sur les résultats du caryotype, elle m'a suggéré d'envisager rapidement une autre grossesse. De me faire donner des « substances » – c'était le terme employé – pour « concevoir enfin un garçon, un vrai ! » a-t-elle précisé. Comme si Gaspard n'avait pas été un vrai garçon.

Degré supérieur de conscience

Pour se comprendre soi et comprendre les autres, il faut lire les signes cachés, les décoder. La psychanalyse m'a permis d'accéder à ce degré supérieur de conscience, à cette intelligence de l'implicite. Certains, comme ma mère, n'y parviendront jamais. Certains ne pourront jamais sortir des ornières qu'ils se sont fixés. La bêtise est un symptôme. À l'arrivée de Gaspard dans nos vies, ma mère a ressassé sa colère. Il fallait chercher les coupables, faire un procès. Elle éructait de colère, dénonçait le monde entier, m'encourageait même à intenter un procès aux médecins. Elle me disait ça, à moi ! Je l'ai regardée et je lui ai dit : « Tu ne m'aides pas. Repars chez toi, si c'est pour me dire ça ! »

Penser, c'est créer

La psychanalyse vous donne le courage de penser loin. Loin des codes, des ornières, comme un électron libre. « Penser, c'est penser jusqu'où on pourrait penser différemment. » Cette phrase de Michel Foucault, qui pensait seul contre tous, au-delà des clichés, je la comprends parfaitement depuis ma psychothérapie. Penser, c'est donc créer. N'ai-je pas suivi en cela le conseil de mon psy ?

Aujourd'hui, après avoir flirté avec le dessin, la peinture, je me suis découvert un talent de conteuse. J'écris, je mets en scène et je joue à la médiathèque de mon quartier. Un jour, en thérapie, j'ai lu un de mes contes à mon psy, et nous avons décodé ensemble tous mes thèmes obscurs : un peuple de lutins, des statues (la poupée façonnée par ma mère), une chevelure arrachée (la féminité). Même le titre était éloquent : *Le Magnolia*, la fleur qui tombe au premier coup de gel. Le gel, ç'avait été mon univers d'enfant, un univers gelé par le regard pétrifiant de ma mère.

Toutes nos histoires ressemblent à des contes de fées. Elles en ont la puissance, le merveilleux, les signes, les déplacements métaphoriques, les figures de style. Le vrai sens de la vie est le sens caché, que la thérapie m'a aidée à dévoiler. Et alors, quelle jouissance on a à comprendre cela ! Ce qui mène le monde, ce n'est pas le sexe ou l'argent. C'est cette force spirituelle, ce délice de l'intelligence, au fond de nous, qui ne demande qu'à exister.

Nicolas, 45 ans, architecte

« Ma mère était une reine toute-puissante »

Ses mains. Des mains si fines, si féminines. Quand on voit Nicolas, ce que l'on remarque tout d'abord, ce sont ses mains de pianiste, plutôt en désaccord avec sa carrure de rugbyman. Nicolas est un bon vivant, il aime manger, il aime aussi beaucoup les jeunes femmes, reconnaît une surconsommation. Il aime également rire et glousser. On sait bien qu'il faut se méfier des gens sujets aux fous rires : les larmes ne sont jamais bien loin.

Nicolas m'avait fait quelques confidences, des histoires de cœur qui tournent court, des bribes d'analyse avec sa psy, avouant au passage un œdipe qui traîne... Une mère très belle. Nous riions de ses exploits donjuanesques : « Elle ? Tu veux dire Caroline ? Ah non. Françoise ? – Non, Catherine. – Encore une autre ? » Bref, côté confidences, nous en étions restés au niveau café du commerce. Il fait partie de ces amitiés précieuses pour une femme, qui vous donnent l'impression d'un peu mieux pénétrer l'âme des hommes.

Ce soir-là, Nicolas a fini de rire. Il a décidé de parler, dans un café du Quartier latin, avec la radio en toile de fond. Il m'annonce : « Ce que je te dis là, je ne l'ai dit à personne, enfin, à personne d'autre qu'elle, ma psy. »

Le choix de ma mère

Mon enfance a été rude, douloureuse. J'étais un gamin qui souffrait en permanence. Quand j'ai eu cinq ans, mes parents ont divorcé. Ma mère a obtenu la garde de ses trois enfants. Isabelle, ma sœur aînée, moi, l'enfant du milieu, et Jean-Stéphane, mon petit frère. Une lourde charge pour elle seule, si lourde qu'elle a décidé de ne garder que deux enfants et de me confier à ma grand-mère. Ça nous ramène un peu au *Choix de Sophie*, le livre de Styron, non ? Pourquoi m'a-t-elle rejeté, moi ? J'étais le plus chétif, expliquait-elle, le moins costaud, sujet aux sinusites chroniques. Et voilà comment je me suis retrouvé, du jour au lendemain, élevé par cette vraie grand-mère (mais fausse mère), rêvant de cette mère qui jamais ne m'a pris dans ses bras, jamais ne m'a donné un câlin... et que j'admirais, que j'aimais, que je désirais, même, en secret, tout en sachant que c'était mal, très mal. Cette culpabilité m'a détruit.

J'étais un petit garçon replié sur lui-même, totalement distrait, loin de tout et de tous. On se moquait de moi à l'école. J'étais atteint d'un symptôme bizarre : j'avais souvent l'impression que l'air était empoisonné, que j'allais étouffer. C'est pas très ragoûtant à raconter, mais je crachais pour rejeter ce poison. Un jour, il m'est même arrivé de cracher dans un gobelet, à l'école, et le gobelet est tombé... Tout le monde a hurlé de rire. La honte.

Je ne pouvais pas m'intégrer dans un groupe, j'étais asocial, dans ma bulle. Cette distraction me protégeait de la dureté de ce monde. Dans mes rêves, je me révoltais. Dans mes jeux aussi. Je jouais aux Lego et j'inventais l'histoire d'un personnage, bouc émissaire, victime des autres, qui finissait par devenir capitaine.

Le « complexe du crayon »

J'ai continué et grandi ainsi. J'étais mal, et même super-mal. La souffrance m'accompagnait tous les jours. En allant à l'école, en m'ennuyant en classe, en rentrant chez ma grand-mère, en sirotant son chocolat chaud. Seul. Grandir, souffrir : comme cela rimait, dans mon esprit ! Comme j'étais un élève plutôt médiocre, j'ai décidé de poursuivre des études de dessin industriel. C'est alors que j'ai réalisé quelque chose : mon crayon ne pouvait pas continuer. J'avais envie, consciemment, d'avancer, mais mon crayon, lui, n'avançait pas, ou très difficilement. Comme s'il était devenu autonome, comme si quelque chose me dépassait.

J'ai pourtant poursuivi. Je me suis inscrit en école d'archi, comme un bon petit soldat Lego qui veut devenir capitaine. C'est alors que tout est parti en eau de boudin. Toujours le même symptôme du crayon ou de la main, si vous voulez. J'étais très bon en théorie : esthétique, philosophie de l'architecture – toujours mon côté lunaire, Pierrot lunaire, dans ma bulle. Mais au moment où il fallait concrétiser et attraper le crayon, vlan ! tout retombait par terre.

Le jour où j'ai craqué... alors là, je m'en souviens très bien. Nous avions formé un « trinôme », avec des copains, nous devions bosser sur un projet d'immeuble. Je me suis senti minable, car je n'ai pas apporté une seule idée. Nous avons fini par nous engueuler, avec mes deux autres copains, Fabrice et Philippe. Ça ne pouvait plus durer. Ce sentiment d'échec absolu, de nullité, me ruinait la vie.

Avec les filles

Côté vie privée, ce n'était pas plus brillant. Le fait de n'avoir jamais eu de tendresse de la part de ma mère et d'en avoir tant rêvé a induit des relations très sexuées et sexuelles avec les autres filles. Difficile d'être seulement ami. Il me fallait toujours plus, plus d'amour ! Il fallait que cela soit fusionnel. Et, surtout, il fallait qu'on m'aime à tout prix, même si j'étais infernal. Je me débrouillais pour l'être. Je ne venais pas aux rendez-vous, j'arrivais très, très en retard, sans prévenir. En fait, je voulais qu'on m'aime malgré tout, même si j'étais pénible, en retard, inconsistant ! Je les faisais souffrir... et elles me quittaient, à bout de nerfs.

C'était début 1990, une amie qui venait de commencer son analyse me disait à quel point ça lui faisait du bien. Je la trouvais vraiment changée, moins angoissée, et je lui ai demandé les coordonnées de son psy, tout en l'assurant que je ne ferais que lui demander un conseil, un nom. Je savais bien que nous ne devions pas voir le même. J'ai téléphoné à ce psy en lui précisant que je voulais absolument consulter une femme : à cause de ma mère, cela me semblait fondamental.

Big bang, et cætera

Mme P. consultait rive gauche, dans le VIe arrondissement, rue Madame. Le quartier bobo par excellence, près de Saint-Sulpice. D'ailleurs, elle était parfaitement bobo : grande et blonde, la petite cinquantaine, vêtue de façon très classique : pantalon de toile beige, mocassins plats, chemise blanche. Habillée rive gauche, décontractée, sans aucune fioriture. Aucun bijou, aucun collier, pas de lunettes, pas de maquillage. Une manière très droite de se poser. Elle incarnait la sécurité.

Quand je l'ai vue, je l'ai détaillée des pieds à la tête et j'ai immédiatement pensé : « Elle est robuste, solide. Je suis en bonnes mains. » Elle m'a d'abord fait attendre dans la salle d'attente. Un joli fouillis qui, je m'en aperçus plus tard, détonnait avec le reste – moi qui connaissais un peu Freud, j'ai pensé que je passais par l'inconscient pour ensuite pénétrer dans un espace plus ordonné. L'avait-elle fait exprès ? Je pense que oui. Il y avait des livres, partout, des magazines de bon ton, des piles de bouquins. Aucun magazine féminin, mais des news : *L'Express, Le Nouvel Obs.* Le premier jour, j'ai été happé par un article génial sur la naissance de l'univers. Le big bang, l'extension du monde, la naissance des planètes... Symbolique, non ? Je trouve que les lectures que l'on fait, dans la salle d'attente, avant une séance, sont parfois super importantes.

Le cabinet

Son cabinet lui ressemblait : pas de statue, pas de tableau. Un petit divan, avec une couverture dessus, un fauteuil en bois, très sec, qui semblait inconfortable, sur lequel elle prenait place. Elle m'a demandé de m'asseoir, elle a attrapé son menton entre ses mains, elle m'a regardé droit dans les yeux quand je me suis mis à parler. Je lui ai livré le début de mon histoire en vrac : ma mère, l'abandon, le divorce de mes parents, mon sentiment d'être nul. J'ai repris mon souffle et lui ai demandé : « Vous pensez que c'est une bonne indication pour une psychanalyse ? » Elle m'a répondu : « Oui, je le pense. Mais il faut venir au minimum trois fois par semaine. » On a un peu négocié sur le tarif, car j'étais étudiant à l'époque : 100 francs la séance, ce qui faisait tout de même 1 200 francs par mois. Une somme énorme pour moi.

Je l'ai aussi interrogée sur son parcours, elle m'a répondu qu'elle était freudo-lacanienne. « Je suis les cours de l'école lacanienne », ou quelque chose comme ça. Nous avons convenu de nous voir le lundi, le mercredi et le samedi matin.

Les premières séances

Les premières séances m'ont rendu très heureux. Je faisais le pitre, j'essayais de la séduire à mort, je voulais la faire rire. Pour la taquiner, je l'appelais maman. Elle ne riait pas, me répondait, très tranquillement : « Je ne suis pas votre mère. » Enfin quelqu'un m'écoutait, allait m'aider à m'en sortir ! Le rituel était immuable : je sonnais, elle m'invitait à m'asseoir, face à elle, elle s'installait, prenait son menton dans sa main, me regardait, dans une concentration intense, en fronçant un peu les sourcils. Dès la première séance, je lui ai demandé : « Est-ce que je dois m'allonger sur le divan ? » Elle m'a répondu : « Vous vous installez où vous voulez. » Je me suis assis pendant les six premiers mois. Ensuite, je n'arrêtais pas de loucher sur le divan. Elle l'a vu et m'a dit : « Si vous avez envie de vous allonger, faites-le. » Cela a-t-il changé le cours de la thérapie ? Une chose est sûre : j'étais physiquement moins crispé, cela m'aidait à me détendre. Du coup, ça circulait mieux. Les mots sortaient. Le corps est probablement plus impliqué qu'on ne le pense dans la cure analytique...

Quand je parlais de ma mère, elle poussait de grands soupirs, elle secouait parfois un peu la tête, sans doute pour me montrer à quel point tout cela était inadmissible. Pour marquer sa désapprobation. Et cela, bien sûr, me faisait du bien. Mais à certains moments, quand je l'interrogeais du regard, elle fermait les yeux, pour échapper à cette interrogation brûlante, pour couper court à mon questionnement. Pour me ramener à moi-même, je pense.

Au début, je n'avais pas tant besoin de réponse. J'ai déballé toute mon enfance, tout ce que j'appelle la mécanique du mal. Tout ce qui s'était mis en place progressivement, depuis ma toute petite enfance, pour m'amener à cet état de blocage et de dégoût de moi-même. Ma difficulté réelle à tenir le crayon, comme si mes mains étaient gourdes, faibles.

Scènes champêtres, séances cruciales

Quand je m'enfermais dans le silence, Mme P. avait une formule très drôle, me lançant : « Plus fort, je n'entends pas ! » Alors je riais, et ce rire pulvérisait mon silence et mon angoisse. C'était un super truc. Je me mettais à parler.

De temps à autre, elle me relançait par un mot, un seul. Un mot important qui faisait mouche, qui me permettait d'associer, de me souvenir, de faire émerger à la conscience ce qui était complètement enfoui dans mon inconscient.

Un jour, j'ai parlé d'une table de campagne, de mon malaise à table… Ça m'a ramené à ces dimanches où ma mère venait chez ma grand-mère, accompagnée de mon frère et de ma sœur, pour me rendre visite, à moi, le pestiféré, l'exclu ! Avant sa venue, ma grand-mère était effrayée, sous pression : elle devait faire bonne figure et je devais donner la meilleure image de moi. Je devais me faire beau pour la séduire. Ma grand-mère courait partout, en transe, de crainte d'être mal jugée par sa fille. Elle me tannait : « Va te laver les mains, Nicolas ! Tu t'es lavé les dents ? Tu t'es coiffé ? Ta mère arrive. » Quand ma mère surgissait, dans toute sa beauté, son éclat, son charme – car elle était vraiment très belle –, je me sentais le petit cousin de province mal fagoté, bouseux, qu'on vient voir. Je ne cherchais qu'à lui faire plaisir. Un jour, j'ai voulu mettre la table, en sa présence, et, bien sûr, j'avais tellement peur de mal faire que je me suis planté : j'ai cassé un verre et j'ai mis le couteau à gauche. Ma mère est devenue folle furieuse, m'accusant de faire n'importe quoi. Alors que j'aurais voulu tout faire pour elle ! Ma mère était mon tyran, mon bonheur. Tout ce qu'elle faisait m'était jouissance et douleur mêlées. À croire que, même quand elle me terrorisait, c'était mieux que rien.

Au cours de ses rares prises de parole, très rares, ma psy m'a dit un jour : « Votre mère n'est pas toute-puissante, arrêtez avec ça. Elle n'est qu'une mère qui essaie de jongler avec le quotidien. Elle n'est qu'une femme comme une autre. » Elle essayait de casser cet amour d'un pauvre mortel pour une déesse.

Des mains intelligentes ?

J'associais beaucoup à partir d'un mot. Et, souvent, c'était grâce à une intervention de ma psy. Elle reprenait un mot-clé, le répétait, qui me faisait rebondir. Ce jour-là, je me souviens, je me suis mis à parler d'examens à la fac, et de l'angoisse que cela générait en moi. J'ai ensuite parlé de tests. Et elle a repris ce mot. C'était en effet un glissement curieux que de passer d'examens à tests, n'est-ce pas ? Ça faisait sens, pour elle. Et c'est vrai, il y avait quelque chose là-dessous. Sa simple interrogation – « Tests ? » – m'a fait revenir à la conscience un événement traumatisant dans mon enfance : les tests de QI que j'avais subis à l'école, pendant ma scolarité.

Comme je l'ai déjà signalé, je n'étais pas un élève brillant. J'étais si distrait, si mal dans ma peau... Comment aurais-je pu l'être ? Mes parents qui, peut-être, s'imaginaient que j'étais débile léger ont fini par me faire faire des « tests de niveau » – c'est ainsi que l'on parlait, à l'époque. Résultat : ces tests étaient normaux. Mais ça ne les empêchait pas de me considérer comme un idiot.

Et puis, après avoir parlé des tests, je me suis souvenu d'une autre scène, une scène terrible, traumatisante, qui m'avait collé la honte ! J'ai huit ans, je suis à table, toujours entre ma mère et mon beau-père, son nouveau mari. Mon beau-père regarde mes mains et s'exclame : « Ça, ce sont de belles mains. Des mains intelli... » Et, conscient de sa gaffe, parce qu'alors tout le monde me prend pour un crétin, il s'interrompt, regarde ma mère et lui dit : « Oh, pardon, excuse-moi. » Comme si je n'existais pas, comme si j'étais un handicapé ! Et moi, je me sens rougir à l'intérieur, honteux, honteux ! Honteux d'être débile, avec mes mains débiles, devant ma mère et mon beau-père. Ce jour-là, quand j'ai parlé de cette scène, sur le divan, j'ai pleuré, sangloté comme un gamin.

Les mains qui tiennent le crayon

J'ai beaucoup, beaucoup pleuré. Pleuré sur moi, sur mon enfant intérieur, celui qui avait souffert. Compris, aussi. Compris mes mains débiles, mes mains faibles, maladroites, qui n'arrivent plus à tenir le crayon ! Compris à quel point ces mots de mon beau-père m'avaient fait du mal. Est-ce que cela avait déterminé ma vocation de dessinateur ?

Tout s'éclairait soudain. Quand je sortais, au début, j'étais formidablement libéré, éclairé. Mais c'est tout de même très dur.

Secret de famille

Au cours de ces trois premières années, j'ai démonté, séance après séance, cette mécanique du mal. Un peu comme un bricoleur devant un moteur cassé. D'où venait la panne ? En voyant bien que la panne de départ – la mère qui m'abandonne – avait endommagé d'autres circuits. Il fallait également aller plus loin... La psychanalyse vous aide à ne pas juger, mais à comprendre, et il faut aller loin, parfois, dans les générations, pour mettre au jour cette avarie du moteur. De mon côté, comme souvent font les analysants, sans doute, je cherchais à en savoir plus. Je parlais à ma grand-mère, je l'interrogeais. Et elle me racontait que, dans ma famille, tous les couples avaient explosé ; que ma mère avait été, elle aussi, élevée par sa grand-mère ! Et que, dans ma famille, il y avait eu d'autres enfants placés en institution ! Quelque chose se répétait là.

Pardonner à ma mère, redécouvrir mon père

De cette façon, j'ai compris que quelque chose dépassait ma mère ; au fond, elle se sentait très coupable de ce qu'elle m'avait fait subir. Rien de tout cela n'était sa faute ! D'un autre côté, les relations avec mon propre père s'étaient remises à fonctionner. Mon père ? Il avait toujours disparu derrière la puissance maternelle, il parlait de lui-même comme d'un clown ! Et pourtant, c'était quelqu'un de vraiment bien. Il essayait de nous apprendre des choses, il nous emmenait en camping-car en vacances tous les trois... J'ai repris des relations plus consistantes avec lui.

Une énergie toute neuve !

Ce qui était net, également, c'était l'énergie que je récupérais. Tous les torrents d'énergie que je gaspillais, auparavant, non pas à essayer de résoudre mes problèmes – je n'en étais pas là ! – mais simplement à gérer mon angoisse, à essayer de comprendre... Pendant mes études, ça se passait très bien, surtout en histoire de l'archi, en esthétique. Ce qui péchait encore, c'était la concrétisation des projets. Impossible toujours de tenir le crayon jusqu'au bout ! Dans mon côté intello, je parlais à Mme P. de toute cette poétique de l'inachèvement qui me plaisait tant. Je prenais en exemple un copain, Philippe, qui dessinait des crobards inachevés et en avait fait une vraie philosophie.

Un mutisme devenu insupportable

La quatrième année de ma cure, j'ai continué à venir – un peu moins souvent, deux fois par semaine. Les choses étaient devenues brutalement moins fluides en séance. Même l'humour, sa façon de désamorcer le silence pesant, n'y pouvait rien. J'arrivais, je m'allongeais, je soupirais, elle attendait. Rien ne venait. Et son « Plus fort ! » ne me faisait plus rien.

Je ne parlais que de ma peur, de mon angoisse. L'angoisse remplissait toute la pièce, l'air que je respirais, ce qui me ramenait à l'air empoisonné, quand j'étais petit. J'avais l'impression d'être Chloé, l'héroïne de *L'Écume des jours*, quand la pièce se rétrécit et se referme sur elle. Le divan me semblait minuscule, la vie était minuscule. J'étais enfermé, je suffoquais, je n'avais rien à dire.

« Je n'ai rien à dire, je suis mal-mal-mal. » C'était insupportable, et ça durait trente minutes ! Bien sûr, on vous parlera de résistance. Mais elle ne faisait rien pour m'aider. Alors je l'engueulais. Je hurlais ! J'étais à l'époque très dur avec elle, je lui disais : « Vous êtes pire qu'une pute. Au moins si j'allais voir une pute, elle m'apporterait du plaisir. Mais vous, rien. » Elle ne répondait rien, bien sûr. À cette époque-là, j'étais face à moi, face à une angoisse insupportable. Il y avait d'autres choses à voir, je le sentais, je pataugeais.

Je ne pouvais plus venir. Avant ma séance, je me débrouillais pour être toujours en retard. J'appelais, parfois trente minutes après le rendez-vous, et, très curieusement, elle m'engueulait : « Qu'est-ce que vous faites, où êtes-vous ? » Je pense qu'à ce moment-là, elle a vraiment pété un plomb. J'ai vraiment eu l'impression qu'elle était, elle aussi, face à un mur, qu'elle ne savait plus comment faire avec moi. Les séances étaient devenues orageuses, interminables. Elle qui m'avait fait un prix, elle me disait : « Je ne sais même pas pourquoi je vous fais payer moins cher que les autres. » Je la titillais avec un livre, *Une saison chez Lacan*, de Pierre Rey, que j'avais lu, en lui disant que d'autres aussi avaient du mal à payer leurs séances.

Nous nous étions probablement attachés l'un à l'autre. Elle recommençait à me terroriser... comme ma mère. C'était curieux. J'étais venu chez elle pour me sortir de l'emprise maternelle et, d'une certaine façon, j'y retombais. Et bien sûr, à ces moments-là, souvent, je m'arrangeais pour n'avoir pas de quoi la payer.

Quand j'y repense, vers la fin c'était vraiment, vraiment trop difficile. Rien ne justifie cette souffrance d'être seul face à soi-même. Et probablement était-elle aussi victime d'un échec. Elle en avait conscience.

Je lui ai donné mes tests...

Ce qui a plombé définitivement notre relation, c'est le jour où, ayant remis la main sur ces fameux tests scolaires, chez ma grand-mère, je les lui ai remis. J'ai l'impression – non, je suis sûr, même – que son attitude a changé après avoir lu les tests. J'ai eu l'impression qu'elle me prenait de haut. Peut-être s'est-elle dit : « Finalement, il n'est pas si intelligent que cela ? »

Un jour, je suis arrivé chez elle, je me suis allongé et je lui ai dit : « Je pense que je ne reviendrai pas, c'est la dernière séance, je n'y arrive pas. » Elle m'a répondu : « Si ça ne va pas, mieux vaut en finir là. »

Nous étions, je pense, très tristes tous les deux. Nous étions dans quelque chose d'inachevé – qui, là encore, me renvoyait à mes dessins. Moi qui avais interrompu tant de projets, j'« inachevais » également ma propre analyse ! C'était très douloureux pour nous deux, je pense.

Je suis sorti dans la rue, j'ai marché, marché, ce que je fais souvent, j'ai traversé des rues, de la porte de Vanves je suis arrivé au jardin du Luxembourg. C'était dur, soudain, j'étais seul. Je me disais : « Voilà, je suis seul. »

La vie sans Mme P.

J'ai souvent essayé de renouer, d'aller voir d'autres personnes. Un soir, je me suis retrouvé à l'Hôtel-Dieu, en service de psychiatrie. Le psychiatre-psychanalyste m'a mis sous antidépresseurs, nous avons parlé, pendant quelques séances, et lui a prononcé le terme d'« abandon », ce que Mme P. n'avait jamais souligné. Ça m'a fait beaucoup de bien.

J'ai téléphoné de temps à autre à Mme P. pour lui dire que je n'étais pas bien. Mais personne, ni elle ni moi, n'a évoqué la possibilité de reprendre la cure. Nous avions achevé notre parcours ensemble. Elle m'a dit : « Vous devriez reprendre une tranche, vous ne pouvez pas rester comme cela. » Mais après s'être attaché à ce point à quelqu'un, il est difficile de nouer une autre relation. En tout cas, pour moi.

La mécanique analytique contre la mécanique du mal

Parfois, je pense que j'ai maintenant les bienfaits de cette analyse. Car le travail continue, se poursuit en moi. C'est cela que vous apporte la psychanalyse : la mécanique du mal est remplacée par la mécanique analytique, celle du savoir. J'ai compris il y a peu que l'une des jeunes filles avec qui je suis resté trois ans soignait par mon intermédiaire son propre père, qui s'était suicidé. Nous nous étions retrouvés tous les deux. Elle faisant office de maman, moi jouant le rôle du papa malade, qu'elle cherchait à sauver.

Aujourd'hui, j'ai fini de papillonner avec les filles, je suis dans un break sentimental. Je n'ai pas d'enfants, car je ne me l'autorise pas, ça ne me vient même pas à l'esprit : ça n'est définitivement pas pour moi. Et alors, quel est le problème, si c'est un choix ? me direz-vous. Le problème, c'est que je ne suis pas tout à fait sûr qu'il s'agisse d'un choix.

Mes relations avec Mme P. ? J'ai parfois envie de lui retéléphoner... Mais pour dire quoi ? Et m'entendre dire quoi ? Le transfert est fini, la vie continue, le petit soldat Lego n'est pas encore devenu capitaine. Probablement faudrait-il que je termine ce croquis commencé. Que je trouve, quelque part, autre part, la force de tenir le crayon jusqu'au bout.

Des figures maternelles

Sophie Carquain : Le gros morceau en analyse, on dit souvent que c'est la mère...

Maryse Vaillant : On a tous été bébés, on a tous vécu quelques mois dans un ventre de femme. Sans aller plus loin dans la définition de la mère, cette première nécessité biologique la rend essentielle au plan psychique et affectif. Fille ou garçon, notre naissance et notre survie dépendent d'une présence maternelle – si ce n'est une mère biologique, au moins un substitut prodiguant tendresse et soins appropriés. Notre fragilité naturelle à la naissance et notre immaturité fonctionnelle nous rendent dépendants des premiers soins et du type d'amour qu'une femme, en position maternelle, va éprouver pour nous. Cette présence aimante sera notre premier amour, notre premier attachement et la base de nos capacités d'attachement. Ce que nous sommes pour elle nous marque fortement. C'est d'ailleurs là que le père va intervenir : ce qu'il représente pour la mère va construire notre univers psychique en le rééquilibrant.

C'est aussi la mère, souvent, qui veille à l'éducation quotidienne.

C'est elle qui se trouve chargée le plus souvent de l'éducation parentale domestique. Elle veille sur l'enfant grandissant, organise son monde et accompagne ses progrès. Du premier babil aux résistances adolescentes, elle est omniprésente dans notre construction psychique, affective, intellectuelle et sociale.

Son amour et ses soins façonnent l'enfant. Du trop-plein aux carences, la vie de chacun est en grande partie habitée par ce qu'il a reçu de sa mère. De ce qui lui a été donné, de ce qu'il en a pris, de ce qu'il en a fantasmé. Car la mère dont on parle sur un divan d'analyse n'a souvent pas grand-chose à voir avec la brave dame qu'honore la fête des Mères. La mère de notre inconscient et de nos plaintes est une mère fantasmatique, celle de nos rêves et de nos blessures d'enfant, celle dont on attendait tout, celle qui n'a pas pu tout nous donner.

Rassurez-nous : tout le monde n'a pas de problèmes avec sa mère !

Vous croyez ? Je plaisante. Il n'est pas nécessaire d'avoir des problèmes concrets avec sa mère réelle pour qu'elle occupe une place forte, voire douloureuse, dans notre histoire passée et dans nos souffrances actuelles. Autrement dit, même une mère charmante peut parasiter les séances d'analyse de sa fille ou de son fils !

Tout le monde trouve que votre mère est géniale, qu'elle a bien du mérite... Vous seul(e) savez à quel point elle a envahi ou déserté votre enfance et dans quel état vous met le moindre de ses coups de fil ! Vous seul(e) souffrez dans votre chair et dans votre vie de l'ombre nocive de celle que tout le monde apprécie ! Vous seul(e) la percevez auréolée d'un halo de cruauté, de passion, de férocité ou de dangerosité. Une perception fantasmatique certes, mais juste, qui concerne votre réalité psychique d'enfant. Et c'est cette réalité intime qui vous creuse et vous conduira peut-être un jour chez un psy.

Si on en parle en secret chez le psy, c'est parce que la société idéalise les mères, non ? Quel hiatus avec l'image de la mère dans la société et les médias !

En effet, la société se complaît à chanter la gloire des mères, béatifiant leurs sacrifices et occultant leur potentiel dévastateur. Une telle idéalisation est d'ailleurs régulièrement traversée d'orages médiatiques qui mettent en lumière la dangerosité de quelques malheureuses prises dans le feu des faits divers. Ces éclairs devraient rappeler à chacun ce que la morale sociale refoule, et que notre inconscient nous répète : les mères ne sont pas toutes bonnes. Elles sont aussi dangereuses ! Sur leurs ambivalences est posé un lourd manteau de tabous qui interdit les nuances et fabrique nombre de nos petits symptômes. Dévotion amoureuse ou haine tenace, la mère ne laisse pas souvent indifférent. Elle s'impose, incontournable, massive, étouffante, dominatrice ou plaintive, et seuls les psys peuvent entendre les plaintes concernant les meilleures d'entre elles.

On a, avec le témoignage de Gabrielle, l'exemple de la mère mortifère, qui ne laisse pas place à la vie. Entre l'absence totale et le trop de présence, il y a de la marge...

Trop d'amour nuit ; pas assez d'amour tue. Ou le contraire. On dirait qu'il est impossible de parfaitement bien aimer. Ce constat qui peut sembler amer et désabusé dans le domaine sentimental s'avère d'une lucidité parfaite quand il s'agit d'amour parental et surtout maternel. Pour le comprendre, observons. Si la plupart des mères s'évertuent à aimer leurs enfants le mieux possible, peu d'entre eux déclareront avoir été aimés comme ils le souhaitaient. Lorsqu'il se penche sur son enfance dans le projet d'y comprendre quelque chose – c'est-à-dire hors l'aura de nostalgie qui permet de l'idéaliser –, chacun trouve maints signes de blessures d'amour. Possessive, dictatoriale, rejetante ou distraite, la mère ne distribue pas toujours très équitablement la manne de ses attentions affectueuses.

Et tout cela, ça se parle dans le cabinet du psy.

C'est pire encore chez ceux qui font une analyse ! Les choses se gâtent en effet encore plus lorsqu'on écoute le discours des analysants ou le témoignage de tous ceux qui ont entrepris un travail thérapeutique : il semblerait que la mère ne donne jamais exactement l'amour qui conviendrait ! Pour comprendre, reconnaissons que la mère domine l'enfance. Non seulement elle distribue affection et nourriture, mais elle éduque, faisant régner exigences, menaces ou promesses. Pour l'enfant, elle est totale. Elle a tous les potentiels et tous les pouvoirs. Selon l'imaginaire des petits et avec la complaisance absolue de la famille, voire de la société, la mère est une sorte de fée bienfaitrice qui peut faire revenir le soleil après la pluie, écarter l'obscurité, nourrir et apaiser les animaux et les hommes. Dans sa manche, elle a toutes les cartes, dans sa hotte toutes les abondances. Face à la profusion de ses bienfaits potentiels, ce qu'elle donne ne peut être qu'imparfait.

Mais alors, comment être une bonne mère? Ça vous semble possible ?

Mais oui, rassurez-vous ! Tout d'abord, en donnant à l'enfant accès à son père. Et en n'essayant pas d'être une mère parfaite ! Car le désir de perfection rend l'aventure maternelle particulièrement difficile. Pour la mère comme pour l'enfant.

La bonne mère du bébé, qui répond à tous ses besoins, n'est pas adaptée à l'enfant scolarisé, qui doit se séparer d'elle, et peut sembler immonde à l'adolescent, qui veut se détacher d'elle. Une mère ne peut réaliser tous les rêves d'un enfant, sauf à le coincer définitivement dans l'enfance. C'est pourquoi une mère, pour être une bonne mère, ne doit pas être trop bonne.

On peut donc être une mère trop bonne ! Décidément, c'est paradoxal. Vous ne compliquez pas un peu les choses ?

Eh oui, mais c'est ainsi. D. W. Winnicott, médecin pédiatre et psychanalyste, qui s'est consacré aux enfants et à la relation maternelle, disait que la mère pouvait au mieux être suffisamment bonne : « *good enough* ». Autrement dit, ni trop bonne ni trop mauvaise. Nécessairement aimante, mais pas comblante ; nécessairement adaptée mais devant se désadapter progressivement de son enfant pour lui permettre d'aller vers le monde.

Paradoxalement, la trop bonne mère et la mauvaise mère réussissent toutes deux le tour de force de devenir à la fois difficiles à quitter et impossibles à oublier. Les ravages qu'elles causent dans la construction de l'enfant sont tels qu'il ne peut s'autonomiser psychiquement et reste souvent bien longtemps sous leur emprise.

Mais, ne l'oublions pas, la mère est une personne ! Elle porte son histoire personnelle, ses amours et ses espoirs, ses blessures et ses manques. La maternité n'est pas un état animal, naturel, instinctif. C'est une construction psychique singulière, pétrie d'histoire familiale et traversée par une grande complexité d'épreuves, de désirs et de fantasmes.

Pouvez-vous reparler de la fonction maternelle ?

Pour comprendre la fonction maternelle, j'aime bien différencier la mère de la maman.

La maman, c'est celle qu'on aime et qui est déjà prise. Par papa ! C'est une image rassurante : tendresse, câlins, bons petits plats et douceurs. C'est celle dont le petit garçon va tomber amoureux : la femme du papa. Un personnage œdipien, pris dans les jeux d'amours familiaux. Elle peut être distraite, rejetante et cruelle. Son absence rend malheureux et son amour est toujours imparfait.

La mère est plus complexe : elle est la maman aimée, certes, mais doublée de son ombre fantasmatique archaïque, toute-puissante. Sa grande figure inquiétante apparaît dans les rêves, les cauchemars et les séances d'analyse ! Elle peut tout, elle sait tout, elle est capable de tout !

C'est donc la mère que l'on cherche à rencontrer sur le divan du psy ?

Fille ou garçon, même si c'est de la maman qu'on se plaint, c'est souvent de la mère qu'il est question dans nos difficultés psychiques. En particulier, c'est elle qui envahit la scène analytique. Tant que l'aventure œdipienne ne l'humanise pas, c'est sa figure tyrannique, magique, essentielle, douloureuse qui occupe le moindre recoin de l'enfance et ressurgit dans beaucoup de nos angoisses quotidiennes.

Peut-on régler ses problèmes avec sa mère en allant en analyse ?

Il est difficile d'axer une cure analytique sur une question précise, que ce soit une souffrance ou un symptôme, fussent-ils très invalidants. Le travail psychique initié pendant les séances abordera bien d'autres questions que celles qui ont amené à prendre rendez-vous. En fait, une psychanalyse vise à redonner de la vie psychique, à permettre de penser, de travailler, d'aimer. Autrement dit, elle redonne à qui l'entreprend les ressorts personnels pour régler ses problèmes ou vivre avec. Dont ceux qui tiennent aux parents, le père comme la mère.

Il est donc difficile de zapper cette question maternelle sur le divan.

En effet, étant donné son omniprésence dans les enjeux fantasmatiques, relationnels et amoureux de chacun, je ne vois pas d'autre mode thérapeutique qui permette de se dégager des plaintes concernant la mère. Et de se restructurer lorsqu'elle a causé de profonds dommages dans la vie psychique.

En permettant de retrouver, dans les symptômes, les rêves et les fantasmes, la trace des peurs et des angoisses les plus anciennes, la cure analytique creuse sous l'apparence. Elle permet de sortir des schémas préétablis et de s'autoriser à se dégager de l'emprise maternelle. De grandir, de mûrir, de comprendre, d'accepter, parfois de pardonner. Grâce au transfert, la cure aide bien souvent à sortir de l'étau maternel sans trop de culpabilité. Celui qui s'y risque se donne le droit de soutenir sa place d'enfant, au sens de la filiation, tout en quittant tout positionnement infantile. Autrement dit, il devient capable de devenir l'enfant adulte de ses parents. De son père comme de sa mère.

On voit des adultes encore soumis à leur mère. Devient-on jamais adulte face à sa mère ?

Reconnaissons qu'il n'est jamais très facile de devenir adulte face à sa mère ! Une mère vivante, vieillissante ou vieillie, qu'on peut regarder avec tendresse même si son emprise – agressive ou plaintive – a terrorisé notre enfance, est une femme à qui le trajet analytique permet de pardonner autant les excès que les ratages. Une mère décédée, béatifiée par l'oubli et la sélection ordinaire de la mémoire ou figée dans l'horreur de ses potentiels maléfiques, est parfois plus difficile à faire évoluer.

Reste que l'une et l'autre, la vivante capable de nuire encore qu'on préfère tenir à distance et la morte parfois difficile à enterrer, peuvent hanter la vie quotidienne de leurs enfants, quel que soit leur âge. Car si l'image terrorisante de la mère archaïque rend fou et empêche de vivre, on dirait parfois que l'amour infantile retient en position œdipienne ceux qui ont la chance d'avoir un père et d'échapper ainsi aux ravages de la mère archaïque !

Alors, comment devenir adulte au regard de sa mère ? Faut-il couper les ponts ? Forcément ?

Non ! Pas toujours ! Qu'importe qu'elle ne change pas et reste maternante ou infantilisante. Ce qui compte, c'est de sortir de son emprise. Pour devenir adulte, chacun de nous doit extraire sa mère de son aura bénéfique ou maléfique, autrement dit de l'imaginaire qui l'entoure, et la replacer dans sa fonction maternelle, ainsi que dans son histoire de femme, de fille (de ses propres parents) et d'épouse (de notre père), tout autant que de mère.

Rares sont ceux qui parviennent à s'en dégager sans un travail analytique sérieux. Ensuite, une fois les questions psychiques bien élucidées, à chacun de voir ce qu'il veut faire dans la réalité avec les personnages réels de sa vie. Et la vieille maman, jadis adorée, haïe, crainte ou vénérée, dont les multiples figures ont hanté rêves et séances, peut recevoir le bouquet de la fête des Mères qu'elle n'attendait plus !

De l'œdipe

Souvent, chez le psy on parle d'abord de sa mère. Ensuite seulement, on parle du père ?

Ou le contraire ! Qu'on commence par l'un ou par l'autre, on finira par parler de l'un et de l'autre. La plainte première ne fait souvent que cacher des souffrances qui ne peuvent encore s'exprimer et qui viennent au jour au fil du travail psychique.

Ce qui est certain, c'est qu'aucune thérapie ne peut se faire en occultant l'un des parents. Car ils sont toujours au moins deux. Si ce n'est dans la vie quotidienne de l'enfant, c'est dans sa réalité biologique, psychique et fantasmatique. En fait, il est impossible de parler de soi, de son histoire, de son enfance, sans réveiller ou apaiser en soi ses parents d'enfance, ceux qui nous ont fait rêver, aimer, souffrir. Qui nous ont constitué et qui vivent encore en nous. Et dont l'ombre se profile toujours derrière les parents actuels.

Car nous sommes bel et bien issu de deux parents !

Qu'on les ait connus ou pas, en couple ou séparés, c'est toujours des deux parents qu'il sera question. Deux parents, c'est un œdipe et une généalogie ! Ne parler que de la mère, dans l'amour comme dans la haine, ce serait comme reformer avec elle le couple œdipien exclusif des fantasmes infantiles, voire se laisser engluer dans la totalité de la mère archaïque. Du père, donc, il est nécessairement question. Mais il tarde parfois à apparaître. Dans l'analyse comme dans la vie, la mère ne lâche pas facilement le terrain pour laisser place au père !

Certains disent ou pensent ne pas avoir de père. Qu'en pensez-vous ?

Impossible. Pas de mère sans père. Nul ne naît sans père. Certes, pour bien des raisons, le père vient à manquer dans la vie quotidienne, au niveau de l'éducation et de l'affection. Il peut être absent, lointain, inconsistant, inconnu ou rejeté. Mais il n'en est pas moins à l'origine de notre conception. Même s'il n'a pas occupé de place dans le désir amoureux de la mère, même s'il n'a pas pris part au quotidien affectif et éducatif de l'enfance, même si la mère lui a dénié toute existence ou toute importance, même s'il a disparu totalement, il existe. Aucune femme ne fait un bébé toute seule. Il est nécessaire de le rappeler pour contrebalancer la charge, le pouvoir et l'emprise des mères. Certes, une femme peut élever un enfant sans père, mais elle ne peut faire un enfant sans homme. Même s'il s'agit d'un donneur de sperme anonyme, un homme est nécessaire à la conception de l'enfant.

Il y a de l'homme, du géniteur, mais cela ne fait pas toujours du père, n'est-ce pas ?

En effet, le géniteur ne fait pas le père. Ni le sperme du donneur, d'ailleurs. Pour que cet homme, ou un autre, devienne le père de l'enfant qu'il a désiré, contribué à concevoir ou accepté pour sien, il faut que la mère lui reconnaisse sa place de père et la lui laisse prendre. Difficile pour un homme de devenir le père de son enfant si la mère de celui-ci ne lui laisse pas de place. C'est une lourde question qui implique chacun des deux géniteurs : comment devient-on le parent de son enfant ? Comment un homme peut-il se faire une place de père dans la vie de son enfant ? Comment tenir cette place de parent dans la généalogie et dans la construction symbolique de notre humanité ? Nous y reviendrons largement dans « La quête du père » et dans « Le poids de la famille ».

Tous les petits garçons ressentent-ils du désir pour leur propre mère ?

Je crois qu'on peut dire oui. Il suffit d'écouter avec quelle ardeur nos bambins expriment leurs sentiments : leur maman est leur grand amour. Et je peux même dire, sans crainte d'être taxée de mauvaise foi, que c'est un amour durable !

L'une des bases de la théorie freudienne est le complexe d'œdipe, autrement dit l'amour et le désir de l'enfant pour le parent du sexe opposé. Un passage affectif et relationnel indispensable, dont il faut nécessairement sortir, pour s'en aller aimer ailleurs. C'est ainsi que la famille permet certes de découvrir l'amour, mais et également les limites de cet amour-là.

Rappelez-nous comment fonctionne l'œdipe.

Le petit amoureux voudrait bien combler sa maman. Comme il n'y réussit pas, il cherche du côté de celui qui semble mieux placé que lui pour mener ses entreprises au succès : son père. Celui-ci lui semble doté des atouts qui semblent plaire aux dames, le pouvoir, la puissance et un gros zizi. Il sortira donc de l'œdipe en voulant devenir un homme. Comme son père. C'est ainsi que les fils sortent de l'œdipe, en préférant leur zizi à leur mère.

En effet, dans le meilleur des cas, la mère, même si elle adule son amour de fils, ne lui réserve pas la totalité de ses élans ni de ses fantasmes. Un homme est là. Dans son lit et/ou dans son cœur, dans son désir du moins. Elle aime ailleurs. Et le petit garçon va se heurter à la barrière qui le fera fantasmer et souffrir, mais aussi et surtout grandir, mûrir, se structurer : l'interdit de l'inceste. Il n'obtiendra jamais ce qu'il fantasme. Il le cherchera, en souffrira, et finira par aller le chercher ailleurs. Chez une autre femme. Et, pour cela, il sera convaincu de l'importance d'avoir un gros zizi ou ses équivalents en puissance et en pouvoir.

Vous nous dites que l'interdit de l'inceste et le complexe d'Œdipe sont liés ?

Ils sont même indissociables. Sans interdit de l'inceste, pas de complexe d'Œdipe. Le tabou qui fonde notre humanité interdit aux parents de prendre leurs enfants pour partenaires érotiques et amoureux. C'est la condition nécessaire pour que l'enfant puisse fantasmer à loisir : jamais le parent ne lui répondra sur le même mode amoureux.

À la dévotion du petit répond la tendresse de l'adulte. Une tendresse non érotisée. Au contact quotidien de son parent, l'enfant apprend à aimer dans la réalité un parent réel, affectueux avec lui, mais désirant ailleurs. Il peut ainsi traverser son enfance en paix. Son désir amoureux pour le parent s'orientera ensuite vers d'autres désirs : apprendre, connaître, découvrir. L'attachement œdipien se patinera au jour le jour. Jusqu'à ce que la puberté, maturité sexuelle et aptitude à la procréation, bouleverse son paysage psychique. Avec ces nouvelles donnes génitales, l'adolescent révise ses passions infantiles et se dépêche de les réorienter vers de nouveaux intérêts. C'est le gros travail psychique qu'inaugure la puberté et qui ouvre aux turbulences et aux troubles de l'adolescence.

Mais quel peut être l'effet d'une mère distante et absente sur son fils ?

Si la relation maternelle se noue mal, le bébé, fille ou garçon, peut souffrir de carences affectives importantes. L'attachement de base est nécessaire pour entrer dans la vie et construire ses capacités relationnelles. Ensuite, tout au long de l'enfance, on peut dire que la distance (relative) et l'absence (relative) de la mère vont faire grandir son enfant.

Le problème avec une mère lointaine ou inaccessible, c'est qu'elle ne s'use pas au quotidien de ses fonctions éducatives. Si, par ailleurs, elle n'est pas prise dans la relation conjugale qui fait obstacle aux désirs de son enfant, celui-ci risque de passer un certain temps bloqué dans ses fantasmes.

Prenons l'exemple du petit œdipe épris de sa maman. On l'a vu, c'est en se heurtant à la figure masculine puissante d'un père capable d'apporter à la belle ce qui semble l'intéresser que le petit bonhomme préférera un jour son zizi à sa mère. Mais si sa mère est trop distante, si elle ne répond pas aux élans passionnés de son fils par une tendresse affectueuse et éducative, nécessairement frustrante, il risque de rester captif bien longtemps. Comme si la sortie du passage œdipien lui était fermée. Il croit toujours que ce sera possible un jour. Il idéalise sa belle et la rêvera toute sa vie. C'est ainsi que les belles dames absentes rendent fous leurs petits garçons, les empêchant d'échapper à leur pouvoir et de s'en aller aimer ailleurs.

Quand on est une mère de fils, comment éviter d'être trop étouffante ?

La seule solution, pour une mère de fille comme de fils, c'est d'avoir un mari. Ou un amant. En tout cas, d'avoir un homme dans son lit et dans sa vie. Ne pas donner à l'enfant toute la place, c'est essentiel. Ce n'est pas toujours facile, en particulier pour celle qui élève seule son enfant. Mais il importe qu'elle ne donne pas tout son amour, tout son désir, toute sa passion à cet enfant. Il est essentiel pour l'équilibre de celui-ci que quelqu'un d'autre ait la priorité dans le désir de sa mère. Le passage œdipien est nécessaire comme en est nécessaire la sortie.

Pour le fils, il serait bon qu'il ne se prenne pas pour l'homme de la maison, qu'il n'imagine pas pouvoir remplacer tout ce qui manque à sa mère, être capable de la combler.

Le petit garçon ne peut régner sur la maison !

Si le petit se croit le roi du château, il y reste enfermé. Pour combler sa reine ! Mais n'oublions pas que malgré tous les efforts de la mère pour ne pas être étouffante, pour être « suffisamment bonne », les échanges entre elle et son petit sont pour beaucoup de nature inconsciente. Ce qui se joue en elle s'y joue malgré elle. Il s'agit de son amour pour son propre père, pour sa mère. Autrement dit, il s'agit de son propre œdipe que la venue de son enfant est venue réveiller, et de ce que l'enfant vient représenter pour elle, dans l'alchimie singulière et enfouie de ses fantasmes personnels.

La meilleure manière de ne pas étouffer ses enfants, fils ou filles, reste donc de régler quelques-uns de ses propres problèmes d'enfant, autrement dit de faire une analyse ! Et encore. De toute façon, ils hériteront du passé insu, des nœuds inconscients encore enchevêtrés. Mais l'analyse permet de leur laisser la liberté de faire eux-mêmes avec ce qu'on leur lègue.

Sortir de l'emprise

Amour, désir, terreur, soumission... C'est cela qui fait l'emprise. À quoi cette emprise est-elle due ? Et pourquoi y cédons-nous ?

L'emprise est effectivement ce mélange de désir et de crainte, d'amour et de soumission. L'emprise nous tient parce que nous tenons à elle. Les bénéfices que procure l'emprise sont aussi forts que les nuisances qu'elle occasionne.

C'est pourquoi on parle très souvent d'emprise maternelle. La mère est perçue comme forte, puissante, donc capable du meilleur comme du pire. Ne l'oublions pas, cette mère-là, omnipotente, est une mère fantasmatique, la mère archaïque. C'est celle de la toute première enfance, lorsque l'enfant vulnérable ne peut survivre sans ses soins. Elle est totale et absolue. Elle peut la vie et la mort.

La mère archaïque devient ensuite la mère œdipienne ?

Oui, la maman. Une mère nécessairement partagée et ordinaire, la femme du père. Une mère qui désire et aime ailleurs n'est plus toute-puissante, même si elle reste assez magique pour être aimée et désirée par l'enfant. Cette mère-là, la maman du quotidien, est celle dont on apprend à se séparer, étape après étape sur le chemin de la vie.

Or si les jeux familiaux œdipiens se font mal, si le père n'assure pas la fonction tiers nécessaire, la mère toute-puissante peut ressurgir. Elle apparaît dans les angoisses, dans les cauchemars. Pour celui qui voudrait s'en libérer, un gros travail personnel doit être réalisé, car l'emprise maternelle ne se desserre pas. Pour qu'elle nous lâche, il nous faut nous en dégager. L'appui d'un tiers – thérapeute ou, mieux, psychanalyste, puisqu'il s'agit de figure inconsciente – est absolument nécessaire.

Faire souffrir les autres femmes, comme Nicolas, est-ce le destin de ces hommes qui ont souffert de leur mère ?

Faire souffrir quand on a souffert, c'est classique. Faire éprouver ce qu'on a éprouvé. Ne connaître de l'amour que le versant douloureux et chercher à s'y accrocher également. Ainsi peut-on penser que celui qui n'a pas connu de tendresse lorsqu'il était enfant cherchera la relation dure, sans douceur, qu'il s'efforcera de reproduire. On a pu même penser que c'était inéluctable, car reproduire le pire est un des mécanismes inconscients les plus puissants. Mais la machine psychique peut tout et son contraire.

On peut donc aimer même si on n'a pas été aimé ?

Nombre de ceux qui ont été mal aimés deviennent particulièrement aimants, donnant ce qu'ils n'ont pas reçu, distribuant parfois l'amour qui leur a manqué, certainement pour en avoir des gratifications en retour. On devine d'emblée l'amertume des déceptions qui peuvent s'ensuivre.

Le travail de l'analyse nous permet de sortir des schémas mentaux qui nous semblaient inamovibles, comme reproduire ce qui fait souffrir. Au fil du travail, séance après séance, ce qui paraissait inéluctable commence à bouger et celui qui ne connaissait qu'une réponse à ses blessures s'ouvre à d'autres modalités. La créativité psychique des processus de réparation permet ce qu'on appelle aujourd'hui la résilience : entraver la reproduction du pire.

Parlez-nous de ce processus de réparation.

C'est un des mécanismes psychiques les plus créatifs, qui permet de sortir du deuil, de la dépression et de la répétition négative. La psychanalyste anglaise Melanie Klein l'a mis en évidence en travaillant sur les angoisses premières, dont la peur d'être abandonné. Pour faire face à cette angoisse qu'elle appelle angoisse dépressive, le tout jeune enfant se raccroche à ce qu'il connaît d'agréable et fantasme qu'il peut lui-même faire venir ce qu'il attend et ce qu'il craint d'avoir perdu. Freud avait montré que le bébé qui a faim tète dans le vide, fantasmant ainsi la tétine ou le téton qu'il espère. Il peut ainsi s'endormir. Il n'est certes pas nourri, mais il peut, provisoirement, se sentir repu. Il a rêvé le sein. Et cela lui a fait du bien. Suffisamment pour passer un peu le temps.

C'est là toute l'importance du jeu et du rêve ?

Tout au long de son enfance, l'enfant joue. Par le jeu, le rêve, en inventant des mondes et des histoires, l'enfant va créer un univers personnel qui l'aidera à vivre dans la réalité. Le jeu lui permettra de se consoler, de se reposer. Il se réparera en jouant et réussira ainsi à surmonter un grand nombre de difficultés et de craintes. Ensuite, en faisant réparation aux autres, par un sourire, un cadeau, un dessin, il explorera sa capacité à agir sur le monde. Ce potentiel est vif chez tous les jeunes enfants. Il se développe ou s'étiole ensuite en fonction du paysage affectif et surtout de la structure familiale. Lors d'une psychanalyse, les potentiels de réparation peuvent être stimulés ou retrouvés. Le pire n'est plus alors garanti.

Nicolas a une très jolie formule : grâce à l'analyse, il a remplacé la mécanique du mal par la mécanique analytique. Grâce à l'analyse, on démonte ce processus d'emprise... et ça perdure toute la vie ?

Oui, on ne se laisse plus mettre ni sous emprise ni sous cloche ! Sortir de l'engrenage qui fait mal, échapper à la répétition du pire, c'est effectivement un des buts de la psychanalyse. Il s'agit non seulement de se dégager des relations passées, mais aussi et surtout de changer de positionnement pour le présent et l'avenir. Ne plus aller vers le malheur, ne plus se faire son complice, ne plus aller systématiquement vers le pire, cela peut changer la vie !

La cure analytique permet effectivement ce changement radical. Sortir de la soumission douloureuse au malheur. La formule de Nicolas est très parlante. Elle est d'ailleurs assez proche de ce que disait Melanie Klein lorsqu'elle opposait le « cercle de la haine » au « cercle de l'amour », qui est celui de la réparation. Pour saisir le mécanisme en question, il nous faut reconnaître et comprendre l'importance et l'insistance de la répétition des expériences négatives et notre capacité à nous détruire.

C'est la découverte majeure de Freud, il existe un au-delà du principe de plaisir. Il avait mis en évidence le principe de plaisir qui nous pousse à éviter la souffrance et à fortement rechercher le plaisir. Soit un plaisir immédiat, soit un plaisir différé ou détourné en fonction du principe de réalité. Derrière cette évidence, Freud a fait un autre constat : nous ne recherchons pas uniquement le bonheur, nous allons souvent droit vers la souffrance et la répétition négative. C'est ainsi qu'il a parlé de la force qui nous attire vers le malheur : la pulsion de mort.

La notion de pulsion de mort est difficile à comprendre. Sommes-nous vraiment tous attirés par ça ?

La pulsion de mort, c'est la mécanique du mal dont parle Nicolas. C'est le « mauvais cercle de la haine » dont parlait Melanie Klein. C'est l'empire du mal, la jouissance du pire en nous. Une force de destruction qui nous habite tout autant que l'aspiration à la vie et à l'amour. La mort n'est pas extérieure à nous, elle est en nous. Pour Freud, pulsion de mort et pulsion de vie sont liées, au cœur même de toutes nos pulsions, au cœur même de la cellule. C'est l'éternel combat d'Éros et Thanatos, la vie s'arrachant à la mort tout en en acceptant la finalité.

La pulsion de mort nous habite et nous procure l'intense satisfaction du pire. Et ce depuis notre plus tendre enfance. On peut voir l'action de la pulsion de mort dans l'emprise maternelle et dans toutes les forces qui nous tiennent car nous tenons à elles. Les addictions illustrent très bien ces nécessités vitales qui sont autant de rendez-vous avec la mort.

« La vie, c'est l'ensemble des forces qui résistent à la mort. »

Vivre, c'est usant, c'est mortel. La pulsion de mort est le mouvement qui nous habite et qui voudrait que cesse le combat. Que cesse tout combat. Ce n'est pas seulement la violence qui s'en prend au vivant et tente de nous détruire en nous poussant à la destruction, c'est cette destruction au cœur même de la vie. Sortir de ce schéma, initial, fondamental, archaïque et puissant qui pousse vers la destruction, et concentrer ses forces sur l'appel à la vie requiert un énorme travail psychique. Seule la cure analytique permet de sortir de l'emprise du mal et de la jouissance du pire qui nous constitue en partie et qui peut nous inhiber ou nous manipuler de façon radicale.

Parole et inconscient

Gabrielle parle d'un psy bavard, « genre d'extraterrestre dans ce milieu-là ». Que penser des psys bavards ? Pas bavards ?

Bavards ? Vous avez dit bavards, comme c'est étrange ! Trêve de plaisanterie. Tous les psys n'ont pas les mêmes techniques ni la même personnalité. Même les freudiens ou les lacaniens seront plus ou moins bavards, même dans le silence que la technique freudienne leur impose. Bien que bavard lui-même, Freud a d'ailleurs appris à se taire pour mieux écouter ce que disaient ses patientes. Les premières hystériques lui ont permis de mettre en place la « *talking cure* », la cure par la parole. La cure de parole.

En effet, en se taisant, le psychanalyste laisse la parole du patient couler sans la structurer par ses questions, sans nécessairement la relancer lorsqu'elle s'embourbe. Les digressions, lorsque la pensée associe les mots et les souvenirs, font la richesse d'une démarche qui doit s'émanciper d'une pensée trop logique, trop contrôlée. Dans le surgissement, parfois incongru, d'un mot, d'une image, d'une pensée, l'analysant laisse échapper à son contrôle quelque chose qui ne voudrait pas se laisser dire, qui insiste toutefois à le faire, et qu'un analyste à l'écoute saura entendre.

Certains ne disent rien du tout ?

Silence total ? Psychanalyste totalement muet, mutique ? À se demander s'il est encore là ou s'il dort ? Cela peut arriver. Pendant plusieurs séances, il arrive que l'analyste se taise. Il écoute et attend le moment propice pour se manifester autrement que par son silence. Même si de très longues séances totalement silencieuses ne sont pas si fréquentes, elles n'en demeurent pas moins fort longues à vivre pour celui qui se bat avec ses résistances et qui peut prendre pour de l'hostilité ou du désintérêt ce qui est une invitation à dire, y compris l'hostilité ou le désintérêt supposés.

En fait, même le moins bavard des psychanalystes ne reste pas toujours totalement silencieux. Il se manifeste par un mot, une petite relance. Il lui arrive de poser une question ou de faire de brefs commentaires. Il peut par exemple reprendre un mot prononcé par le patient. En le sortant ainsi de son contexte, il lui donne un poids et une valeur exceptionnels.

Ces relances sont comme des interprétations ?

En effet. Le psy met l'accent sur une association, un lapsus, un de ces mots qui viennent parasiter la logique d'un discours. Surprise garantie pour celui qui ne s'était pas ou à peine entendu prononcer ce mot. Surprise féconde, car le mot incongru peut alors ouvrir sur de nouvelles et riches associations.

Quant aux relances, lorsque le psychanalyste répète un mot ou une question de son patient, elles ont souvent une vraie fonction interprétative : le patient entend ses propres propos avec une nouvelle intention. Un sens nouveau vient s'inscrire pour lui, en lui. À lui de jouer, de faire avec ce que le psychanalyste lui propose de comprendre ou de chercher. Le silence ne veut pas dire que le travail psychique est en panne, seulement qu'il travaille en souterrain.

Les relances du psy permettent donc d'associer... Comme Mme P. le fait avec Nicolas, en reprenant le mot « test » ?

Le principe de l'association libre repose sur l'enchaînement d'idées, de souvenirs, d'émotions, d'impressions, de sentiments. Lors d'une séance analytique, tout ce qui vient à l'esprit et qui peut être capté peut être dit.

On voit bien l'importance du divan. La position allongée permet éventuellement de fermer les yeux et protège du regard du psychanalyste. Ainsi, le patient peut se laisser aller à suivre ses pensées même les plus vagabondes et tenter de les saisir pour les exprimer. Ainsi, il peut être amené à ne pas repousser telle idée qui semblerait hors de propos ni telle autre qui paraîtrait inconvenante, osée, cruelle ou stupide.

Le divan libère donc une parole plus personnelle, plus intime ?

Oui ! Elle peut même sembler incohérente, surréaliste, passer du coq à l'âne, enchaîner des idées à des impressions, des souvenirs et des projets, le passé et l'avenir. Il ne s'agit ni de convaincre ni d'expliquer, ni de relater ni d'argumenter, mais de laisser surgir ce qui vient lorsqu'on veut parler d'un rêve ou de ce qui s'est passé depuis la séance précédente. Là est la difficulté. S'émanciper de la nécessité d'un récit structuré, accepter de perdre la maîtrise de son propos, ne plus organiser ou contrôler l'expression de ses émotions, accepter d'exprimer des pensées plus ou moins floues, incongrues ou désagréables. Laisser parler son inconscient.

La parole donne donc accès à notre inconscient ? Et pourquoi pas à notre raison ?

Une parole qui sort du récit logique, qui se laisse aller à elle-même, peut laisser remonter à la surface ce que notre pensée consciente contrôle, rejette ou refoule. Le langage porte en lui toute notre histoire, nos émotions comme nos souvenirs, nos peurs et nos désirs. Nos mots sont façonnés, pétris, nourris de toutes nos expériences conscientes et inconscientes. Freud a montré que nos erreurs, lapsus, oublis, portaient en eux la trace de nos désirs inconscients. Et qu'en laissant libre la parole, ils pouvaient émerger.

La parole libérée libère donc les émotions ?

Laisser voguer ses mots le long de ses pensées, formuler ses émotions tout en relatant un rêve ou un souvenir laisse surgir quelque chose de la réalité psychique dont l'analyste pourra se saisir grâce à son écoute singulière. Cette écoute, c'est l'attention flottante. Une capacité d'attention qui laisse venir, qui s'imprègne et qui accepte tout ce qui se dit sans chercher nécessairement à tout comprendre, sans attendre que soit restructuré ou réorganisé ce qui vient dans le désordre. Cette présence singulière au récit même haché du patient permet que surgissent ici et là des surprises, lapsus, connexions étranges. En les percevant et en les relevant, l'analyste ouvrira pour son patient d'autres associations, elles-mêmes riches de cette réalité psychique dominée par l'inconscient.

Association libre et attention flottante sont donc liées ?

Elles sont totalement liées. L'attention flottante du psy est nécessaire pour que le patient puisse vagabonder dans ses émotions et ses pensées, au fil des mots. S'il avait besoin de tout noter du récit de son patient, le thérapeute retiendrait le discours de celui-ci au niveau logique et formel de la pensée consciente.

C'est parce qu'il peut écouter l'inconscient que l'inconscient lui parle. Deux inconscients sont d'ailleurs en jeu ici. Celui de l'analyste pour ce qu'il perçoit de ce qu'on lui dit, et celui du patient qui joue à cache-cache dans son discours décousu. Deux inconscients qui sont liés par le transfert.

C'est la formation de l'analyste qui lui permet d'écouter parler l'inconscient, n'est-ce pas ?

La formation de l'analyste lui permet de se laisser porter ainsi par son inconscient pour écouter l'inconscient de celui à qui il est lié par le transfert. Il lui faut se faire confiance, se laisser voguer sur les mots qu'il écoute. En se mettant ainsi en phase avec son patient, il peut capter les fêlures, les silences, les répétitions, les lapsus, les mots qui font mal, ceux qui ne se disent pas. Il ne flotte qu'autant qu'il se sent protégé lui-même par son expérience de la parole et de l'écoute.

Pour cela, il est nécessaire qu'il ait fait une analyse lui-même – sans quoi il ne serait pas analyste –, mais également qu'il ait un lieu de travail personnel, groupe de supervision ou contrôle individuel. Régulièrement, un analyste retourne s'allonger, se laisse aller à ses propres associations libres, écouté par un confrère plus chevronné en qui il a mis tout son transfert et qui lui porte l'attention flottante en question.

Des bienfaits de la cure

Certains disent : « J'irai voir une femme, car j'ai eu des problèmes avec ma mère. » Et vice-versa. Peut-on régler ses problèmes avec sa mère en allant voir un homme ?

On peut tout à fait travailler ses problèmes maternels avec un psychanalyste homme. En fait l'important, c'est d'aller vers un homme ou vers une femme selon son désir ou ses appréhensions. Surtout la première fois, pour la première démarche vers un thérapeute ou, pour ce qui est de la psychanalyse, pour la première cure, celle qu'on appellera peut-être ensuite une première tranche.

Pour ce qui concerne la cure analytique elle-même, le travail psychique et le chemin personnel conscient et inconscient qui sera parcouru, cela n'a pas grande importance. Homme ou femme, le psychanalyste peut permettre d'aborder et d'affronter les problèmes qui concernent le père et la mère. Son genre n'a que peu d'importance au regard de l'inconscient : il sera visé par le transfert autant comme père que comme mère selon les périodes de la cure. C'est d'ailleurs la force et l'originalité de la démarche analytique, fondée sur le transfert et sur l'inconscient, de ne pas agir uniquement sur les souffrances actuelles, mais d'aller les dénicher à leurs sources. Des sources souvent infantiles et parentales. Réveillées par le transfert, nos amours et nos blessures passées ressurgissent pendant la cure.

On peut préciser ce qu'est le transfert ?

Il s'agit du déplacement sur le thérapeute d'émotions conscientes et inconscientes, tendres ou hostiles, provenant de l'enfance et des premières personnes aimées. C'est la force et le levier de toute psychothérapie et, plus généralement, la base de nombreux mécanismes de confiance. Le transfert est ce qui permet de s'en remettre au médecin ou à l'infirmière, ceux qui savent et qui soignent. C'est aussi ce qui pousse un enfant à croire et à écouter ses professeurs, des substituts parentaux protecteurs et autorisés.

Et en psychanalyse ? Il s'agit de tomber raide dingue de son psy, non ?

Pas uniquement ! La psychanalyse nous a appris à voir dans le transfert une demande, généralement inconsciente, plus ou moins agressive ou amoureuse, qui n'a pu être adressée aux parents étant donné sa complexité, et que l'analyste entendra et saura faire travailler dans le cadre de la cure. Les sentiments enfouis seront déplacés sur l'analyste et revécus avant d'être compris et dépassés. Autrement dit, le transfert, c'est de l'amour. Du vieil amour réactualisé.

L'art de l'analyste, qu'il soit homme ou femme, est de recevoir la charge de ce transfert, de ces vieux désirs infantiles, une charge d'amour et de haine qui trouve son origine dans l'enfance et son actualisation dans la cure. C'est ainsi qu'en tombant amoureux de son psy, on revisite ses amours infantiles, tout simplement.

Que pensez-vous de cette phrase de Gabrielle : « La psychanalyse m'a aidée à atteindre un plus haut degré de conscience ? »

Je ne comprends pas bien le sens de cette phrase, mais je perçois ce qu'elle évoque d'apaisement personnel et de sentiment d'ouverture au monde. Il est intéressant de voir comment chacun de nous peut formuler la façon dont l'analyse a changé sa vie. Comme il n'y a pas deux personnes semblables, il n'y a pas deux cures analogues, et pas de réponse unique à la question des bénéfices de la cure. Pour Gabrielle, le voyage inconscient a abouti à un plus haut degré de conscience ; pour un autre, il s'agira de paix intérieure, de sagesse, de liberté intime ; pour un autre encore de conquête de soi, de libération, de maturation, d'énergie retrouvée, de potentiels découverts, etc. Je pense que la psychanalyse nous permet de mieux résister à nos angoisses fondamentales et de mieux vivre avec notre histoire. Elle libère nos capacités à vivre notre vie, de manière créative et féconde, ancrée dans la réalité, au plus près de notre désir et de nos choix. Ainsi, la dimension spirituelle pourra être dépassée par celui qui cherchera à s'en libérer, ou au contraire illuminer celui qu'elle apaisera.

Gabrielle croit très fort en la psychogénéalogie. Elle explique que son problème d'emprise remonte à loin.

Nous sommes tous issus de l'histoire affective de nos parents. La mère porte à son enfant un amour marqué du poids de ce qu'elle a reçu ou attendu de sa propre mère, celle-ci ayant été elle aussi la fille de sa mère avant d'être la mère de sa fille. Il en est de même pour les hommes qui sont des fils avant d'être des pères.

Il est certain que nous héritons de l'histoire de nos parents. Même sans avoir à porter de lourds secrets de famille, chacun est construit, pétri, constitué de l'histoire connue ou inconnue de ceux qui l'ont précédé.

On devient souvent parents bien avant d'avoir réglé nos problèmes avec nos propres parents. Certains d'entre nous ne découvrent d'ailleurs la charge ou la fragilité de leurs liens familiaux qu'au moment de devenir parents eux-mêmes. Ou alors la maladie, la mort, les accidents ordinaires de la vie font percevoir la lourdeur d'un attachement, la complexité d'une relation, que le classique respect parental empêchait de reconnaître.

La psychogénéalogie permet d'en savoir plus sur notre héritage enfoui, oublié ou même inconscient. Elle fait revenir sur le devant de la scène des personnages anciens qui ont marqué la mémoire consciente et inconsciente de nos parents, mais elle ne fait pas faire l'économie d'un travail sur la manière, toujours singulière, dont on reçoit son héritage psychique et dont on le fait sien. L'héritage n'est jamais passif.

Son psy insiste sur la puissance créatrice. On peut vraiment s'en sortir grâce à ça ?

La créativité est une des bases de notre capacité à guérir. Elle fait partie de nos outils inconscients pour surmonter les épreuves. Dès le plus jeune âge. Dès les premiers fantasmes. On ne peut survivre aux premières angoisses et aux multiples frustrations de l'existence si on n'est pas capable de créer de la vie autour de nous. Fantasmatiquement, bien sûr, puis concrètement, par le jeu et le rêve et toutes les activités qui mettent en scène notre capacité à rêver et à agir.

Créer, c'est être actif, ne pas subir. C'est exprimer le plus intime en soi...

Par le jeu, le petit enfant expérimente ses premières capacités à créer : il invente, transforme, imagine. Il crée le monde dans lequel il peut vivre et se console ainsi de bien des douleurs ordinaires de la vie. Si nous n'étions pas capables de le créer, le monde serait un mur contre lequel nous nous heurterions trop souvent. La puissance créatrice de l'enfant est totale. Elle lui permet d'utiliser tous les potentiels et de faire le lien entre tout ce qu'il découvre et subit.

Ensuite, cette fabuleuse fonction émotive et intellectuelle peut s'émousser, voire s'éteindre ; l'angoisse prend le dessus. C'est toutefois en créant qu'on peut transformer l'énergie psychique de l'angoisse en espoir. Le processus est celui de la réparation, des fantasmes réparateurs : il permet de recycler la violence intime.

Mais il ne suffit pas de créer avec ses mains, il faut que les fantasmes créateurs habitent l'œuvre ou l'objet. C'est pourquoi le travail thérapeutique a besoin du support transférentiel de la cure pour faire de l'élan créateur une force réparatrice.

Plus précisément, quels sont les bénéfices qu'on peut attendre d'une psychanalyse ?

Hors les projets et les désirs personnels de chacun, ce qui est globalement reconnu, c'est que la psychanalyse permet de retrouver de la liberté dans un certain nombre de domaines psychiques. On pourrait ainsi résumer ce que la psychanalyse peut apporter :

– moins souffrir du manque et de toutes les frustrations inhérentes à la vie ;

– libérer notre potentiel pour agir, créer, travailler ;

– mieux vivre face aux épreuves et à la maladie ;

– mieux s'ancrer dans la réalité qui est la nôtre ;

– ouvrir sur les projets et l'avenir et nous permettre d'y œuvrer ;

– apaiser les relations avec les autres, nous ouvrant à eux sans trop dépendre d'eux ;

– se donner le droit de vivre selon ses choix.

On peut dire que la psychanalyse permet de devenir soi-même et d'en profiter avec les autres.

Charles Berling, comédien, réalisateur

« Tout comédien travaille avec son inconscient »

Il habite dans le XVIIIe arrondissement, une jolie petite maison de poupée toute blanche. Pas de code, pas de nom. Juste une sonnette à l'ancienne. On sonne, il ouvre, plante ses yeux bleu glacier dans les vôtres, vous invite à descendre les trois marches. Vêtu d'un jean et d'un T-shirt noir à message rock and roll, portant une bague imposante à l'annulaire, Charles Berling a tout d'un post-adolescent un peu rebelle. Il s'attable, à seize heures pile, devant son goûter – une pizza, qu'il dévore avec appétit –, mais il a la bougeotte, se lève souvent, prépare un déca, ou va boire de l'eau au robinet. Chez lui, une ambiance très cocon-campagne : des chaises en bois, une table à manger familiale. Et puis, dans le fond, un petit divan en velours lisse vert amande qui fait penser curieusement à celui de Freud à Vienne. Aux murs, des natures mortes ravissantes. L'homme est un passionné d'art. Mais ce jour-là, il semble fatigué, et même à bout. Et lâche entre deux phrases qu'en ce moment, oui, il pourrait revenir à l'analyse…

Mon premier quart d'heure chez le psy

La première fois que j'ai vu un psychiatre, c'était pour les trois jours de l'armée. J'avais dix-neuf ans et je voulais me faire réformer du service militaire. J'ai choisi de jouer le fou. Je voulais vraiment réussir. Et là, j'ai réfléchi : « Si tu veux vraiment passer la rampe, et réussir ton rôle, ne verse pas dans la caricature. » Je n'ai eu qu'à parler de mes névroses. Je suis parti de ma vérité intime, tout en accentuant un peu le côté négatif, en versant dans la tragédie. En jouant ce « fou », si proche de moi, j'ai vraiment compris ce qu'était le « mentir vrai » dont parle André Breton pour le roman. Oui, j'ai bien menti ce jour-là, en m'appuyant simplement sur ma propre vérité, sur mon secret. J'ai emballé le psy et immédiatement réussi à me faire réformer. Un vrai bon succès de comédien. J'en ai compris, ce jour-là, des choses sur l'art dramatique, et aussi sur la psychanalyse ! C'était un jour génial, quand j'y pense : je me suis même épargné l'armée ! Un bon quart d'heure dans ma vie !

Pétage de plomb à trente ans

Quelques années plus tard, à trente ans, je pétais un plomb. C'est l'âge où vous ne pouvez plus remettre au lendemain, l'âge où les vrais choix s'imposent, l'âge où vous sortez de l'adolescence. Je me posais beaucoup trop de questions, avec ce sentiment aussi qu'on est dans une impasse, qu'on ne pourra pas s'en sortir seul. C'est l'âge où l'on commence à devenir adulte, les gens autour de vous fondent une famille... Pour tout ça, moi, j'ai un certain retard, c'est sûr. Donc, j'étais immergé dans un mal-être, un sentiment de confusion. C'est le fameux « ennui » de Moravia[1]. On m'a donné le contact d'un psy, que j'ai trouvé très bon. Il n'était pas dans le bavardage.

En fait, j'ai immédiatement adoré cette discipline. Au tout début, à trente ans, donc, j'y suis allé deux fois par semaine. Les premières séances étaient éclairantes – dans n'importe quelle discipline quand vous commencez, il y a des trouvailles immédiates. Des séances cruciales. Où j'ai beaucoup pleuré. Des séances très dures, probablement des souvenirs d'enfance ou la puissance de l'évocation... Au début, surtout. Mais je pense que la découverte d'une relation pareille, c'est complexe ! Au début, c'est comme tout. C'est comme le parachutisme : on a plus le trac au tout début, on se lance, c'est génial... Je suis plutôt du genre à penser qu'au bout d'un moment, la thérapie peut s'essouffler. J'aime l'idée de la fulgurance – et, dans mon cas, il y a eu fulgurance. C'est allé très vite.

Il y a les séances, bien sûr, cruciales, douloureuses. Et puis les séances plaisir, où tout s'éclaircit, tout s'illumine. Vous avez de vous-même saisi des clés précieuses. Et je repartais avec un peu plus d'intelligence de moi-même.

C'est important : on paie quelqu'un à qui on pose des questions, et ce type-là qui ne connaît rien de vous ni de votre vie vous répond, en toute objectivité. Moi, j'avais besoin d'un face-à-face, d'un psy qui parle. Et pas d'un mutique. Alors me rendre, deux fois par semaine, dans un lieu où l'on dit tout, sans être jugé, à quelqu'un qui est

1. Titre du roman de Moravia et d'un film de Cédric Kahn dans lequel il a joué.

en deçà ou au-delà de la morale, c'est précieux. Un lieu où personne ne vient vous déranger, où vous êtes vous-même.

Problème ponctuel

Je ne me suis jamais allongé, car je ne voulais pas partir pour quinze ans. Chaque fois j'y suis allé pour un problème ponctuel – rupture amoureuse, petite déprime. J'ai, de temps en temps, frôlé ça, quand j'avais réglé mon problème précis et que je poursuivais pendant quelque temps. Et puis, vous savez, il y a les tournages pendant lesquels on part trois mois à l'étranger. Difficile de suivre ça de près quand vous êtes comédien.

Autour de moi, je connais des gens qui sont en analyse depuis quinze ans. Je ne suis pas persuadé que ça me convienne, à moi. Par exemple, je ne me suis jamais dit : « Il me reste encore des choses à régler. » Je n'ai pas cette idée d'un être qui tend à une perfection. Non, pas du tout ! Et ce serait triste si l'analyse devait vous amener à ça : quelqu'un de nickel. Il n'y a pas un être pur, auquel on aspire, et un être imparfait. Oh non, surtout pas ! C'est une illusion d'optique et une idée très dangereuse.

La psychanalyse ne peut rien, et bien heureusement, contre la souffrance essentielle et existentielle de l'être humain. C'est tellement normal d'être dans le doute, de souffrir quand on est en deuil... Quand les gens sortent de ma pièce *Caligula*, ils se disent : « Ce type-là, on le comprend. » Et bien sûr, on le comprend ! La vie est dure pour tout le monde ! Et la psychanalyse ne sera jamais d'aucune efficacité sur cette difficulté-là. Il reste des êtres frappés à mort... Elle peut éviter de souffrir trop. Moi, chaque fois, ça m'a fait repartir d'un bon pied. Et c'est énorme.

Un comédien et l'inconscient

La psychanalyse fait peur à un comédien, du moins un comédien qui joue avec ses tripes. Un bon comédien exploite ses fragilités, son intériorité, ses souffrances, alors en allant chez le psy, on craint forcément de s'assécher. Que se passera-t-il quand on aura mis tout ça à nu ? On a vaguement l'impression que, une fois le secret levé, il n'y aura plus aucun matos avec lequel travailler. C'est ce qui effraie aussi un écrivain, non ? On travaille avec tout cela, ce continent noir, cet inconscient, ces souffrances.

Je suis très redevable à Freud d'avoir découvert l'inconscient. L'idée de l'inconscient me plaît beaucoup, car il renvoie à l'existence de choses souterraines et absolument pas maîtrisées. Et ça, pour un comédien, c'est de l'or ! Je passe mon temps à explorer l'inconscient, quand je travaille, seul, puis en équipe, sur un rôle. Quand je joue dans des pièces, dans des films, j'explore cette zone obscure faite d'instincts, de trucs bizarres, énigmatiques. Et quand un rôle est réussi, pour moi, il y a un mystère, une énigme qui perdurent. C'est ça, le mystère de l'art, et de la vie ! Et nous, comédiens, travaillons avec ça. C'est pourquoi je n'aimais pas l'idée d'aller fouiller trop loin.

Et j'avais aussi peur de ce regard qui juge, qui se pose sur vous comme sur un moteur, qui vous décortique. En réalité, ça ne m'a pas empêché de travailler, bien au contraire ! Une analyse vous met en phase avec ces forces obscures, cet inconscient. Et puis... une aventure amoureuse avec une femme psychanalyste a achevé de me convaincre : ce sont des gens comme les autres.

Cela peut faire avancer une carrière ?

Est-ce que ça m'aide à jouer? Qui sait ce qui peut vous aider à jouer? Personnellement, tout m'aide à jouer, l'inconscient aussi. C'est ça, le rôle d'un comédien ! C'est de mentir vrai, d'aller puiser un sentiment, des forces, à l'intérieur de lui, et de les pousser à bout, de les rendre crédibles. Et, pour ça, vous allez vous inspirer, comme un écrivain, du monde extérieur, du monde intérieur, de vos forces obscures. Celui qui pense qu'un comédien ne fait que réciter un rôle n'a rien compris au film.

Regarder quelqu'un marcher dans la rue, ça m'inspire, regarder quelqu'un bouger, regarder quelqu'un me regarder... tout m'inspire. Il faut être en état d'inspiration. Et ce qui est vrai c'est que, quand on est trop mal, on ne peut être dans cet état-là, en phase avec le réel. Quand on souffre, on est à distance de tout. De soi, du réel, du personnage. Et ça n'est pas bon.

Par moments, quand je joue *Caligula*, je suis tout entier traversé par les mots de Camus. Du coup, bien sûr, c'est une énergie dépensée terrible. On est tout entier dans le personnage. Et un personnage de fou, ça marque. Quand on est comme moi deux heures sur scène à développer et explorer un personnage aussi fou, désespéré et destructeur que Caligula, on ne peut pas ne pas être atteint. Il faut être solide pour cela, et comme l'analyse vous aide à renforcer votre solidité intérieure, elle peut s'avérer utile.

Elle vous permet de tenir le cap, de mieux vous retrouver après vous être un peu perdu dans un rôle. C'est l'occasion de relativiser certaines expériences extrêmes, de garder un cap, peut-être de ne pas se perdre dans la folie du personnage. Mais bon... ne me faites pas dire ce que je n'ai pas dit, hein ! Ça n'aide pas à devenir un excellent comédien. Le seul moteur de l'art, c'est l'art, un point c'est tout ! Et ce qui vous pousse à aller loin, c'est l'ambition artistique, et pas l'analyse. Je connais des individus malheureux qui sont d'excellents comédiens. Ce que l'on dit de la souffrance est vrai : « Heureux au jeu, malheureux en amour. » Mais l'excès de souffrance qui vous mine vous empêche de vous connecter au personnage.

Pour ma part, l'analyse m'a été précieuse pour ma vie de tous les jours. Et puis, là où ça m'a aussi aidé, c'est à gérer la notoriété. Il faut aussi faire avec ce clone de vous-même, cet autre vous-même qui est vous... et pas vous, que les autres ont créé à votre insu. Cette notoriété est une abstraction qui vous suit et existe en dehors de vous. En parler chez le psy permet de différencier les deux : le vrai Charles Berling qui existe sans les autres et le clone, celui que les autres ont inventé. C'est de toute façon une sacrée épreuve de vérité.

L'endroit où on ne joue plus

Cela dit, je connais des gens qui bobardent chez leur psy. C'est fou, non ? Ça fait partie de leur mal-être et de leurs névroses, mais c'est tout de même ahurissant. Perdre son temps à aller voir quelqu'un devant qui on continue à jouer un rôle. Non, vraiment, c'est le lieu d'épreuve du feu, le lieu de toutes les vérités. Et c'est en cela que c'est brûlant et jouissif.

Quant à savoir si la psychothérapie aide à gérer le trac... je vous dirais tout de suite : non ! Le trac fait partie de l'ambition artistique. Quand on se donne tout entier, on ne peut pas y échapper. Si vous ne misez rien sur la scène... C'est une expérience métaphysique, presque... Accélérateur ? Oui, on y arriverait par soi-même mais en y mettant beaucoup plus de temps. Mais même la psychanalyse ne peut pas régler certaines névroses. Il y a toujours un endroit où la condition humaine est suffisamment douloureuse pour n'être pas dépassable par n'importe quoi. C'est l'espace de liberté. Et ça, même l'analyse ne peut arriver à le résoudre. Je m'oppose fermement à la surinterprétation, au tout-analyse que l'on voit souvent. Non, je ne place pas la psychanalyse à un trop haut niveau. On n'explique pas tout par l'analyse, et tout n'est pas analysable, sinon c'est à devenir fou ! C'est le début de l'intolérance, c'est dangereux.

Poésie, psychanalyse et théâtre

Il y a un vrai cousinage entre les deux. Déjà parce que les *Écrits* de Lacan et certaines œuvres sont de la poésie pure, avec la dimension métaphorique et hermétique qui convient. Et puis, ce mystère de l'être humain, cet autre face à vous, ce personnage qui n'est ni vous ni un autre, que vous devez interpréter, nourrir de votre inconscient... C'est un phénomène très proche du transfert ! Reste aussi le cadre analytique : le fait de parler dans un lieu donné, pur, loin de toutes les lois sociales, dans un au-delà de la moralité, dans un pur espace de jeu... N'est-ce pas ce qui ressemble point par point à la scène théâtrale ? La scène est un cadre où un certain nombre de règles sociales, religieuses, culturelles, s'effacent. Un endroit où vous parlez cette autre langue, cette langue poétique, métaphorique, venue d'ailleurs. Quand vous allez voir un psy, vous n'êtes pas dans le bavardage. Vous êtes dans une dimension inspirée, dans un discours plein de sous-entendus, de métaphores, d'images poétiques. Et puis, le psy est quelque part un peu un directeur d'acteurs : il vous met sur un chemin. Mais c'est à vous de bosser, à vous de trouver les solutions ! Il ne va pas tout vous servir sur un plateau. Oui, c'est à lui de vous montrer le chemin.

L'analyse aide à cela, et m'a aidé : elle a réintroduit ce sentiment de jubilation, d'acuité à vivre. Ce sentiment d'exister plus intensément encore. Et ça, bien sûr, ça vous aide à aller plus loin dans l'exploration de vos rôles. La seconde fois que je suis allé voir un psychanalyste, j'étais également englué dans le mal-être, dans une panne existentielle. Il m'est arrivé de sortir de certaines séances illuminé.

Une tête de psy !

J'en ai fait, des rôles de psy ! Dans *La Comédie de l'innocence*, de Raoul Ruiz, je joue le rôle d'un psychiatre. Et j'aurais pu devenir psy. C'est un métier qui m'aurait plu – même si c'est l'anti-comédie. Les psys sont en retrait, dans la non-expressivité totale. Mais le côté exploration de l'autre, aller voir au plus profond de chaque être ce qui s'y trouve, cette chaîne de causalité – pourquoi il a fait ça –, cet aspect-là n'est pas si éloigné que cela du métier de comédien. Quand on le fait comme moi, avec dévotion, on est à la disposition totale du personnage, du rôle à jouer. On est dans l'introspection du personnage et on devient une enveloppe inspirée, comme les psys le sont avec leurs patients. Regardez-moi... Vous ne trouvez pas que j'ai une tête de psychanalyste ?

II

La quête du père

Salomé, 34 ans, analyste financière

« Je suis sortie du carré »

Fine, espiègle, rapide. C'est ce qui vient à l'esprit quand on observe Salomé, brune aux cheveux courts et aux yeux vifs. La première fois, nous nous sommes rencontrées chez des amis communs, en plein cœur du VIIe bobo. Après une simple coupe de champagne, on a commencé à rire et à parler transfert, contre-transfert... Qu'est-ce qui nous autorise à franchir ce seuil-là avec d'autres ? Peut-être un certain regard affûté, à l'intérieur ? Ce sixième sens dont parle Salomé dans son témoignage ? Ce projet de livre me trottait dans la tête. Je lui ai demandé : « Vous accepteriez de témoigner de votre parcours ? – Aucun problème. » J'étais loin de m'imaginer alors que sa vie était un roman...

Ce jour-là, elle porte un petit chapeau de lutin, un grand manteau chocolat en laine bouillie, une jupe longue et des bottines de prix. Pas le look « dame de la finance ». Elle pourrait être comédienne, architecte, danseuse. Pour autant, ce n'est pas dans un café « branchouille » des Halles qu'elle me fixe rendez-vous, mais chez Ladurée, au milieu des mamies du VIIIe arrondissement qui sirotent leur thé au lait. « C'est mon côté vieille France, sourit-elle. Et puis, chez moi, les murs ont des oreilles. Et je ne veux pas que ma fille de trois ans entende, pour l'instant, ce que j'ai à raconter. »

Petite fille modèle

Mon père a quitté ma mère bien avant ma naissance, quand elle lui a appris qu'elle était enceinte. Elle avait vingt-six ans, était sacrément amoureuse... mais il est parti, sans doute paniqué. J'ai passé toute mon enfance dans cette quête incessante : celle du père, ce dieu vivant ! Il était, me disait-on, un monsieur brillant, puissant, un richissime avocat d'affaires. Je vivais écrasée par ce mythe, cloîtrée dans une relation fusionnelle avec ma maman, que j'adorais, sans appel d'air. Et cette sensation d'étouffement était redoublée par mon secret : mon père m'avait abandonnée. J'en éprouvais une telle honte que je ne pouvais en parler à personne. Quand j'ai eu quatre ans, ma maman s'est remariée avec un homme veuf, père de deux filles, ce qui n'a fait qu'exacerber la fusion entre elle et moi, car les liens, bien sûr, ont mis du temps à se tisser entre nous. À l'extérieur, en revanche, je ne laissais rien paraître. J'étais une excellente petite élève qui décrochait les premières places partout : en danse, en gymnastique, en solfège, en lecture. J'adorais apprendre, car la culture était ma bouffée d'oxygène, ma planche de salut.

Peur d'être abandonnée

Alors que je rêvais d'être journaliste, j'ai emprunté la voie royale pour réussir – la quête de la reconnaissance sociale étant, vous l'avez compris, mon principal moteur, certains diront mon symptôme. Bref, je suis entrée en classes préparatoires à HEC au lycée Carnot, à Paris, et j'ai intégré un an plus tard l'une des trois « grandes parisiennes », comme on dit. J'avais dix-huit ans tout juste. Et c'est là que tout a commencé à partir en eau de boudin ! Pourquoi dix-huit ans ? Était-ce l'accès à la majorité, donc à l'âge adulte ? Je me suis souvenue, alors, des propos d'une astrologue que j'étais allée voir un jour de déprime, à seize ans, alors que, déjà, couvait en moi le secret désir de me faire aider : « Votre vie commencera à dix-huit ans. » Son intuition me semblait soudain féroce. Eh bien, ça commençait bien, car la belle image, le beau monde que je m'étais construit commençait à prendre l'eau. Première chose : je n'étais pas heureuse à l'École, parmi ces étudiants prétentieux qui se prenaient pour des *killers* et des petits rois... et qui ne me ressemblaient pas. Côté cœur, c'était la bérézina. J'accumulais les flirts, mais je ne m'impliquais dans rien. J'avais une peur panique d'aimer, de m'attacher... et d'être laissée sur la chaussée ! Donc, dès que les choses devenaient sérieuses, je partais, par crainte d'être abandonnée une seconde fois.

Rencontre avec un homme remarquable

Et puis, j'avais une idée fixe : rencontrer mon père ! N'étais-je pas venue de Nantes à Paris pour le voir ? Quelques jours avant mes vingt ans, un matin, je me suis levée de très bonne heure et j'ai écrit une lettre à mon père, cet inconnu. Douze ans après, je m'en souviens comme si c'était hier. Ma main tremblait et j'avais du mal à former les mots : « Monsieur, j'aurai vingt ans le 16 juin prochain, je désirerais vous rencontrer. En aurez-vous le courage ? » J'ai signé et posté la missive.

J'ai vécu le reste de la semaine dans un état de fébrilité totale. Allait-il me répondre ? J'ai reçu, les jours suivants, quelques coups de fil anonymes – c'était lui, je le savais ! Et puis un jour, enfin, il s'est décidé à répondre à mon « allô ». J'ai entendu une voix grave, impressionnante mais chaleureuse. Je l'ai invité à dîner dans mon studio d'étudiante. Il est arrivé, pile à l'heure, avec un bouquet de roses.

Cette soirée était surréaliste : j'étais là, face à mon père, et nous discutions, plaisantions comme si nous ne nous étions jamais quittés ! Il m'a dit qu'il avait reconstruit sa vie, s'était marié, avait trois enfants. Nous nous sommes vus assez régulièrement et, comme pour racheter sa conduite, il me couvrait de cadeaux : briquet Dupont en or, 2 000 francs à l'époque en liquide... Il me disait des choses très gentilles, comme « Je suis tombé amoureux de ma propre fille » ou « Je rêve de vous emmener une semaine en Égypte ». Mais nos rencontres étaient toujours clandestines, il me voyait en cachette de son actuelle épouse, de ses enfants, et refusait mordicus de me présenter à ma grand-mère, que je rêvais de connaître. En fait, le secret, dont je cherchais à m'échapper, se reconstituait autour de moi. C'en était trop. J'ai décidé de cesser de le voir.

Mon corps a parlé pour moi

J'avais vingt-deux ans, j'étais en DESS de finance à la Sorbonne, je virevoltais, je pétillais... Mais mon corps a commencé à parler pour moi. À cette époque, j'ai commencé à souffrir de terribles attaques de panique. Ça me prenait n'importe où. Soudain, dans la rue, en cours, une boule enflait dans ma gorge, je me mettais à étouffer, je n'arrivais plus à déglutir, mon cœur battait la chamade, mes mains suaient tout en étant glacées... J'étais terrorisée, mais je ne savais pas par quoi. Je voulais prendre le métro, je n'arrivais pas à franchir les portillons, car les symptômes d'étouffement recommençaient. Je grimpais précipitamment les escaliers, le cœur battant, les mains moites. Aucune échappatoire : chez moi, c'était pire. J'étouffais dans mon lit, j'avais peur de mourir, j'ouvrais la fenêtre, j'étouffais encore plus. C'étaient des scènes de cauchemar.

À cette époque-là, pour couronner le tout, je devenais hypocondriaque. Toujours peur d'avoir quelque chose, un cancer, le sida, une maladie grave. J'avais mal au ventre en permanence. Les intestins détraqués. J'en ai vu, des médecins du corps ! J'en ai consulté, des spécialistes, j'en ai subi, des examens ! Électrocardiogramme, coloscopie, et tutti quanti. Mon angoisse se cristallisait sur mon corps, sur mes organes internes.

Je flirtais avec l'anorexie – je pouvais très bien me contenter, dans la journée, d'une pomme et d'un verre de muesli –, car je voulais aussi correspondre à un idéal de femme filiforme. Déjà, un an auparavant, à Rome, où j'avais passé un an, j'avais quand même réussi l'exploit de ne manger ni pasta ni pizza ! Bref, j'étais dans un désir de maîtrise totale. Et pourtant, dans mon école de commerce, j'assumais toujours cette image de fille sociable et super-intégrée. Je m'occupais même de la communication interne de l'école. J'en faisais des tonnes, j'enchaînais les rendez-vous par crainte de me retrouver seule. Qui aurait pu se douter de ce qui se tramait, à l'intérieur de moi ? Il y avait un gouffre entre la belle mondaine et la Salomé qui souffrait dans sa chair.

Le jour où j'ai craqué

J'étais allée consulter, une ou deux fois, des psychologues, dans une ambiance que j'appellerais « salon de thé ». Je discutais un peu, je plaisantais, je jouais à la fille rigolote. Et eux me répondaient : « Vous m'avez l'air d'aller très bien, vous n'avez pas besoin de moi ! » On évoquait alors des crises de spasmophilie, très à la mode à l'époque, et puis basta, je rentrais chez moi, plutôt satisfaite de m'en être tirée à si bon compte. C'était un comble : les psys eux aussi se laissaient gruger par l'image que je voulais donner de moi. Ça ne m'a pas encouragée à continuer.

Mais un jour, la folie m'a rattrapée. Deux ans après la fin du DESS, alors que je travaillais dans une grande boîte internationale, j'ai subi une sorte d'hémorragie dans les toilettes de l'entreprise dans laquelle je travaillais. Une hémorragie inhabituelle. J'ai consulté mon gynéco en urgence. Il m'a écoutée doctement en tapotant de son stylo sur la table. Il avait l'air perplexe et m'a proposé de faire un test de grossesse. Quand il a su le résultat, qu'il m'a annoncé que j'avais fait une fausse couche et que j'avais encore des hormones de grossesse dans l'organisme, j'en suis restée sidérée ! Moi qui venais d'un milieu éduqué, qui, en outre, avais subi tant d'examens médicaux pour rien, j'étais parvenue à tomber enceinte sans même m'en apercevoir ! C'était un comble. Comme si quelqu'un d'autre parlait en moi.

C'est à ce moment-là, précisément, que j'ai pensé à la psychanalyse. Mais à la place – encore une façon de reculer –, j'ai consulté un nutritionniste, pour essayer de perdre la cellulite et quelques rondeurs consécutives à cette fausse couche. Ce médecin avait quarante ans, il était juif, aisé, et père de trois enfants, comme mon père.

Je suis tombée un peu amoureuse de lui, nous avons eu une aventure et avons joué quelque temps au chat et à la souris, avant que je me décide à rompre, écœurée. À ce moment-là, je me souviens d'avoir touché le fond. Mais qui étais-je ? Qu'étais-je en train de faire de ma vie ? Est-ce que j'allais continuer à accumuler les petites bêtises qui n'avaient aucun sens ? Une stagiaire, fraîchement entrée dans l'entreprise, m'a parlé à cette époque des bienfaits de sa psychanalyse. J'ai décidé de sauter le pas. J'ai griffonné sur un ticket de métro le numéro de téléphone de son psy, j'ai pris rendez-vous.

Ma première tranche

Je me souviens d'un cabinet, au fond d'une impasse au rez-de-chaussée, doté de voilages épais qui vous dissimulaient au regard des passants. Dans ce petit trois-pièces, il y avait deux salles d'attente différentes, mais toutes deux remplies de piles de magazines désordonnées, qui mêlaient un peu tous les genres, et des fauteuils d'époque un peu défraîchis sur lesquels j'attendais en griffonnant mon dernier rêve ou en lisant du coin de l'œil. Quand il me faisait entrer dans son bureau, je voyais, derrière lui, des buffets grillagés remplis de livres de psychanalyse et de littérature, qui me donnaient envie de tous les dévorer.

J'avais rendez-vous deux fois par semaine, le mardi et le jeudi, à vingt heures, après mes horaires de bureau, sans voir jamais le patient d'avant, ni celui d'après, ce qui me donnait le sentiment d'être la seule et unique ; l'illusion aussi que c'était là ma place, et celle de personne d'autre. J'arrivais précipitamment, j'ôtais mon manteau, je m'asseyais dans un fauteuil en cuir qui tournait et qui me permettait à la fois de le voir et, de temps à autre, de me cacher de ses regards. Assez rapidement, il a diagnostiqué une dépression et m'a prescrit du Prozac. J'en étais déconcertée. Moi, dépressive ? Cette fois encore, noyée dans cet oubli de moi-même, j'avais oublié de m'écouter !

C'était un psy assez interventionniste. Il posait des questions ouvertes, qui me donnaient la possibilité d'enchaîner. Il rebondissait lui-même sur un mot, il m'aidait à accoucher de moi-même, comme dans une vraie entreprise de maïeutique socratique. Cela a immédiatement fait tilt entre nous. Son regard, son sourire étaient extrêmement encourageants. Du coup, je me suis mise à parler comme une fontaine. Parler, pleurer, pleurer, parler, rêver aussi. Je vidais l'abcès, cet abcès de mon secret, qui avait concentré toutes mes crises d'angoisse, tous mes troubles psychosomatiques. Cet abcès était en réalité, je l'imaginais maintenant, constitué de mots. Et ces mots sortaient en même temps, *sponte sua*, de façon très désordonnée et spontanée. Je revivais, dans ce fauteuil, toutes ces années de silence, de secret et de honte. Qu'est-ce que j'ai pleuré ! Qu'est-ce que j'ai mouché ! Qu'est-ce que j'en ai consommé, des Kleenex !

Des signes

Deux fois par semaine, j'arrivais avec des liasses de feuillets et je posais des questions sur mes symptômes et sur l'analyse en général. Je ne parvenais pas à étancher ma soif de connaissance. À cette époque, je me suis replongée dans la philo et la littérature : *Narcisse et Goldmund* de Hermann Hesse, les œuvres complètes de Nietzsche ; j'ai lu et relu *Le Prophète* de Khalil Gibran. Sans doute voulais-je être aussi douée en psychanalyse que je l'avais été, plus petite, en français ou en calcul !

En brisant la glace du secret, je pénétrais derrière le miroir, dans un passionnant univers de signifiants. Mes crises d'étouffement, supposais-je, avaient un lien avec le secret qui m'oppressait. Et ma fausse couche aussi, qui renvoyait peut-être à une rencontre avortée avec mon père ? Bon... (Salomé rit.) J'étais là dans la surinterprétation. Mais n'est-ce pas le lot de tout nouvel analysant que de trop en faire au départ ?

La psychanalyse me rendait presque mystique. Je perçais le mystère des apparences. Je découvrais que chaque signe avait un sens caché. Ma vie était jalonnée d'indices. C'était comme une enquête, un bon polar à rebondissements. Et moi, j'étais Sherlock Holmes, avec sa loupe !

Ainsi, j'avais rencontré mon père le jour même de mes vingt ans, à l'heure même de ma naissance. J'avais subi cette fausse couche à vingt-six ans, en juin, le jour où ma mère avait accouché de moi. Bien plus tard, j'ai accouché de ma fille Juliette à l'âge où ma mère avait, elle, avorté. N'est-ce pas incroyable ? C'est comme si mon inconscient, lui, savait ce que moi, en toute conscience, j'ignorais.

Au fil des séances, en exprimant ainsi mon chagrin, je sentais mon corps se détendre peu à peu. Assez rapidement, mes crises d'angoisse et mes symptômes se sont espacés, puis ont disparu. L'un des bénéfices secondaires de cette première tranche a été de nouer de vraies amitiés avec les gens. Des relations en profondeur. J'ai sacrément écrémé mon carnet d'adresses, à cette époque ! J'ai rencontré une vraie amie, je ne sortais plus autant et j'osais enfin m'attacher aux gens, sans crainte qu'ils ne m'abandonnent. Mes grandes amitiés féminines datent de cette époque.

Pourquoi je hais les dimanches

C'est avec ce premier psy que j'ai vraiment fait le point sur mon enfance. J'ai tout passé au crible, détails, anecdotes et grands événements. J'ai compris, par exemple, pourquoi je haïssais à ce point les dimanches. Les dimanches ne sont-ils pas un concentré de vie de famille ? Je me souviens d'avoir détesté ces ambiances pesantes, dans le salon capitonné, à écouter de la musique classique... L'horreur ! Un saint étouffoir. Je comprenais aussi pourquoi, vingt ans après, j'étais incapable – encore aujourd'hui – d'écouter de la musique classique sans un sentiment aigu de désespoir. Ce silence, ce secret, ces lourdeurs, ces non-dits étouffés par la musique ! Ces dimanches pesants m'ont amenée, en séance, à me rappeler que mon sort s'était joué, un après-midi, en pleine réunion de famille. Ce jour-là, ma mère avait, dans une grande angoisse, et contre vents et marées, décidé de me garder. Il était probable – moi, j'en étais persuadée – que cette décision avait été prise un dimanche.

Une voiture qui freine... et qui repart

Je me souviens, au cours d'une autre séance, d'avoir parlé de mon attente du père. Toute mon enfance, je l'ai attendu, de toute la force de mon énergie d'enfant. L'année de mes quinze ans a été terrible, car mon père avait promis à ma mère qu'il viendrait pour ma quinzième année. Vous savez, ça ressemblait beaucoup à l'histoire de la Belle au bois dormant, à qui l'on avait prédit qu'elle se piquerait le doigt à sa quinzième année ! Mais mon père n'était jamais venu. Dans le fauteuil du psy, au fil des séances, j'ai revécu la promesse, l'espoir, la rage, le désespoir, la déception.

Il y a eu aussi cette séance où je me suis souvenue du bruit d'une voiture qui freine pile, à six heures du matin, devant la maison... et qui repart en trombe. C'était probablement quelqu'un qui cherchait son chemin. Mais dans ma tête de petite jeune fille, c'était mon père, ce père qui hésitait à venir me voir et qui préférait partir. Ce jour-là, dans le fauteuil du psy, je l'ai réentendu, ce bruit sec du frein, ces roues qui crissent... La parfaite métaphore de l'abandon en acte.

C'est aussi ce psychanalyste qui m'a fait comprendre, à mots couverts, quel risque j'avais pris en rencontrant mon père, le jour de mes vingt ans : « Ce jour-là, vous avez risqué gros. Vous avez risqué d'être abandonnée une seconde fois. »

Entre deux mondes

Je comprenais ma difficulté à trouver ma place, pourquoi je n'étais bien nulle part. J'étais entre deux mondes. Et, surtout, entre la vie et la mort ! Toujours en train de douter... Et n'était-ce pas logique ? Ce père qui ne vous reconnaît pas, qui vous laisse dans les limbes, n'est-ce pas toute une partie de vous qui ne parvient pas à accoucher ? Pour couronner le tout, j'étais prise en sandwich entre une éducation catho vieille France – le monde de ma mère – et une culture juive, celle de mon père. J'avais fait ma profession de foi, mais n'aurais-je pas tout aussi bien pu faire ma bat mitsvah ? Le moindre événement de mon enfance pouvait, au fond, être remis en question. J'assumais ma dualité en prenant appui sur mon signe astrologique : « Je suis Gémeaux, c'est normal, je suis double... »

Dissolution de cadre

Je comprenais aussi que le fait d'avoir vécu sans père symbolique, sans accès à la Loi, au fond, rendait difficile tout respect de la hiérarchie. En l'absence de mon père, j'avais développé une sorte de tic : transformer les relations professionnelles et hiérarchiques, avec les hommes surtout, en relations intimes, affectueuses. Plonger dans l'affect ! Parce qu'il me fallait à tout prix être aimée, je cherchais à séduire systématiquement mes pères de substitution – mon boss, mon président, mon vice-président. Et ce qui est arrivé avec eux s'est bien entendu aussi produit en analyse... À chaque fin de séance, au moment où je quittais le fauteuil de la patiente, je m'ingéniais, sans en être consciente, à le séduire. Je le mitraillais de questions sur lui. « Avez-vous des enfants ? Vous êtes psychanalyste depuis longtemps ? », etc. Sur le pas de la porte, dans un espace « hors séance », comme si nous étions alors délivrés du cadre, il me répondait volontiers.

Après dix-huit mois de thérapie vraiment efficace, curieusement, il est entré dans mon jeu ! Il m'a proposé de m'occuper de la communication d'une association pour le sida, à moi, l'ancienne hypocondriaque. Comment a-t-il pu plonger ? Et me proposer ça ? Aujourd'hui encore je me pose la question. Je n'ai pas osé refuser. Mais Dieu que j'étais embêtée ! Je n'avais consciemment aucune envie de vivre autre chose avec cet homme. Il m'emmenait en moto à cette association, me tutoyait devant les autres... J'avais l'impression d'avoir déboulonné un père de substitution ! Du même coup, plus rien n'était possible en analyse. Du jour au lendemain, ça m'a cloué le bec. Moi si bavarde, je n'avais plus aucun désir de parler. Je suis arrivée un jour en lui disant que c'était la dernière séance. Ma première tranche s'achevait ainsi...

Du bavard au mutique

Tout n'était pas réglé pour autant. J'étais mal dans mon boulot. J'avais intégré une multinationale, mais je ne m'y sentais pas bien. Vous savez, ce sentiment obsédant de n'être pas à sa place... Alors j'ai téléphoné à un autre psychanalyste, qui m'avait été recommandé par une amie (laquelle avait achevé sa cure et m'en disait beaucoup de bien). Au téléphone, il m'a immédiatement donné rendez-vous, en me précisant que nous verrions, à l'issue de la première séance, si nous poursuivrions ou non le travail. Ce type était assez jeune (trente-cinq, quarante ans), grand, cheveux clairsemés, habillé genre Paul Smith, classique avec une touche d'originalité. Son cabinet était au cœur des Halles, dans un immeuble un peu miteux, au dernier étage, sans ascenseur. C'était un style qui me convenait bien : des magazines intellos défraîchis (genre *Télérama, Les Inrockuptibles* et *Les Cahiers du cinéma*), un tableau pop. Il y avait un charmant bazar et des amoncellements de papiers étranges partout, par terre ou sur son bureau. Un joyeux fatras typiquement psy. Je me souviens d'un canapé deux places, d'un fauteuil en velours vert défraîchi. C'est là que je m'asseyais.

Ce psy était très différent du premier. Mutique. Là, j'étais face à un mur. Rien ne transparaissait, aucune émotion, même dans son regard ! Tout au plus entendais-je des petits « Hum hum » et, de temps à autre, un couinement un peu féminin, histoire de me faire rebondir sur un terme.

J'arrivais et je lui demandais d'un ton badin où il passait ses après-midi, s'il avait une consultation à l'hôpital, etc. Il ne me répondait rien ! Il souriait ou bien soupirait, face à moi. Il me laissait face à moi-même, face à mes contradictions, ce qu'il fallait tout à fait faire. Ça m'a énervée, humiliée. Je me débattais face à moi-même ! J'avais envie de l'attraper par le col, de lui dire : « Alors, alors, vous me répondez ? » Chez lui, j'en ai bavé.

Il y a ces phases de silence. Ces séances où vous dites « Je n'ai rien à dire », où vous vous énervez, toute seule. Il faut attendre que le temps décante les choses. J'ai appris aussi que toute phase de silence est suivie, quelque temps après, d'une grosse révélation... Comme si l'inconscient butait sur quelque chose, résistait et, enfin, libérait une pépite. Plus le silence est dur, plus belle est la révélation. Un jour, après avoir passé trois ou quatre séances dans le silence le plus total, j'ai sorti, tout à trac : « Je veux sortir du carré. » J'avais lancé ça comme ça, et c'est devenu mon leitmotiv. Sortir du carré ? C'était la formule que mon inconscient avait choisie pour « sortir de l'excellence, revenir en moi-même ». Trouver ma place, si vous voulez. Après la première tranche, j'étais sortie du cercle et de la bulle du secret. Ma géométrie intime avait évolué ; au cercle succédait le carré. Je devais trouver une issue pour en sortir...

Le temps de l'analyse...

Ma première tranche m'avait fait vivre un tourbillon, une décharge émotionnelle. Avec ce second psy, rien de tel. Cette fois, j'étais capable d'analyser, de réfléchir. L'analyse succédait à ce tourbillon !

J'ai réalisé à quel point mon souci d'excellence était dicté par ce père que je n'avais pas connu. Je comprenais, dans ce fauteuil-ci, face à ce monsieur mutique, que j'avais toujours voulu décrocher la première place pour plaire à ce père qui m'avait rejetée. Pendant toutes ces années d'études brillantes, j'avais eu la rage. La rage de faire comprendre à ce père qu'il s'était trompé, qu'il n'aurait jamais dû me laisser ! En séance, je reparlais encore de mon père, mais cette fois plus posément, plus calmement. Je ne m'effondrais plus. J'ai repassé au crible notre première rencontre. Sa première question avait été non pas « Êtes-vous heureuse ? » mais « Que faites-vous dans la vie ? ». Somme toute, c'était un peu hard, mais tellement conforme à ce que j'avais imaginé de lui, à sa soif de réussite sociale, qu'il m'avait transmise sans le savoir...

Au fil de ces séances, j'ai compris que mon job dans cette multinationale de prestige venait de ce souci d'excellence. J'étais encore, malgré moi, dans cette répétition de la petite fille modèle et je n'en sortais pas ! Même si j'avais tout compris, l'histoire avec mon père, la répétition infernale se poursuivait. Or je voulais changer. Mon objectif, c'était sortir du carré.

... et le temps des certitudes

J'ai eu une certitude absolue sur le poste que je devais décrocher. C'est ce que m'a apporté cette seconde tranche : la force de me connaître, la force de la certitude. Et moi, l'éternelle adolescente, qui doutais en permanence, je pouvais alors agir.

J'avais répondu une première fois à une annonce sur Internet à laquelle personne n'avait donné suite. J'ai décroché mon téléphone et le chasseur de têtes m'a répondu : « Le poste est déjà quasiment pourvu. Le recrutement est urgent et vous écrivez que vous partez demain soir en vacances pour une semaine. Moi-même je pars ce soir en vacances. Si la personne ne correspond pas, je vous rappelle à votre retour. » Et j'ai eu le culot de lui répondre : « Vous partez ce soir ? Voyons-nous avant votre départ. Je sais que c'est moi, je suis faite pour ce poste. » Il m'a reçue et j'ai décroché le job !

Comme dans un polar !

Je devais donc démissionner. J'ai demandé un dernier rendez-vous à mon vice-président, avec qui j'avais noué des relations quasi affectueuses, pour lui annoncer que j'allais partir. C'était un monsieur assez âgé, sur le départ lui aussi, et que je respectais énormément. Je pensais le lui annoncer sereinement, lui parler sincèrement... Mais, chose incroyable, je me suis effondrée devant lui. J'ai pleuré comme une Madeleine. Je me suis mise à parler de moi, de ma vie, de mon père absent. De mon désir de rencontrer cette grand-mère paternelle que je n'avais pas connue. Il m'a écoutée pendant de longues minutes, en hochant la tête, en croisant les mains. Je lisais son émotion sur son visage. Enfin, il m'a répondu : « Je vais vous aider. Téléphonez à M. X de ma part, il va vous aider. » Là, c'était aussi l'effet de l'analyse : aller calmement, jusqu'au bout. Déboulonner les idoles, les images, et aller jusqu'au bout de mon désir...

Quelques jours après, comme dans un film d'espionnage, j'avais rendez-vous avec ce fameux M. X, un homme d'une cinquantaine d'années, très influent, dont je cacherai la fonction, dans un hôtel rue de Castiglione. Il était très sympathique, nous avons beaucoup ri. Je lui ai demandé : « Je ne comprends pas... Comment allez-vous faire ? » Il a souri : « Ne savez-vous pas, jeune fille, que la moitié du monde suit l'autre moitié ? » Je lui ai demandé aussi combien je lui devais, il a à nouveau souri : « Ça sera ma BA du jour. » Quelques semaines plus tard – j'allais avoir trente et un ans –, il m'a rappelée et m'a tout dicté : le nom de ma grand-mère (qui n'était pas celui de mon père), le prénom, l'adresse et le téléphone. Je suis repartie avec ce morceau de papier dans ma main, en me disant : « Ça y est, ce sont mes origines ! »

Laissez-moi vous déposer ces roses

J'ai acheté deux douzaines de roses blanches et je me suis rendue en bas de chez elle. J'ai sonné, donné mon nom, celui de ma mère, celui de son fils... Et j'ai ajouté : « Vous souvenez-vous d'un événement familial important, il y a trente ans ? » Je n'osais pas être trop abrupte, pour ne pas la choquer. Mais vous m'imaginez, moi, face à cet interphone (aussi mutique que mon psy, soit dit en passant) ! Elle a fait la sourde, m'a répondu : « Mademoiselle, je ne comprends pas » et a refusé de m'ouvrir. J'ai alors précisé : « Madame, j'ai un énorme bouquet de roses pour vous, je vais vous les déposer dans le hall, ouvrez-moi, je ne monterai pas. » Elle a ouvert et m'a *in fine* proposé de monter. Je me suis trouvée face à une dame, très grande, très belle, qui me regardait en hochant la tête : « Ma petite fille, disait-elle, je ne comprends rien à votre histoire ! » Et elle répétait : « Ma petite fille, ma petite fille ! » Vous imaginez, l'ambiguïté de ce terme ! Elle m'a aussi dit : « Faites des enfants, vous oublierez. » J'ai trouvé ça gonflé ! Mais je n'oublierai jamais cette phrase.

Je lui ai demandé si je pouvais continuer à aller la voir, elle m'a dit : « Oui, bien sûr. » Mais quelques semaines après, quand je me suis représentée, cette fois avec une boîte de macarons Ladurée, elle a refusé de m'ouvrir. À qui avait-elle parlé ? À mon père ? Qui lui avait soudain interdit de me voir ? Mais j'ai été prise par la vie. J'ai rencontré celui qui est devenu le père de ma fille. Un vrai, grand amour. Moi qui n'osais pas aimer, enfin je me permettais de m'attacher sans condition, sans angoisse. Plus jamais je n'ai vu ma grand-mère. Mais j'avais percé le secret jusqu'au bout.

La dernière séance

J'étais mieux, j'avais pris mon nouveau travail – dans cette PME, je vivais d'amour et d'eau fraîche – et j'évoquais le désir d'avoir un enfant. Après tout, j'avais trente-deux ans ! Et puis, il y a eu ce jour, en analyse, où mon psy a ouvert la bouche, lui qui ne disait rien ! Ça n'était qu'une question : « Êtes-vous sûre qu'il s'agit du bon père pour votre enfant ? » C'était la première fois qu'il parlait ! Et j'ai trouvé que cela ressemblait à une énorme intrusion dans ma vie. Là, je suis montée sur mes grands chevaux, je me suis énervée. J'ai répondu : « Qui vous permet de juger ? Je ne vous permets pas. Je veux avoir un enfant de l'homme que j'aime, ça vous dérange ? De quoi vous mêlez-vous ? » Je lui ai dit aussi : « J'en ai plus que marre, de vos questions ! » Un comble, lui qui n'en posait jamais ! Je suis partie, quasiment en claquant la porte, à cause de cette vérité que je ne voulais pas voir. Je n'ai plus donné signe de vie, je ne l'ai plus jamais revu. Je suis tombée enceinte de Juliette –

un heureux, très heureux « accident », car je pense que consciemment, je n'aurais jamais pu prendre cette décision. À la naissance de Juliette, ma fille, j'ai envoyé mon faire-part à mon psy. Je l'ai envoyé à mon père aussi. Ni l'un ni l'autre ne m'ont répondu.

Et aujourd'hui ?

La vie lui donne raison sur certains points, car mon couple ne va pas très fort. Nous allons probablement nous séparer mais, après tout, j'ai toujours fui un modèle familial que je jugeais oppressant. Aujourd'hui, j'écoute mes désirs, qui me portent en avant. Je rêve de faire de la radio, du doublage de voix dans des pubs, dans des films. Je rêve, au fond, de légèreté, moi qui suis encore trop souvent dans l'affect ! N'empêche... Ma psychanalyse m'a permis de faire la paix avec cette quête du père. J'ai cessé d'en rêver, d'en souffrir, d'idéaliser. C'est après mon analyse que j'ai véritablement adopté mon papa d'adoption. Ce père qui avait épousé ma mère, à mes quatre ans, ce Panisse qui m'avait, lui, reconnue, me semblait infiniment préférable au Marius voguant sur les mers. J'étais donc sortie du fantasme, du père idéalisé pour entrer dans la réalité.

Sur le plan professionnel, je dirais que la psychanalyse m'a aidée à affûter considérablement mon intuition. Moi qui dirige une équipe, je sais immédiatement, à la regarder, si une femme est enceinte, si quelqu'un est déprimé... Je suis attentive aux autres et à tous ces petits signes qui vous emmènent derrière le miroir – lapsus, actes manqués. Aujourd'hui, quand je vois des gens pétris de certitudes, je les trouve plutôt pétris de connerie ! Ou bien refoulés. Le type audacieux et pénible, celui qui vient se vendre, qui se prend au sérieux, on l'observe soudain avec un œil critique. On se dit : « Mon coco, qu'est-ce que tu veux te prouver, au fond ? »

Si j'étais cynique, je dirais que l'analyse vous aide à mieux décoder les autres – donc à mieux les manager. Mais je préfère dire qu'elle incite à développer également une forme de compassion et de tendresse pour son prochain. Ça fait très catho vieille France, n'est-ce pas ? (Salomé rit.) Quand on se comprend mieux soi-même, on comprend mieux les autres. Et, au fond, on reconnaît un peu de soi en l'autre, et un peu de l'autre en soi. C'est ce qu'on pourrait appeler la fraternité du divan.

René, 46 ans, avocat

« Je suis devenu mon propre ange gardien »

Le casque à la main, René a l'œil pétillant, les cheveux châtains. Une allure post-ado qui tranche avec l'image de l'avocat pénaliste. Il roule en scooter, vite, et il parle vite aussi. Il dit aimer parler « car quand je parle, ça m'excite et ça m'existe ! » rit-il, friand de ce genre de lapsus.

René avoue déconnecter en permanence du réel, comme un ange qui embrasse la réalité de tout en haut. Un ange qui porterait une robe... « Mon métier? C'est celui de mon père, qui est avocat en Allemagne. C'est comme si je me cachais derrière quelqu'un d'autre, sous ma robe. Je n'existe plus, je disparais ! Avocat, je ne suis rien, je suis la parole de l'autre », s'enflamme-t-il. Il parle de ce père, prussien, comme d'une icône, une caricature d'Allemand : psychorigide, affublé d'une blessure de guerre. Un père qui ne l'a reconnu « que sur le papier ». Il parle aussi de son psy, « droit dans ses bottes », parfaite réplique paternelle, qui ne lui a jamais prodigué aucun affect pendant ses sept ans d'analyse. Nous nous retrouvons au Zimmer, brasserie allemande, non loin du Palais de Justice de Paris.

La vie sans père

Ma mère est une Bretonne de France profonde, mon père est prussien ; il est né à Breslau, dans l'ancienne Silésie. Il est issu de la noblesse prussienne, celle qui s'est fait couper les ailes avec la guerre. Je ne connais pas l'histoire précise qui l'a lié à ma mère – une histoire d'amour banale et brève. Je ne sais qu'une chose : je suis le fruit de leur union ! Il m'a reconnu à ma naissance, sur le papier, mais je ne l'ai pas vu ni jamais rencontré pendant mon enfance. À l'âge de dix ans, changement de cap – et de nom. La justice, avec beaucoup de retard, m'intime de prendre le nom de mon père : je me suis appelé du jour au lendemain von Wallenberg, moi qui étais né Massicot ! (René rit.) Massicot, massicoter... Avouez que la coïncidence est étonnante, d'autant que je me suis senti dès ce jour coupé de moi-même. À dix ans, j'ai dû endosser du jour au lendemain une autre identité, une autre culture, un autre moi.

Dès ce jour-là, moi qui étais un brillant élève, je suis allé d'échec scolaire en échec scolaire. Un cancre ! Mon mal-être date certainement de cette époque. Mais, habitué à faire taire mes sentiments et mes émotions, comme beaucoup de garçons de cette époque, je n'ai aucun souvenir d'avoir pleuré ou broyé du noir. Quand vous n'avez pas de père, sans doute êtes-vous encore plus mal à l'aise avec l'expression de vous-même. Il n'est pas là pour vous montrer la voie, pour vous servir de modèle, pour vous autoriser à être vous-même. Du coup, vous rentrez dans les schémas archaïques du petit macho : « Tu ne pleureras pas, tu seras un homme, mon fils ! » Mais quel homme ?

Flirter avec les limites

L'adolescence a été rude. Ah, ça, je n'étais pas un ange ! À quatorze ans, je faisais la loi à la maison – un vrai petit coq ! – et ma mère n'avait pas son mot à dire. J'empruntais sa voiture sans permis et sans son autorisation. J'évoluais comme certains garçons, mal dans leur peau, uniquement dans le passage à l'acte, comme si je zappais la case émotion. À seize ans, je chevauchais une énorme moto. Combien de fois me suis-je planté, sans casque, et aurais-je pu mourir ou finir aux urgences de l'hôpital de Garches ! Je multipliais les conduites à risque, comme tous ces ados élevés sans autorité, parfois sans père, qui vont jusqu'à flirter avec la mort pour se sentir exister. J'attendais sans doute une parole ferme : « Maintenant ça suffit. Arrête-toi là ! »

Première demande de prise en charge

Sans doute avais-je vraiment besoin de consulter, à l'époque. Mais, dans les années 70, ça ne se faisait pas, d'aller voir un psy, vraiment pas ! On était plutôt dans la discipline, le rigorisme, on visait à redresser les gamins, sans chercher à les soigner. L'idée d'aller voir un psy m'était si étrangère que j'ai essayé beaucoup d'autres choses pour m'en sortir. J'ai même flirté avec la religion, moi l'athée ! En 1989, j'avais donc vingt-neuf ans, je me suis retrouvé dans un état d'accablement atroce après une rupture amoureuse. Sentiment de rejet, d'exclusion, d'être coupé de moi-même. Je ne savais plus quoi faire de ma peau ! J'ai grimpé les marches, je me suis retrouvé tel le Christ au Sacré-Cœur ! J'étais prêt à ramper, à me mettre à genoux, à prier. Je voulais que l'on m'écoute. Heureusement, le prêtre n'en avait rien à foutre de moi. (René rit.) Pas franchement doué. Si ce type avait été talentueux, il m'aurait embarqué dans la religion sans aucun problème. Mais, avec son manque d'enthousiasme, il aurait rendu athée n'importe qui ! C'est là que vous voyez que, emballé par quelqu'un d'un peu charismatique, vous pouvez facilement, même à vingt-cinq ans passés, vous retrouver dans une secte.

Engourdi, ailleurs, absent

L'année de mes trente-deux ans, le malaise a recommencé. La jeune fille que je devais épouser, Sonia, m'avait quitté – une rupture que j'avais moi-même provoquée inconsciemment, toujours pour les mêmes raisons : quand la relation commençait à rouler, j'avais des pannes de désir. J'étais comme coupé de mon sexe. Il ne se passait plus rien. Donc Sonia était partie. Et là... la souffrance m'est tombée dessus d'un bloc. Je ne pleurais pas, mais c'était pire. J'étais engourdi, à côté de mes pompes, avec l'impression de ne pas mettre un pied devant l'autre. Je rêvassais, je décollais du réel, incapable de prendre un rendez-vous, d'avoir le moindre projet d'avenir. Je m'absentais à moi-même et, progressivement, je me désadaptais du monde. Je voudrais vraiment souligner cela : parfois, vous souffrez tant que vous êtes au-delà de la souffrance. Maintenant, je sais tout à fait identifier ce sentiment.

Mon médecin généraliste, lui, le savait aussi. Il m'a conseillé d'aller voir un psychiatre-psychanalyste dans le XVIIe arrondissement. Je me suis rendu chez ce monsieur, je me suis assis... Et là, j'ai ouvert les vannes et j'ai pleuré, comme jamais de ma vie je n'avais pleuré. À gros sanglots. J'ai pleuré, comme cela, pendant trois ou quatre séances, sans dire un mot. Et la personne qui était face à moi n'en disait pas plus. C'était surréaliste ! Aberrant ! Je pleurais, une fois par semaine pendant quarante-cinq minutes, puis je payais 390 francs à l'époque et je sortais. C'est ainsi qu'a débuté mon analyse. Dans le bureau des pleurs !

L'inconscient se réveille

C'est comme dans les dessins animés, vous savez : tant que Bugs Bunny ne s'aperçoit pas qu'il est en train de cavaler au-dessus d'un précipice, tout va bien ! Mais quand il jette un œil au-dessous, il s'aperçoit brutalement qu'il marche au-dessus du vide. Et il tombe en chute libre ! Eh bien, c'est ce qui se passe aussi chez le psy. Après avoir vécu dans un cocon que je m'étais construit de toutes pièces, vivotant tant bien que mal, avec mes faux repères, j'ai soudain pris conscience de l'étendue de ma douleur. Et alors là... ça se transforme en raz-de-marée, en tsunami. Ça engloutit tout. Pourtant, pendant ces premières séances de pleurs, jamais ce psy n'a eu un mot de consolation. Il n'est jamais rentré dans l'affect.

Au début, ça m'a complètement déstabilisé, encore plus qu'avant. En sortant de ce nid, de cette fausse maison, mon corps s'est désengourdi, comme un pantin qui recommence à bouger. Comme si je reprenais ma place parmi les vivants... même si ça n'était pas très drôle. Mon inconscient s'est réveillé d'un genre de coma où il était plongé depuis des années. J'ai recommencé à faire des rêves, des rêves éveillés, des lapsus.

Chose étonnante, moi qui ai toujours eu une mémoire d'éléphant, j'oubliais régulièrement les séances chez mon psy et je m'en souvenais exactement à la minute où elles s'achevaient ! À 19 h 44, comme si une sonnerie se déclenchait en moi, je me disais : « Zut, j'ai oublié ma séance ! » Alors, j'appelais mon psy, m'excusais – et le réglais, évidemment, la séance suivante. Au tout début, je semais tout aussi fréquemment les clés de chez moi, un peu partout, comme si je cherchais à me délester de mon secret intime. Un jour, je les ai laissées à l'hôtel de mon père, à Paris. Et j'ai dû défoncer la porte à grands coups de pompe pour les récupérer !

Mon psy ? Un fantôme !

Comment était-il ? Quel âge avait-il ? Comment était son appartement ? Je vais vous étonner mais, après m'être rendu chez lui pendant sept années, à raison d'une à deux fois par semaine, je n'en ai aucun souvenir ! J'ai parfaitement accepté et intégré la transparence de mon psy, cette fameuse « présence taiseuse » dont j'avais besoin pour approcher ma vérité. Jamais je n'ai cherché à le bombarder de questions – je crois que l'absence de mon père m'a aidé à supporter l'absence de mon psy. C'était le même genre d'absence, ou de présence fantomatique... Et ça, c'est irremplaçable.

Ma vie sans père, j'en avais déjà parlé à des amis, mais eux ne peuvent rien pour vous ! Vous avez un discours différent selon que vous parlez à votre petite amie, à vos cousins, à votre tante. Le discours s'adapte à celui qui l'écoute et vous éloigne de votre propre vérité.

Le psy, lui, m'y ramenait. On le paie pour ça, et on le paie aussi pour garder le secret. Il est détenteur de votre propre clé, ce que mon inconscient avait bien saisi, puisque je n'avais de cesse d'oublier mes clés chez lui !

Transfert paternel

Le transfert était facile : mon psy et mon père étaient aussi froids l'un que l'autre ! Sauf que l'un m'aidait à évoluer et à m'en sortir. Tous les deux me faisaient comprendre qu'il n'y avait aucun espace de dialogue possible. Seulement, dans un des cas (avec mon père), cela m'empêchait de vivre. Et dans l'autre (avec mon psy), c'était à moi d'écrire sur la page blanche.

Assez rapidement, le silence de mon psy m'a amené à revivre une scène. J'avais seize ans, l'époque pensionnaire à Jouy-en-Josas, où je faisais les quatre cents coups. Avec des copains, nous jouions aux cartes toutes les nuits, nous fuguions et avons bien sûr raté notre année ! Mon père est arrivé et il a demandé le certificat « d'assiduité », « de scolarité », que sais-je ? En tout cas, il réclamait un papier, certifiant que j'avais suivi les cours, mais personne ne le lui a donné, ce fichu papier, pour la bonne et simple raison que je ne le méritais pas !

J'avais ensuite essayé de parler avec lui, de négocier un retour à la maison, en externat. Et il m'avait répondu, dans le bureau du proviseur : « *Nein ! Kein Diskussion !* » *Kein Diskussion*... Cette rigidité, je la retrouvais chez mon psy, mais ô combien structurante ! Sa rigueur me forçait à avancer. Il avait posé des limites à notre relation, qui ne serait jamais amicale ni affectueuse, c'était un cadre à mes délires contemplatifs.

Entre Platon et Aristote

Car délires il y avait, sur ce divan ! Pourtant, je vais peut-être vous étonner, mais en quarante-cinq minutes, je ne parlais pas beaucoup de moi. Je parlais culture. Je discourais, comme un brillant orateur. Mythologie, histoire, Platon, astronomie... Tout y passait ! Je m'extasiais sur la pensée grecque. Je m'étonnais devant lui que les Grecs aient découvert la clé de la civilisation, de la connaissance. Bref, je cherchais à éblouir cet homme qui, derrière moi, avait tout de mon père fantôme ! Il s'agissait, je l'ai vite compris, de lui prouver que j'étais quelqu'un de bien, d'exceptionnel et qu'il devait à tout prix m'aimer. Tout cela se passait pendant une demi-heure environ. Je brillais, je pérorais, tout seul... En me zappant soigneusement, moi et mes problèmes. Et brutalement, comme si mon inconscient, pressé par la montre, s'était mis à me taper sur l'épaule, à me dire : « Eh oh, toi, ne m'oublie pas ! », tout se précipitait. Quinze minutes avant la fin, juste avant de le quitter, je me mettais à associer, à faire des allers et retours fulgurants entre le présent et le passé. Lui intervenait par onomatopées, précis et très bref : « Oui, d'accord, mais encore ? », « C'est-à-dire ? » Il s'efforçait de me faire parler comme un inspecteur de police, mais sans jamais orienter mon discours.

Le dernier coup de pinceau

Vous allez peut-être penser : « À quoi bon quarante-cinq minutes de parlote, si la séance ne se déclenchait que le dernier quart d'heure ? » J'ai mon idée là-dessus. Je pense que si nous avions pratiqué des séances courtes, comme Lacan le préconisait, ça n'aurait pas été efficace du tout. Car j'avais vraiment besoin de ces trente minutes introductives pour foncer ensuite tout droit vers moi-même. Un peu comme un peintre se met à cogiter très longtemps, ou se promène pendant des heures, avant de prendre son pinceau pour approcher sa vérité en quelques traits.

Je pense aussi que si mon psy m'avait parlé, d'une manière ou d'une autre, pendant cette longue phase introductive, s'il m'avait ramené à la réalité, j'aurais perdu tout le bénéfice de ce dernier quart d'heure. Et pourtant, je lui en ai tendu, des perches, ô combien ! Je voulais discuter avec lui, je lui parlais des plaidoiries en cours, je pérorais... Mais lui ne rebondissait jamais là-dessus. Il coupait court à toute amitié intellectuelle. Il se taisait. Toutes mes pérorasons étaient, je le sais bien, une manière de résister à l'analyse. Je voulais le mettre dans ma poche mais lui aussi résistait ! Si j'étais tombé sur un mauvais psy, qui m'aurait tapé sur l'épaule, m'aurait demandé quel film j'étais allé voir au cinéma, je n'aurais jamais avancé. Je ne serais jamais parvenu à ce dernier quart d'heure.

J'étais un ange

Un jour, après avoir discouru pendant trente minutes sur l'éducation grecque, j'en suis venu à la difficulté, pour un garçon du XXe siècle, d'avoir été élevé uniquement par des femmes. Ma grand-mère, une femme mystique, telle une bonne Bretonne, n'avait-elle pas dit, par exemple, que ma sœur avait vu des anges au-dessus de mon berceau, à ma naissance ? Tous ces mots que vous entendez, pendant votre enfance, que vous captez au vol et qui finissent par s'imprimer en vous ! J'étais un ange pour elles... Mais un ange, n'est-ce pas d'abord un être asexué ? Une scène m'est alors revenue en mémoire. Une scène édifiante. J'ai douze ans, je lis dans mon lit, ma sœur vient vers moi, je la fais tomber. Et là je vois son sexe, en grand et, surtout, coupé de part et d'autre. Je n'avais jamais vu de sexe de fille de cette manière et cette image m'a vraiment troublé, moi qui étais le seul garçon élevé par des femmes ! C'était la première fois que je voyais un sexe de fille, un sexe coupé en travers. Bien sûr, j'ai fait le lien avec l'absence de modèle masculin. Il y a plus facile pour investir son sexe. De fait, dans ces allers et retours dont vous êtes capable, sur le divan, je me rappelais (ce que j'avais profondément refoulé) mes premières expériences sexuelles. J'ai fait l'amour les premières fois sans aucun désir, aucune émotion, de façon purement mécanique, comme un robot ! Avec ma première petite amie, je me suis dit : « Allez, vas-y, c'est le moment, tu as le bon âge pour ! » Je l'ai quittée au bout d'un mois. Comme je les quittais toutes.

Coupure culturelle

Je vivais sous le signe de la rupture. Coupé de mon sexe, coupé de mes émotions, coupé de mon patronyme. Coupé de mon père, bien sûr. Je faisais le grand écart entre les deux cultures, la culture bretonne et la culture allemande. Il y avait d'un côté ce père allemand, psychorigide, sans aucune fantaisie, sans aucune tendresse, et, de l'autre, cette mère française, aimante et complètement mystique. Comment voulez-vous être au mieux avec vous-même, alors que vous êtes le fruit de deux ennemis héréditaires, deux pays, deux cultures opposés ? J'aurais pu tout aussi bien être élevé en Allemagne comme en France, parler allemand tout aussi bien, être élevé différemment. Toutes ces contingences faisaient de moi un fétu de paille ! Un rien... Vous êtes là, mais vous pourriez être ailleurs. Et au fond, pourquoi existez-vous ? Nous sommes certes tous les produits du hasard, mais quand vous n'avez pas intégré votre légitimité à exister, ce hasard se transforme en absurdité et peut vous rendre fou !

Les anges n'existent pas

Ce sentiment d'absurdité m'avait toujours pesé. Le fait d'être coupé de mes affects et coupé de ma réalité. Le fait d'être... eh oui, un ange ! On revient toujours à ça. Toujours entre la vie et la mort, entre deux sexes, entre deux cultures. Je vous le dis, moi : il n'est pas confortable d'être un ange, isolé de tout, au-dessus de tout, jamais en phase avec le réel. L'ange menace de sombrer dans la folie, entre ciel et terre, entre réel et imaginaire. L'ange est plein de doutes et, derrière son sourire, il est malheureux. Mon père aussi avait été un ange à mes propres yeux pendant toute mon enfance, ni vivant ni mort, à mi-chemin entre le réel et l'imaginaire, voletant au-dessus du réel. À l'école, quand on m'interrogeait sur lui, je répondais : « Il est en voyage », comme on le dit d'un parent décédé. Et, au fond, je ne savais pas où il était. Je ne posais aucune question.

Pères de substitution

Nous n'en parlions jamais, à la maison. Mais il n'y avait aucune façon de l'oublier. Quand vous n'avez pas de papa, quand personne ne vous en parle, vous le cherchez, vous l'imaginez partout. Sans en avoir conscience, bien sûr. Sur le divan, je traquais tous ces pères de substitution auxquels je m'étais accroché comme un fou pendant mon enfance. Des surveillants, des médecins, les papas de mes copains... J'ai revécu, sur le divan, une scène particulière. J'avais neuf ans et je m'étais lié d'amitié avec le fils d'un instit, que j'adorais. Je venais chez lui tous les jours, je me prenais pour le fils adoptif, jusqu'au jour où j'ai tiré à la carabine sur son fils ! Certes, avec une boulette en aluminium, mais cet acte a failli lui coûter un œil ! Je pense que, là, c'était l'acte manqué total : j'avais voulu éliminer le rival. Vous pouvez aller très loin, comme cela. En souvenir de ce faux papa instit, je m'étais inscrit, bien plus tard (toujours sans en avoir conscience), à l'École normale d'instituteurs. C'est ainsi que se décident les fausses vocations ! J'ai réussi le concours, effectué mon stage, et j'étais terriblement malheureux, pas à ma place. Je devais transmettre quelque chose, donc me poser comme adulte, comme père symbolique, moi qui en avais toujours été privé. Enseignant, ça n'était pas pour moi. Moi qui n'étais qu'un demi-adulte, en manque de colonne vertébrale paternelle !

Cailloux et ricochets

Sur le divan je faisais des allers-retours en permanence, en utilisant mes clients à défendre, pour achever sur une plaidoirie de moi-même. C'était comme si j'arrivais chez lui camouflé sous ma robe d'avocat et que, progressivement, je l'enlevais et redécouvrais mon intimité. Il m'est arrivé de parler d'un jeune délinquant dont je m'occupais et d'associer à partir de là : « Quand j'étais môme, je lançais des pierres moi aussi. » Et ça m'amenait à ma violence, moi élevé sans limites et sans père. J'en arrivais au moment où, un jour, à seize ans, j'avais claqué la porte au nez de mon père, qui m'avait demandé de renoncer à la succession. Je débouchais alors sur cette question : qu'est-ce qui était le plus violent, au fond, une porte claquée au nez ou la violence d'un père qui vous jette ce caillou : « Tu n'hériteras pas de moi » ? Voilà comment, à partir d'un caillou, votre inconscient fait des ricochets jusqu'à parvenir à la pépite, au caillou en or ! Je racontais le cas d'un client et progressivement je m'effeuillais pour parvenir à parler de moi. La vérité advenait, une fois que je m'étais libéré de ma robe.

Crise d'angoisse en Allemagne

Je décryptais aussi les malaises physiques et les angoisses qui me tenaillaient. Quand vous vous laissez vraiment aller, vous pouvez aller très loin dans le ressenti de certaines choses. Un jour, j'ai revécu et compris sur le divan le profond malaise qui me tenaillait en Allemagne. En Allemagne, je redevenais l'ange, coupé du réel. Tout commençait dans le train, à la frontière ! J'avais des sueurs froides, l'impression d'entrer dans un piège, un no man's land, un endroit où mon âme allait quitter mon corps ; je mourais. Je redevenais cet ange libre, trop libre, je voyais mon corps d'en haut, sensation terrifiante d'angoisse. Sentiment de ne pas exister. En Allemagne, j'étais obligé de demander du feu à quelqu'un pour, à travers le regard de l'autre, me prouver à moi-même que j'existais !

J'ai compris aussi sur le divan que si le fait d'aller en Allemagne me plongeait dans de telles affres, c'est parce que j'aurais pu naître là-bas. J'aurais pu faire mes études là-bas, grandir là-bas, et cette simple supposition finissait par m'annuler, moi, René, quarante-six ans, avocat français, ici présent ! Je comprenais alors d'où venait ce sentiment d'évaporation de mon être. Et ça, c'est un sacré cadeau. Car, quand vous êtes mal, et que vous n'identifiez pas votre malaise, vous pouvez être dévasté. Ou sombrer dans la folie.

La maladie de mon fils

Un an après le début de mon travail, en 1993, la maladie de mon fils m'est tombée dessus. Il était atteint d'un cancer de la prostate. Cette révélation m'a évidemment complètement déstabilisé. Mon psy n'a pas modifié son comportement. Certes, je l'ai senti un peu plus présent, mais il ne m'a jamais tapé sur l'épaule, jamais pris dans ses bras, jamais consolé. Heureusement. Il a fait preuve de maîtrise. Je pleurais et j'avais de bonnes raisons de pleurer. Je ne parlais plus que de mon fils, de sa maladie. Quoi de plus normal ? Seulement, je n'étais pas dupe. Cette coïncidence m'a permis aussi de me zapper, d'éviter de me pencher sur mon propre cas.

Mon père aussi en a profité, car il s'est mis à prodiguer à mon fils l'affection qu'il ne m'avait jamais donnée. Il a sauté une case, la case fils pour arriver à la case petit-fils. Maintenant que mon fils est tiré d'affaire, j'ai bien compris que mon père était bien plus doué pour aimer ses petits-enfants que son propre fils. Et, après tout, pourquoi pas ? J'ai fait la paix avec cela. Aujourd'hui encore, mes enfants sont les légataires universels de certains de ses biens – là encore, je suis zappé – mais je n'en suis pas malheureux. C'est mon histoire et je l'accepte.

Dire pardon

Mon père n'était pas mauvais. Après m'avoir boudé pendant toute mon enfance, il a essayé maladroitement, à l'adolescence, de fixer des limites. Sans jamais donner de l'affection. Je lui ai pardonné, et je suis même au-delà du pardon. Je le comprends. Aujourd'hui, il me zappe encore ! Quand je l'ai au téléphone, il conclut notre conversation en lançant : « Surtout, embrasse bien tes enfants », en omettant consciencieusement – ou plutôt inconsciemment – de m'embrasser, moi ! Je pense que je n'existe pas pour lui. Et alors ? Ça n'est pas un problème pour moi. Les hommes de cette génération ont été rigides et ont fait beaucoup de mal à leurs fils. J'ai compris que mon père était aussi victime. Dominé par une femme, dominé par la culture germanique, à mille lieues de la tendresse. Il y avait tant de barrières entre nous. Comment les rétablir ? Ça n'est pas possible et ça m'a apaisé. Ça s'appelle l'acceptation de la réalité, n'est-ce pas ? Avant, j'en voulais à la terre entière. En voiture, si quelqu'un me coupait la priorité, ça pouvait me plonger dans une fureur folle ! J'aurais été capable de zigouiller le type en voiture. Aujourd'hui, je me calme.

Un silence utile et restructurant

Après six ans et demi d'analyse, brutalement, du jour au lendemain, le silence est tombé sur mes épaules comme une chape de plomb. Quelques mois avant de partir, brutalement, je n'ai plus rien eu à dire, rien du tout. Je suis resté quelques séances comme cela, dans le silence intégral ; je suis entré en phase de méditation. Pour moi, ce silence faisait partie intégrante de l'analyse et ne m'a pas coûté ni fait souffrir. Cette fois, allongé, je voyais mon corps de là-haut. Mais j'étais bien. J'étais devenu mon propre ange gardien. J'ai intégré la totalité de mon être. C'était une phase nécessaire où je me sentais renaître. J'étais hanté, habité par des visions hallucinatoires qui avaient toutes à voir avec ma propre renaissance. Après avoir été un fétu de paille, je redevenais un fœtus ! Au cours de ces derniers moments, j'ai intégré ma double personnalité, mon côté germanique, mon côté français.

Je suis moi-même

Aujourd'hui, je suis père de quatre enfants, je ne suis pas marié – la peur de l'engagement, toujours ! Mais j'ai simplement accepté d'être moi-même, c'est-à-dire un passeur, un intermédiaire. Quand j'enfile ma robe d'avocat, ça me donne des ailes, je ne suis plus moi, je disparais. Et j'adore ça. Je suis mon client, je parle pour lui. *Advocare*, ça signifie « parler pour ». Je suis une quantité négligeable et, parfois encore, il m'arrive de déconnecter du réel, mais je n'en ai plus honte ! Ça fait partie de ma personnalité. Au tribunal, il m'est même arrivé de lancer au président : « Vous pouvez répéter, monsieur le président ? Je me suis absenté quelques secondes. » J'ose, parce que c'est moi, ça ! En fait, j'ai accepté la réalité de mon être.

L'analyse vous aide à vous cerner dans votre singularité. C'est vrai, je suis quelqu'un de particulier. Je décolle du réel en permanence et, quand on me parle, je suis souvent ailleurs. J'adopte parfois les souvenirs des autres, que je remixe avec ma propre histoire. J'ai l'impression d'avoir vécu certaines scènes simplement parce que ma femme me les a racontées. Je suis assez proche de la folie, quand j'y pense, mais ma force, c'est justement de le savoir. Et d'avoir pu border, cadrer ces déconnexions grâce à mon psy. C'est aussi ce qui me permet de grandes envolées lyriques pendant mes plaidoiries !

Retirer le poignard

Quand je suis allé chez mon psy, j'avais un poignard dans le cœur, j'agonisais, je me traînais. Quand je l'ai vu, il m'a aidé à retirer le poignard, d'un simple regard, ce qui n'a pas été sans effusion de sang, ni hémorragie et larmes. Ensuite, il faut le temps que la blessure cicatrise. Enfin, à la fin de la cure, c'est vous qui vous regardez renaître. J'échappais à mon corps, je me voyais d'en haut. Moi qui avais toujours été coupé de mes sensations et des affects, je visualisais dans tout mon corps la preuve de mon existence. C'était un peu comme dans *Les Ailes du désir* de Wim Wenders, sauf que c'est moi que je voyais d'en haut. Et je ne m'en inquiétais pas. Je voyais les limites de mon corps, je me voyais renaître, être moi. Oui, c'est un jeu de mots comme on aime les faire quand on est analysant (René rit), mais il est vrai que, après avoir subi mon changement de patronyme, j'ai intégré mon prénom. Sur le divan, je suis re-né.

Le père

Sophie Carquain : Face à l'emprise maternelle, le père fait parfois pâle figure. Certains enfants se disent même « sans père » !

Maryse Vaillant : Terrible expression trop souvent entendue ! Elle énonce une réelle impossibilité biologique et un terrible déni de la réalité psychique. Tout d'abord, reconnaissons qu'elle donne à la mère une importance démesurée et dangereuse ! Face à l'évidence de la grossesse et de la naissance pour la mère comme pour l'enfant, le père rappelle à l'une comme à l'autre que nul n'est tout-puissant. Aucune femme ne devient mère par la seule puissance de son désir. Aucune femme ne peut faire un bébé toute seule. Un homme, au sens de géniteur, est donc nécessaire pour que l'enfant soit conçu. Le désir d'enfant ne fait pas naître un enfant. Ces rappels, des plus élémentaires, sont parfois nécessaires pour faire éclater l'illusion d'une bulle fusionnelle dans laquelle la mère et l'enfant pourraient se satisfaire l'un de l'autre. Il faut être deux, de sexe différent, pour que l'enfant soit conçu. Autrement dit, en arithmétique psychique de base, un enfant, c'est toujours trois personnes ! Sa mère et lui font trois. Il y a du père, toujours, dans leur relation. Deux, c'est dangereux.

Dangereux ? Ce que vous dites est un peu culpabilisant, non ? Avec le nombre de familles monoparentales.

Loin de moi l'idée de culpabiliser les mères ! Je parle du père sur le plan symbolique. Il ne faut pas évincer le père symbolique. L'enfant a besoin de savoir qu'il a un père, même si ce dernier ne vit pas avec lui. Je dirais même surtout si ce dernier ne vit pas avec lui.

S'il n'est pas là, le père manque. Son absence crée un vide. Que son père lui manque est d'ailleurs ce qui peut arriver de mieux à l'enfant qui vit sans son père. Un éloignement du père qui passerait inaperçu, une absence qui ne manquerait pas, qui serait déniée ou revendiquée provoquerait des dégâts psychiques des plus importants dans la structure de l'enfant.

Pourquoi l'absence de père peut-elle être traumatisante ?

L'absence d'un père peut être douloureuse pour l'enfant qui souffre de la séparation de celui qu'il aime. Cette souffrance causera toutefois moins de troubles psychiques qu'en occasionnerait une absence qui passerait inaperçue.

Le père fait tiers entre l'enfant et la mère. Géniteur obligé, même s'il n'est pas présent dans l'éducation de l'enfant, le père inscrit la conception de celui-ci et son origine dans deux lignées hétérogènes.

On voit bien dans l'histoire de Salomé l'importance pour elle d'aller vérifier qu'elle a une grand-mère paternelle. Pour elle comme pour d'autres, la lignée non maternelle permet de ne pas se sentir clonée à partir de sa mère. C'est une vraie question d'altérité et d'humanité. Nous ne nous reproduisons pas ; ni le désir de la mère ni ses craintes n'y feront jamais rien, nous ne nous dédoublons jamais. Nous procréons. Nous transmettons la vie, nous ne la fabriquons ni ne la créons.

Pourtant on dit souvent que la mère fait l'enfant !

Elle n'en a pas le pouvoir. Elle transmet la vie et ne peut le faire seule. En imposant l'impensable mais nécessaire réalité d'une rencontre sexuée avec la mère, le père montre à l'enfant que sa mère est un être de désir. Non seulement elle n'est pas toute-puissante, mais elle est incomplète. Le risque serait alors pour l'enfant de croire pouvoir la compléter, de former avec elle l'unité fusionnelle. Voilà bien la fonction du père. Empêcher le retour fantasmatique de l'enfant dans le ventre de sa mère. Un père qui n'est pas là, mais dont l'absence n'est pas déniée, signifie clairement à l'enfant qu'il ne peut former avec sa mère aucune unité. Souffrance garantie, mais souffrance salutaire qui inscrit l'enfant dans sa généalogie et lui permet de s'ouvrir à la vie, en se séparant de sa mère.

C'est ce qu'on appelle la fonction paternelle ?

Oui. La fonction paternelle est une fonction symbolique essentielle qui permet à l'enfant de se différencier puis de se séparer de la matrice et de l'emprise maternelle. Cette fonction, qu'occupe le père la plupart du temps, n'exige toutefois pas qu'il soit là, dans la vie quotidienne de l'enfant. Il suffit que son existence ne soit pas déniée par la mère et que son absence ne soit pas occultée. Il manque, mais il existe. Même si la vie familiale s'est reconstruite autour d'un nouveau couple, le père de l'enfant ne peut tomber dans l'oubli ou le rejet. Il tient une place dans l'histoire de l'enfant et dans celle de sa mère.

La fonction paternelle n'implique donc pas forcément une présence réelle du père.

En effet, le père peut être absent et occuper une place essentielle dans la vie de l'enfant. On cite toujours l'exemple des veuves de guerre. Beaucoup d'entre elles ont élevé leurs enfants sous l'œil terrible de la photo d'un héros mort dont la magnifique autorité n'a jamais vacillé quelles que soient les difficultés éducatives rencontrées dans le quotidien. Le père absent est alors d'une présence redoutable ! La mère, la référence au père et l'enfant : tout est en place pour structurer la vie psychique de celui-ci. Celle qui ne l'empêchera pas de souffrir mais qui lui permettra de vivre, de créer, d'aimer et de se construire avec ce que la vie lui donnera.

Concrètement, comment une mère peut-elle composer avec un père absent ? Comment le faire vivre ?

Déplorer l'absence du père fait moins de dégâts que l'ignorer. Indépendamment des difficultés éducatives, sociales et économiques qui chargent les séquences de vie monoparentale, la mère qui vit seule avec ses enfants doit aussi faire vivre symboliquement le père. Il est essentiel que ses enfants ne comblent pas chez elle le vide laissé par le départ de l'homme qu'elle a aimé, par exemple. Aucun d'eux ne peut faire couple avec la mère.

Si la place symbolique du père est repérée, les enfants feront avec le manque. Pour peu que la famille soit ouverte sur la société, ils trouveront dans leur entourage amical, familial et social des figures paternelles de substitution qui leur permettront de trouver des images identificatoires.

Le risque essentiel est l'enfermement de la mère et des enfants sur eux-mêmes. Tout huis clos est néfaste en famille et encore plus lorsque l'un des parents est absent. Pour qu'une famille vive, même déchirée, même incomplète, il importe que soit reconnue l'absence du parent manquant, que celui-ci soit inconnu, séparé, décédé, parti, fragile. Ou remplacé.

Les deux parents ont une fonction symbolique ?

Tous les deux inscrivent l'enfant dans leurs lignées et signalent à l'autre parent qu'il n'a pas fait l'enfant seul. Tous les deux signalent à l'enfant qu'il n'est pas le fruit du pur désir de l'un ou de l'autre et qu'aucun d'entre eux ne peut se l'approprier. C'est l'interdit de l'inceste et l'œdipe. Mais cela ne suffit pas. Tous les deux ou leurs substituts ont aussi à s'incarner dans le quotidien, entre tendresse et éducation, cris, larmes et rires (ce qui fera toujours défaut aux photos, même de père en héros). C'est ainsi que les enfants grandissent, confrontés à l'humanité ordinaire de leurs parents.

Car l'enfant a besoin de la présence de son père !

Il a besoin de la présence de parents affectueux et rassurants. La mère et le père se complètent et se rassurent l'un l'autre, signifiant à l'enfant que ni l'un ni l'autre n'est omnipotent. La présence d'un père est essentielle pour que l'enfant soit confronté à la réalité de son papa. Un papa qui va, qui vient, qui se trompe et qui rit, c'est toute l'humanité de l'enfant qui se construit. Et c'est un modèle pour le garçon. C'est une figure d'homme dans la vie de sa mère et un modèle masculin pour sa vie à lui.

Pouvez-vous rappeler le rôle du père dans la construction de l'enfant ?

Dès la naissance, l'amour du père donne à l'enfant une ouverture sur le monde et lui permet de se dégager de l'emprise maternelle. L'amour pour le père va inciter l'enfant à dépasser sa première organisation psychique, centrée sur sa mère et sur ses fantasmes infantiles, et à s'ouvrir sur autrui et le monde. Autrement dit, le père aide à comprendre la différence des sexes et la complémentarité génitale indispensable à la procréation. Il permet au petit garçon de devenir un fils et ensuite un homme, voire un père, à la fillette de devenir une fille et ensuite une femme, voire une mère.

Vous nous ramenez au complexe d'Œdipe ?

On en connaît les aspects amoureux et attendrissants, les déclarations enflammées du petit pour sa maman chérie ou de la fillette pour son papa adoré. C'est charmant ! Mais on ignore parfois la fonction essentielle du complexe d'Œdipe. C'est le passage nécessaire, la période charnière qui fait basculer l'enfant d'une relation fusionnelle à la mère vers les autres amours en passant par l'amour pour le père. Le père est le personnage central du complexe d'Œdipe, pour la fille comme pour le garçon. Certes, l'une et l'autre joueront leurs attachements vers le père et vers la mère de façon différente, mais chacun passera de la mère vers le père puis vers les autres amours. Passer par le père pour aimer un homme, passer par le père pour être un homme, voilà en gros à quoi sert le passage œdipien.

Pour les filles et pour les garçons, l'entrée et la sortie de l'œdipe s'articuleront différemment à la question de la différence des sexes, mais devraient aboutir à la même possibilité d'aimer ailleurs, en dehors des parents, et d'aimer autrement les parents, de mûrir dans l'affection filiale, de devenir adultes.

Je crois qu'on peut dire que le modèle garçon est plus simple que le modèle fille. Un seul objet d'amour : la mère, les femmes. Un seul organe sexuel : le zizi.

Comment ça marche pour le garçon ?

Pour tous les enfants, le premier amour, c'est la mère. Le petit garçon est donc amoureux de sa maman. Il lui est attaché depuis sa naissance et, d'une certaine façon, il le restera toute sa vie. À travers d'autres amours, pour la plupart des hommes hétérosexuels, c'est vers la femme que vont ses désirs. Le complexe d'Œdipe va lui permettre de passer de la mère vers les autres femmes. Le petit garçon est aussi attaché à son zizi et le restera toute sa vie. Le complexe d'Œdipe va mettre en question les deux éléments essentiels de la vie d'un homme, sa maman et son zizi.

Quel rôle tient le père dans cette mutation ?

Le père est à la fois l'obstacle qui résiste à ses desseins et le modèle pour arriver à ses fins. Vers trois ou cinq ans, le petit garçon va avoir envie de supplanter dans le cœur, le lit et la vie de celle qu'il aime l'homme qui y tient une place importante. Il désire le remplacer et se met à l'envier. Il va désirer devenir un homme pour être à la hauteur de ce qui semble plaire à sa mère. La promesse d'un zizi d'homme le fera désirer grandir pour acquérir le zizi prometteur. Pour ne pas trop entrer en concurrence avec celui qu'il ne peut égaler, et qui semble bien tenir la place, il va se détourner de sa mère et se promettre de devenir un homme pour d'autres femmes. Il se promettra d'aimer d'autres femmes pour ne pas mettre son zizi en danger. Une promesse qu'il tiendra plus ou moins bien, l'attachement à sa mère et à son zizi restant les seules vraies valeurs sûres de la vie de bien des hommes.

C'est tout un programme, en effet ! Passons à l'adolescence. Sans présence du père, certains cherchent sans cesse les limites ?

À cette période, tous les adolescents prospectent au-delà du triangle œdipien qui leur a servi de protection. Transgressions, incartades, chapardages... Ils cherchent à savoir si un ordre plus vaste que l'ordre familial organise le monde. Certains d'entre eux se feront rappeler à l'ordre par l'autorité rassurante et affectueuse de leurs parents, d'autres rencontreront les lois sociales, la police, la justice. Ceux qui souffrent de graves ruptures familiales vont explorer les limites jusqu'à frôler ou rencontrer la mort. Vont se mettre en danger les gamins perdus qui ne savent pas si leur vie ou leur mort ont un sens pour quelqu'un. Ils en appellent au destin, à Dieu, aux dieux, pour savoir si quelqu'un ou quelque chose tient à eux, tient compte d'eux. Ces conduites à risque, qu'on appelle souvent les comportements ordaliques, sont des actes de désespoir, des appels désespérés.

Est-ce propre aux garçons élevés sans référence paternelle, comme René ?

Oui, en quête du père ! Ces comportements ordaliques sont souvent signes d'une grande panique intime, chez des adolescents en mal de père. Ce dernier forme avec la mère le premier cadre, celui qui organise le monde de l'enfant et à qui il peut avoir recours en cas de panique et de souffrance. Lorsque la fonction parentale n'est pas opérante, quand le père et la mère ne font pas sens pour l'enfant, chacun restant dans un monde à part, l'adolescent est éclaté et ne peut affronter les angoisses de sa puberté. Il cherche un sens à ses souffrances et un cadre pour vivre sa vie. Il en appelle à Dieu, comme il en appellerait à un père, une instance qui organise le monde et le fait tenir debout dans un minimum de cohérence.

La non-reconnaissance d'un père est-elle une bonne indication pour la psychanalyse ?

Toute souffrance psychique est une bonne indication pour une analyse. Et la non-reconnaissance du père provoque d'immenses souffrances, différentes selon le sexe de l'enfant.

Lorsqu'un homme refuse de reconnaître l'enfant comme étant le sien, si aucun autre homme ne prend la relève pour adopter l'enfant, c'est-à-dire pour le prendre dans son histoire et faire tiers avec sa mère, il est fréquent de rencontrer de profonds sentiments d'abandon associés à une impression constante d'imposture qui peut provoquer une incapacité à trouver sa juste place dans la vie. Défaut d'ancrage dans la réalité, incapacité à se lier, à s'engager, troubles identitaires, soumission étouffante à l'emprise maternelle, pour ne citer que quelques exemples parmi les plus fréquents. L'enfant peine à trouver sa place d'adulte, il lui manque l'ancrage généalogique qui donne des racines et la bouffée d'oxygène qui ouvre l'avenir en dehors des bras aimants de sa mère. Sur ce schéma de base se construit ensuite tout ce que cette non-reconnaissance signifie pour la mère et comment elle le vit dans sa relation avec son enfant.

C'est plus dur pour les hommes ?

C'est dur d'être un homme. Il ne suffit pas d'aimer sa mère et de tenir à son zizi pour devenir un homme. De nombreux hommes sont en panne de père. Certains n'ont pas connu le leur, d'autres ont vécu avec lui sans le rencontrer vraiment. Beaucoup ne lui ont jamais parlé. Dans une société patriarcale, centrée sur la puissance masculine et l'autorité paternelle, de nombreux garçons sont devenus des hommes sans avoir jamais pu régler leurs problèmes avec leur père. On a longtemps fait comme si les choses allaient de soi, comme s'il suffisait de coller ses pas sur les pas de son père, après ou avant de se révolter contre son autorité, une autorité qu'on se dépêchait de reprendre à son propre compte dès que possible. Beaucoup d'hommes n'ont jamais pu échanger avec leur père sur la question de la masculinité par exemple, ou sur celle de la transmission ou de la paternité. Comment devenir un homme face à son père, autrement que son père ? Comment devenir père si on ne reconnaît pas le sien ? Ce sont des questions lourdes et que beaucoup d'hommes traînent avec eux, dans le flou le plus total, avec angoisse, et sans interlocuteur possible.

La psychanalyse aide à devenir un homme ?

Oui, d'une certaine façon, on peut le dire comme ça. La psychanalyse aide chacun à prendre place dans sa filiation. Elle permet de sortir de l'œdipe. Elle aide également à aborder les questions identitaires au niveau du genre et de mieux vivre son identité sexuée et ses choix sexuels. Elle permet de sortir des identifications schématiques pour trouver sa propre voie.

En permettant de rencontrer et de dépasser, via le transfert, ce qui a manqué et ce qu'on a construit pour combler le manque – donc d'éprouver ses propres ambivalences –, elle favorise un travail d'élaboration autour de la fonction essentielle du père et une confrontation aux dégâts que son absence ou sa présence ont causés. Un travail qui devient de plus en plus nécessaire pour les hommes d'aujourd'hui, confrontés au bouleversement du schéma patriarcal et à la redéfinition des rôles masculin et féminin, paternel et maternel.

En fait, la psychanalyse permet de se poser la question éthique de ses choix. Comme elle donne accès à son propre libre arbitre, elle permet de savoir quel type d'homme on veut être, quel genre de personne on veut devenir.

Parole et silence

Le silence est-il toujours la règle d'or ?

Il existe maints types de thérapies dans lesquelles le patient parle, échange, converse avec son thérapeute. Celui-ci lui prodigue des conseils, voire lui donne des indications précises sur la manière de vivre. Certains donnent également des prescriptions, de plantes ou de médicaments.

La psychanalyse ne fonctionne pas sur ce modèle. Ni bavard ni mutique, le psychanalyste choisit de se taire. Il ne partage ni ses émotions ni ses pensées avec son patient. Il ne les communique que de façon délibérée, à un moment choisi par lui.

Ce silence, ils en parlent tous ! René l'accepte tout à fait, Salomé s'en désole. La plupart du temps, c'est très frustrant.

Reconnaissons que le silence du psychanalyste peut terriblement agacer. Il donne à certains envie de le provoquer, de tout faire pour le pousser à s'exprimer, pour savoir ce qu'il pense, ce qu'il a dans la tête, quel effet les paroles lui font, par exemple. Or comme justement l'analyse n'est pas une conversation ni un échange entre le psy et le patient, mais une confrontation entre le patient et lui-même, son passé, son histoire, ses parents, ses douleurs, ses manques, il est important, essentiel même que le psychanalyste ne s'interpose pas. Son silence permet à l'analysant de projeter sur lui toutes les pensées insoutenables et refoulées impossibles à dire à quelqu'un. Le silence du psy facilite donc les projections transférentielles : à quelqu'un qui ne dit rien ou pas grand-chose, on peut prêter toutes les pensées possibles !

Pourquoi les périodes de silence en cure, comme l'indique Salomé, annoncent-elles souvent de grosses révélations ?

Certaines séances sont silencieuses. On ne trouve rien à dire. Blocage. Cela s'appelle des résistances. Si l'inconscient résiste ainsi et bloque toutes les associations, c'est souvent parce qu'on approche d'un des noyaux durs de notre histoire. Ça résiste donc !

Le calme et le silence du psychanalyste, qui relance à peine et qui attend, sans rien presser, peuvent permettre aux associations conscientes et inconscientes de laisser remonter à la surface des éléments profondément enfouis. Ce sont des souvenirs ou des pensées probablement jugés insupportables par notre conscience et l'idée que nous nous faisons de nous-même. Le temps du silence est alors un temps très actif. Souterrainement actif.

Ainsi les résistances, lorsqu'elles peuvent être levées ou dépassées, mettent au jour de grosses difficultés et jalonnent la cure de seuils très importants. Ce qui ne pouvait être pensé en vient à être dit.

Comment vit-on dans sa chair l'expression de cette révélation ?

Il est assez fréquent de voir qu'ensuite, la chose énorme et impossible qui bloquait toutes les issues devient presque banale. On s'aperçoit qu'on le savait depuis toujours. C'était là, invisible mais présent, insupportable mais porté. On se surprend à réaliser que l'horreur n'était pas insondable, que le secret était véniel et la faute facile à pardonner. Le halo d'horreur sacrée qui auréolait ce qui nous semblait tabou s'estompe. La vie reprend son cours, lourde d'un peu plus d'humanité.

René a besoin d'une longue introduction avant de se lâcher, pour dégager une pépite. Est-ce fréquent ?

Il est fréquent qu'il faille de longs préliminaires pour lâcher le contrôle de sa parole. Et ce, séance après séance. Les uns bavardent pour ne rien dire, pour occuper l'attention de leur psy, d'autres cherchent à se faire mousser, d'autres encore à intriguer, à intéresser. Il faut du temps pour qu'arrive une parole qui ne s'adresse pas au thérapeute mais à la multiplicité des instances et des figures qu'il incarne à travers le transfert. C'est la parole libre, les associations, l'enchaînement plus ou moins maîtrisé des idées, des impressions, des souvenirs et des rêves qui va ouvrir la danse. Parfois, c'est un lapsus. Quelque chose fait verser l'analysant du récit, de la conversation vers la parole vraie. Celle qui dit quelque chose de lui.

Si on tarde tant à y venir, c'est pour se protéger ?

René analyse très bien ce qu'il faisait. Il ne peut laisser tomber son masque sans jouer son rôle et apprivoiser ainsi sa panique devant ce qu'il pourrait bien être amené à dire.

Il se protège et s'apprivoise en même temps qu'il met son psy à l'épreuve. Jeu de pouvoir, stratégie d'usure, mécanisme de défense, résistances... De toute façon, le temps de sa séance lui appartient, il l'a compris et il en use. Il s'y loge et se donne le droit et les moyens d'arriver à parler malgré ses résistances.

Actes manqués, oublis, travail de l'inconscient

Oublier les séances, oublier ses clés ou son sac chez son psy, est-ce fréquent ?

Cela arrive à tout le monde ! On laisserait sa tête sur le divan chez son psy si c'était possible ! Psychanalyse ou psychothérapie, toute cure est traversée de ces actes parasites qui troublent et embarrassent beaucoup celui qui découvre sa propre complexité. Il ne s'attendait pas à laisser ses clés chez son psy et se trouve bien embêté lorsqu'il lui faut aller les rechercher. Mais, en même temps, cela lui donne une occasion de tenter d'y aller en dehors de ses séances. On voit tous les fantasmes qui peuvent alors naître ou s'alimenter. Certains de nos actes manqués, comme certains oublis ou lapsus, peuvent signaler un désir que notre pensée juge inacceptable. L'inconscient se manifeste malgré nous. Il faut dire que la cure éveille ou réveille certains de nos démons, certains désirs pour nous inavouables, et les met en scène dans le transfert avec le thérapeute.

Cela signifie-t-il que le transfert fonctionne ?

Totalement. Les actes manqués sont généralement des manifestations incontrôlées de bribes de désir ou de fantasmes sous-jacents totalement inconnus ou méconnus. Dans la cure, ils sont liés au transfert avec le psy. Il ne s'agit pas simplement de la relation de confiance établie avec le thérapeute. Ce qu'on appelle transfert est inconscient et dépasse largement ce qu'on ressent pour la personne de son thérapeute ou de son psychanalyste. Le transfert tisse une relation inconsciente avec le psy. C'est ainsi que va fonctionner le travail psychique. Tout ce que nous ne pouvons penser, ni souffrir, ni nous souvenir couve en nous et, dans le transfert, les choses vont peu à peu se réveiller et, en s'associant, en réveiller d'autres.

Oublier sa séance, comme René, c'est significatif !

René raconte que lorsqu'il oublie sa séance, il s'en souvient au tout dernier moment. Autrement dit, son inconscient n'a rien oublié : le temps de la séance manquée a bien été un temps de travail psychique. Son témoignage illustre parfaitement pourquoi l'analysant paie les séances qu'il manque ! Cela permet d'intégrer dans le transfert et dans la cure tout ce qui peut se passer autour des séances et amener à les manquer. Le travail psychique fonctionne. Le temps de la séance, prévu, noté, enregistré, est un temps de travail, d'associations inconscientes, un temps habité par le transfert à l'analyste. Celui qui ne s'y rend pas travaille quand même, même s'il ne le sait pas.

Son inconscient, lui, n'oublie pas ?

En effet, l'inconscient ne connaît pas l'oubli. Nous croyons oublier mais notre inconscient garde la trace de tout ce qui nous arrive. Il refoule, dénie ou rejette ce qu'on ne peut élaborer, le conserve ou le tient à notre disposition, prêt à ressurgir dans un symptôme, un rêve, un acte manqué. En outre, il tient une très bonne comptabilité du temps qui passe, des heures et des dates qui le scandent.

Une preuve de cette mémoire d'éléphant : l'inconscient produit des signes cachés, des dates anniversaires, comme le relève Salomé. L'inconscient est-il un producteur de signes cachés ?

Il est absolument évident que l'inconscient est le dépositaire de toute notre histoire, de ce que nous en savons, de ce que nous en avons oublié, de ce que nous en ignorons et de ce que nous n'en voulons pas savoir. Tout est en nous. Il suffit pour s'en convaincre d'écouter les récits, innombrables, de tous ceux qui ont vécu des répétitions personnelles dramatiques à des dates anniversaires : les jours de naissance et de mort sont inscrits dans notre psychisme et constituent pour nous comme des rendez-vous. Quelque chose de nous, de notre histoire, de notre inconscient, nous y attend. Une invitation au souvenir, à la commémoration, à la répétition.

L'inconscient invite donc à la répétition ?

La répétition, y compris sous la forme étrange de la répétition familiale et des transmissions transgénérationnelles, prend sa source et sa force dans les traumatismes et les épreuves rencontrés et subis par les parents ou les grands-parents, ou tout autre membre de la famille, pour peu qu'il soit important sur la scène fantasmatique. Ainsi en est-il non seulement des émotions, des sensations, des souffrances, des blessures et autres traumatismes, mais aussi des événements et des dates qui ont fait sens pour nous et pour ceux de notre famille.

Il s'agit d'une transmission inconsciente ?

On peut même parler d'une transmission inconsciente familiale. Des points de fixation douloureux, qui n'ont pas été élaborés psychiquement, sont ainsi transmis d'une génération à l'autre, enfouis. Notre inconscient brode sur une sorte de trame, comme une empreinte, un pattern, une grille toute prête à accueillir de nouveaux traumatismes, de nouvelles épreuves. Certaines dates, passées et à venir, sont inscrites en nous et constituent comme des invitations, des rendez-vous psychiques.

Alors on les répète, encore et toujours...

L'inconscient nous impose le retour implacable de ce qui n'a pu être élaboré. On peut presque le voir comme une machine comptable qui date, qui compare, mesure, pèse et surtout qui n'oublie rien. Et qui fait remonter ce qui n'a pas été vécu, pensé, intériorisé, élaboré. C'est ainsi que choses oubliées, refoulées, rejetées, reviennent à la surface, s'offrant à nous pour que nous les vivions, pour nous inciter à nous y perdre ou à les dépasser.

Avec ce retour du passé, ces dates anniversaires, on peut avoir le sentiment d'un destin, d'une prédestination. C'est un peu mystique, non ?

Certes, on peut dire que le passé, et sa trace dans les dates du calendrier, vient parfois nous hanter et nous projeter dans l'avenir par la répétition. Je n'y vois personnellement rien de mystique, rien qui appartiendrait à l'au-delà. Bien au contraire, il s'agit de nous. Au plus profond, au plus enfoui, il s'agit de notre histoire et de celle de notre famille. La machine inconsciente compte inexorablement, égrène les jours et les dates qui font sens. Nous sommes vulnérables, même – et surtout – à notre insu, à tous ces signes cachés, qui sont des indices de notre vie psychique inconsciente.

Pour autant, il ne nous impose aucune prédestination ?

Aucune. Car la question qui se pose est celle de notre capacité à transformer ces rendez-vous psychiques en occasions de changer, d'arrêter la répétition transgénérationnelle par exemple. Peut-on penser ce qui n'a pu l'être ? Peut-on l'inscrire dans le tissu actuel de notre vie ? Si oui, la vie reprend son cours, enrichie d'une question du passé qui attendait d'être réglée. Sinon, les événements enkystés dans notre histoire continuent de pourrir et d'attendre une nouvelle occasion de refaire surface, de se faire sentir, de faire souffrir.

Souffrance et sexualité

L'analyse aide-t-elle à mieux intégrer son sexe ? Je pense à la métaphore de l'ange filée par René. L'analyse permet-elle de n'être ni ange ni bête ?

L'analyse nous donne accès à notre humanité. Ni ange ni bête, mais fils de l'homme et de la femme et de leurs lignées. Nécessairement issu de l'homme et de la femme. Nous devenons enfant, puis adolescent, puis adulte grâce au père et à la mère et à leurs interactions psychiques, leur présence et leur absence. C'est le passage par l'œdipe qui nous fait homme ou femme, prêt à vivre notre propre sexualité. Quand le croisement homme et femme, père et mère, l'agencement œdipien n'a pas pu se faire ou s'est mal noué, du fait de l'histoire familiale, on peut se sentir coupé de son humanité.

On peut être amené à faire semblant au lit, comme René ?

Vivre avec un masque, faire semblant, jouer des rôles, être toujours à côté, jamais complètement concerné, jamais vraiment soi-même. C'est ce que peut provoquer une intégration défaillante des figures et des fonctions parentales. Par exemple, c'est ce qui peut se produire lorsque le père n'est pas vécu comme un papa. Il ne s'est pas incarné dans la vie de son fils, ne lui laissant pas la possibilité de devenir un homme, comme lui, contre lui. Et ce jusqu'à ce que l'analyse, par le biais du transfert sur l'analyste, lui donne accès à la compréhension de l'humanité de son père.

Parfois, on va en analyse parce que l'on se sent déprimé, on pleure. René a le sentiment d'être engourdi, absent. Est-ce parce qu'il souffre encore plus ?

Les larmes sont une forme de souffrance assez élaborée. Elles expriment un désarroi et font appel à la consolation. Même imaginaire, cette consolation est souvent une image parentale rassurante intériorisée. Nous ne disposons pas tous de cette instance parentale consolatrice. Lorsque l'enfance a été particulièrement déséquilibrée, que les parents n'ont pas garanti la sécurité de base nécessaire à son développement, l'enfant peut se construire dans l'évitement de la souffrance. Elle ne peut alors s'exprimer faute d'interlocuteur pour l'entendre. C'est pourquoi certains patients s'effondrent en larmes sur le divan de l'analyste en qui ils ont confusément déposé une bribe de la confiance que le transfert semble leur promettre.

Certaines angoisses bloquent les larmes, comme chez René ?

Certaines formes d'angoisse nous empêchent d'éprouver la douleur, les chagrins ou la peine. Comme si elles protégeaient du monde et de la douleur, empêchant d'ailleurs de vivre, donc d'affronter et de dépasser le monde et la douleur. Elles mettent dans un état second, de stupeur, qui fige tout. La vie est comme arrêtée. Sous le masque, plus rien ne bouge. Le travail de la psychanalyse consiste à traverser ces angoisses, à oser les affronter et à les surmonter. Ce que le transfert rend possible, le psychanalyste, solide et silencieux, pouvant supporter ce que notre solitude ne peut faire : éprouver et élaborer ce dont les états comateux nous protègent.

René passe de la sensation d'effacement de soi (crises d'angoisse) à la sensation de se réincarner. Au chapitre III, un autre témoin, Louise, parle de l'enracinement de son corps sur le divan. Est-ce fréquent de sentir renaître son corps chez le psy ?

Il n'est pas rare de vivre hors corps. Hors de soi. Comme un pantin ou un masque. Les liens étroits qui se tissent entre notre histoire passée et notre vie actuelle sont ainsi mis entre parenthèses, comme rendus inefficaces, comme si on pouvait faire fi de toute douleur. C'est un des mécanismes de défense contre la souffrance. Pour nier la souffrance, il faut nier la vie en soi. La psychanalyse nous fait prendre le risque de souffrir. Elle réveille la vie en nous. Elle réveille le corps.

Nous consacrerons un chapitre au corps. En attendant, peut-on dire qu'on intègre mieux son corps à la fin d'une analyse ?

On intègre mieux sa vie, son corps, son passé, son histoire. On devient capable de souffrir et de ne pas s'installer dans la souffrance. On devient plus humain, plus vivant. C'est effectivement un des buts de l'analyse : nous permettre de vivre notre vie, d'exister dans notre corps tout autant que dans notre histoire. En permettant d'affronter puis de surmonter l'angoisse, l'analyse donne à chacun les moyens de vivre avec les spécificités et les difficultés de sa propre existence. Angoisses comprises.

Le cadre de la cure

Les témoignages montrent l'importance du cadre des séances. En quoi est-ce important ?

Le transfert à l'analyste et le cadre instauré par les séances sont là pour permettre de supporter des charges d'angoisse que l'ordinaire du quotidien rendrait totalement dévastatrices. Le transfert est le moteur qui pousse à vivre des choses extrêmes et le cadre ce qui nous permet de les vivre sans éclater ou se dissoudre. En fait, le cadre agit comme un contenant psychique. Il peut donner à l'analysant le sentiment d'une sécurité intime.

Chez René en particulier, le cadre permet de contenir les angoisses.

L'angoisse peut dissoudre tous les repères. Dans ce cas, voir l'analyste présent, fiable, est une sérieuse sécurité. Même sa rigidité peut être rassurante. D'autres fois, l'angoisse peut donner le sentiment d'être maléfique et dangereux. Ce qui rassure, alors, peut être de voir qu'on n'a pas le pouvoir de détruire l'analyste par notre violence ou par notre nocivité. Il résiste. Il insiste. Il est toujours là. Tant que le cadre est maintenu, on est maintenu. La règle nous tient.

Lorsqu'un patient en arrive à craindre que son angoisse puisse déborder son psy et l'atteindre, voire le détruire, son angoisse peut en être décuplée. La régularité et l'immuabilité des rendez-vous, des séances, du comportement du psy, tout cela aide souvent à se supporter pendant l'analyse. À supporter la charge de certaines angoisses très violentes.

Le patient a-t-il toujours envie de dépasser le cadre, comme Salomé ?

Rien de plus classique que d'avoir envie de tester le cadre préalablement accepté. Pourquoi est-ce si fréquent ? La fonction première du cadre – horaires, prix, rythme, consignes – étant de contenir les angoisses du patient, il est évident que ce dernier va tenter d'en vérifier la solidité, la fiabilité. En fonction de son histoire, le cadre peut représenter pour lui les injonctions et les interdits parentaux ou tout autre contenant fantasmatique qu'il va vouloir interroger et essayer éventuellement de mettre à mal. C'est donc à travers le transfert que le rapport avec le cadre peut être analysé.

Arriver en retard aux séances ou même les zapper complètement, oublier l'heure, voire l'adresse de son psy, ne pas avoir d'argent pour payer, s'embrouiller dans les horaires et les dates, vouloir parler après la fin de la séance, téléphoner à tout moment, faire des cadeaux à son psy, etc. : chacun y va de ses actes manqués ou de ses tentatives plus ou moins conscientes pour dépasser ou désorganiser le cadre, autrement dit dépasser ou désorganiser le psy.

Le psy doit donc résister et tenir le cadre ?

Il est essentiel que le psychanalyste sache tenir le cadre et ne se démantèle pas sous les tentatives inconscientes et souvent désespérées de le mettre en échec. Ce serait une vraie catastrophe pour le patient de voir que sa rage et son désespoir ont raison de son thérapeute. C'est pourquoi le psy s'attache à analyser les écarts et tentatives de jeu avec le cadre analytique. Sa formation et sa vigilance lui permettant d'entendre l'infantile et le fantasmatique se profiler derrière les comportements, il les analysera par rapport au transfert et tentera d'en renvoyer quelque chose à son patient.

Ça s'analyse donc aussi, un dépassement de cadre ?

La plupart du temps, ça s'analyse dans le transfert. Car le cadre, quel qu'il soit, rassure le patient et travaille avec le thérapeute ; c'est un outil, un allié objectif au travail de l'analyste. Or cette fonction de contenant est souvent mise à mal par le patient. Celui-ci va inconsciemment projeter sur le cadre et son analyste l'amour et la haine que le transfert lui fait éprouver. Par exemple, aux prises avec ses fantasmes de toute-puissance, il voudra avoir raison de son psy en menant contre lui une guerre de pouvoir ; il peut inconsciemment chercher à le détruire en le déstabilisant ; il peut aussi espérer le séduire, cherchant à obtenir des passe-droits, des privilèges, des attentions spéciales qui le convaincront de son importance aux yeux de celui qu'il veut aimer. De l'amour à la haine, toutes les gammes de la passion peuvent être ainsi expérimentées par le biais de petits et de gros manquements aux règles de la cure. Le psychanalyste sait qu'il s'agit de manœuvres inconscientes, fantasmatiques et transférentielles, et il les analysera comme telles.

Pour faire ce travail de décryptage, la plupart des psychanalystes, même chevronnés, rencontrent un autre analyste mis en place de contrôleur. En effet, aucun analyste ne peut tenir la route sans une analyse de son travail avec un autre analyste ou un groupe de contrôle. C'est la protection, la garantie d'un bon travail.

Il est donc important que le psychanalyste soit lui-même aidé ? Parlez-moi du contre-transfert.

Pour tenir le cadre et éviter lui-même d'en sortir, pour pouvoir recevoir les bouffées de transfert, positif comme négatif, les bouffées d'amour ou d'hostilité, sans être atteint personnellement, le psychanalyste a besoin de travailler ce qu'on appelle le contre-transfert, c'est-à-dire ce que provoque en lui tout ce qu'il reçoit de ses patients. Bien sûr, il est évident que son analyse personnelle a dû lui faire rencontrer ses principaux démons, connaître ses failles et élaborer suffisamment ses propres problématiques pour ne pas trop se prendre au jeu de l'amour et de la haine auquel il se prête. Mais cette psychanalyse de base n'est pas suffisante. Chaque patient apporte sa charge de mystères et de douleurs, de violence, d'emprise, dont il n'est pas facile de se protéger. Chacun d'entre eux va inconsciemment provoquer son psy là où c'est important pour lui, touchant des zones que l'analyse première ou les précédents patients auraient pu laisser dans l'ombre.

Le psychanalyste travaille donc toujours sur lui-même ?

Le psychanalyste est constamment en travail sur lui-même. En groupe de travail avec confrères et collègues, en contrôle avec un autre psychanalyste, il doit toujours pouvoir analyser ce que le discours de ses patients bouge en lui : les émotions, les pensées, les associations que les paroles ou la personne du patient mettent en mouvement chez lui. Rester vigilant à son contre-transfert, c'est savoir écouter ses émotions et saisir les pensées et les malaises qui surviennent à l'écoute de son patient, c'est ne pas prêter à l'autre le trouble qui provient de soi-même, c'est ne pas s'interdire de ressentir mais savoir qu'on ne met pas en action ce qu'on sait appartenir à la réalité psychique.

Peut-il y avoir amitié avec un psy, comme le premier qu'a rencontré Salomé ? A-t-elle bien fait de partir ?

Je n'imagine pas qu'on puisse établir une relation d'amitié pendant la cure. Il est possible que ma vision soit considérée comme trop rigide et je suppose que des thérapeutes chevronnés et compétents, voire des psychanalystes, établissent des relations sociales avec leurs patients sans dommages pour ceux-ci. Mais cela me semble une position particulièrement difficile. N'oublions pas que le transfert brouille la vision du patient. Son psy n'est pas une personne ordinaire pour lui. C'est un mélange d'amours infantiles inassouvies et inavouées, d'hostilités larvées et de franches envies de tuer ! Comment devenir ami avec celui qui porte en lui nos secrets et nos espoirs ? C'est bien trop déséquilibré ! Cela ne peut être une vraie relation amicale égalitaire.

La réaction de Salomé me semble prouver qu'elle a fait un sérieux bout de chemin. La nouvelle relation met fin au travail thérapeutique. On ne peut mélanger le niveau de la réalité sociale avec celui de la réalité fantasmatique sans risque de brouillage et de perte de repères.

Est-ce utile de faire plusieurs tranches ? Dans l'histoire de Salomé, on voit très bien que les deux tranches se sont vraiment complétées.

Il arrive qu'au bout d'un certain temps, le patient puisse avoir le sentiment de ne plus avancer avec son psy. Cela peut correspondre à une période de résistances et déboucher sur une période plus intense, mais cela peut aussi signaler le besoin de faire une pause. Il arrive que le psy lui-même partage le sentiment d'être arrivé à une étape. L'un et l'autre ne semblent pas pouvoir aller plus loin. Pour le patient, cela peut être considéré comme la fin de l'analyse. Il est important que son sentiment d'en avoir fini puisse être exprimé et analysé en séance suffisamment longtemps pour qu'il ne garde pas une impression de processus interrompu. Il peut parfois s'avérer utile de reprendre un travail analytique quelque temps après.

Et, dans ce cas, est-ce utile d'aller voir deux personnes soit de deux sexes différents, soit de deux écoles différentes ?

En effet, dans ce cas, il est tout indiqué de changer de psychanalyste et d'aller voir, si on le désire, quelqu'un d'un autre sexe. Pour avoir l'idée de changer d'école analytique, il faut déjà s'y connaître. Ce n'est toutefois pas une mauvaise idée dans la mesure où l'analyste qui va suivre va avoir à affronter des noyaux durs sur lesquels a buté le premier travail. Une technique différente peut avoir une autre efficacité. Cela permet parfois d'avoir raison de pas mal de résistances.

Marie Darrieussecq, écrivain

« Parler de soi débarrasse de soi »

L'analyse l'a sauvée, elle le dit, tout simplement. Et on peut la croire. Marie Darrieussecq n'ira pas faire des pirouettes ou vous raconter des salades. Quand je l'avais interviewée, un jour, sur la fête des Mères, elle m'avait dit : « OK. Je veux bien vous parler de mes enfants, de la maternité. Mais pas question de dire que j'aime la fête des Mères, je déteste ! Je suis féministe et de gauche, alors vous pensez, une fête pétainiste ! » Et elle avait éclaté de rire.

Nous nous donnons rendez-vous près du Luxembourg, dans une brasserie proche de la crèche et de l'école de ses enfants, car Marie doit aller les chercher. Une vie normale, en somme. Elle dit souvent, en interview, aimer sa vie parfois ronronnante de mère de famille, songe à avoir un troisième enfant malgré la perspective d'une grossesse allongée, et s'intéresse sans faux-semblant à la vie des autres. Elle est jolie, fine, pâle. Elle a une peau de rousse. Elle porte une jupe, du vernis à ongles aux pieds et du rouge à lèvres. Il fait beau, nous nous installons en terrasse. Marie a l'humour à fleur de peau. Elle sirote son Coca light et lâche souvent sa paille pour éclater de rire...

À vingt-cinq ans, j'étais agrégée de lettres modernes, chargée de cours à l'université, mais dépressive. Affectivement, j'étais dans des relations fusionnelles vertigineuses. Seule, j'étais anéantie par la solitude. Je me sentais disparaître. J'avais peur du noir, et divers symptômes de dépendance et d'addiction. À cette époque-là, je pensais au suicide. Le garde-fou, ce qui me tenait en vie, c'était la certitude que j'avais des livres à écrire.

Je m'étais donné jusqu'à quarante ans (à l'époque ça devait me paraître très vieux !) pour être publiée. J'écrivais beaucoup, mais mes manuscrits étaient systématiquement refusés, avec raison, par les éditeurs à qui je les envoyais. Pour couronner le tout, comme ma mère avait été mise sous Distilbène pendant sa grossesse, on m'avait dit que je ne pourrais pas avoir d'enfants.

Pourtant, en apparence, j'avais tout pour être heureuse. J'avais réussi mes études, j'avais de quoi vivre, un avenir professionnel assuré, j'étais entourée. « Tu as tout pour être heureuse » est une phrase très culpabilisante. Elle enlève toute possibilité de se demander si on est vraiment heureuse, si on a vraiment la vie qu'on voulait. Elle oblige à adhérer à des standards de bonheur qui n'ont rien de personnel. Elle enferme dans une norme de réussite sociale et affective. Cette phrase très fréquente prolongeait le silence familial dans lequel j'ai été éduquée. Les membres de ma famille ne semblaient pas satisfaits de leur existence, mais leurs conflits ne se réglaient pas par de vraies paroles, c'étaient des déchirements ou des drames, et tout le monde finissait par souffrir en silence en maintenant un ordre routinier. La routine de la souffrance, si on veut.

Je ne voulais pas vivre comme ça. Ça ne me paraissait pas fatal de devoir accepter une vie pareille, et mon but n'était pas d'avoir une jolie maison et un joli mari, mais d'avoir une vie à moi, de m'appartenir. Mais tout ça, à l'époque, était assez flou dans ma tête. J'étais dans un grand état de confusion, je crois.

À l'époque, deux de mes amis étaient en analyse. L'idée, qui m'était a priori étrangère, s'est mise à rôder dans ma tête. Je suis d'abord allée voir une psychanalyste en bas de chez moi – j'habitais en banlieue à l'époque, il y avait une plaque dans ma rue. Une fois assise devant elle, je me suis demandé ce que je faisais là. Je n'avais rien à lui dire. Pourquoi irais-je confier une souffrance personnelle à cette inconnue ? Histoire de raconter quelque chose, j'ai parlé du fait que je me rongeais les ongles, et elle m'a dit qu'une thérapie de six mois me débarrasserait facilement de cette onychophagie, je me rappelle du mot. J'avais l'impression qu'elle se barricadait derrière des mots savants en appliquant des recettes contre sa propre angoisse. Comme on dit, je ne l'ai pas « sentie ». Ce que je sentais, par contre, c'est que six mois ça ne suffirait pas, que ça me ferait entrer une fois de plus dans une norme, psychologique cette fois : « Comment devenir normale en six mois »... Je voulais un travail de fond, mais je ne savais pas ce que c'était, je ne savais pas ce que je cherchais.

Je suis allée voir quelqu'un d'autre, un homme, pour lequel j'avais un bon a priori parce qu'il était connu dans le milieu étudiant pour aider les garçons, à l'époque, à échapper au service militaire. Chez lui, d'emblée « ça » a parlé. Je me suis assise, et à ma propre stupéfaction j'ai commencé à pleurer. Il m'a dit : « Vous avez du chagrin. » Cette première phrase a été fondamentale. Ce mot « chagrin », c'était un mot magnifique. Un mot qui a ouvert quelque chose. Depuis vingt-cinq ans, j'essayais de me persuader moi-même que j'allais très bien, que je n'avais aucune raison de me plaindre, que je n'avais pas le *droit* de me plaindre. Il a ajouté : « Si vous ne vous allongez pas deux fois par semaine, vous allez faire une dépression grave. » Je me suis allongée deux fois par semaine, et j'ai pleuré (et aussi ri) pendant six ans sur le divan de quelqu'un qui entendait mon chagrin.

Un des a priori sur la psychanalyse veut que ce soit narcissique. Narcissique ? Effectivement, pendant six ans, j'ai parlé de moi. J'ai arrêté d'y penser obsessionnellement pour en parler. Et du coup j'ai parlé de beaucoup d'autres choses. J'ai canalisé mon chagrin, deux fois par semaine. Par voie de conséquence, j'embêtais moins mes amis avec mon moi et mes problèmes. En apprenant à m'écouter, je les écoutais mieux. Quand on se rencontre soi, on est mieux à même de rencontrer l'autre, parce qu'on va mieux, et qu'on s'oublie... Parler de soi débarrasse de soi. Je me suis ouverte, il y avait enfin de la place pour l'autre en moi, sans reproches, sans culpabilité.

Les deux premières années ont été douloureuses, mais très efficaces. J'ai beaucoup déblayé (il y avait beaucoup à faire !). J'ai commencé mon analyse en 1995, *Truismes* est paru en 1996. Je suis persuadée que j'ai été publiée grâce à cette psychanalyse, parce que j'ai dénévrosé mon écriture. J'ai cessé d'écrire sur moi, non que ce soit mal en soi, mais ce moi encombrant m'empêchait d'accéder à une forme, à quelque chose de tenu et d'inventif. J'ai pu passer par des personnages, jouer avec les voix et les niveaux de texte, et m'adresser à cet autre qu'est le lecteur. Du coup, paradoxalement, l'écriture devient à la fois plus personnelle (quoi de plus banal qu'une névrose, au fond ?) et plus universelle. En parlant sur le divan de mes problèmes, en les cernant, en les mettant à leur juste place, je cessais aussi de considérer l'écriture comme une thérapie, et j'étais plus ouverte au plaisir de l'autre.

La psychanalyse m'a aussi donné le courage de devenir un écrivain à part entière, avec tous les risques et les aléas que cela suppose. J'ai quitté l'université en 1998 pour me consacrer totalement à l'écriture. Il y avait deux possibilités avec l'écriture : en faire un métier ou une maladie. Je ne voulais pas en faire une maladie. Être publiée était déjà un premier pas mais, grâce à l'analyse, j'ai cessé de vivre l'écriture comme une obsession romantique. La psychanalyse m'a beaucoup aidée à ranger les choses dans leurs cases et à cesser de croire que, pour être un bon écrivain, il fallait que j'y pense vingt-quatre heures sur vingt-quatre, et que je souffre. À l'époque, j'ai fait le choix, conscient et apaisé, de faire de l'écriture un métier, qui avait sa place dans ma vie de tous les jours, mais qui ne m'empêchait pas de vivre.

Aujourd'hui, j'écris toujours dans le plaisir, mais je me suis autorisée à renouer avec un aspect incontrôlé, presque sauvage, de l'écriture. À me laisser dépasser par elle. Ça me fait moins peur. Je sais que j'ai des ressources pour reprendre pied. J'ai bâti une vie affective solide aussi, ça m'aide. J'ai dépassé cette notion de « métier », mais à l'époque j'en ai eu besoin pour pouvoir faire avec cette espèce de monstre qu'est l'écriture dans une vie.

Côté vie privée, mon premier mari et moi nous avons divorcé, chose qui nous a fait beaucoup de bien. Nous avons fait éclater l'œuf fusionnel et adolescent dans lequel nous étions enfermés, lui, moi et notre dépression ! J'ai vécu seule assez agréablement, et puis je suis entrée dans une autre grande histoire, avec un homme a priori bien différent du « prince charmant »... Je crois que je serais passée complètement à côté de cet amour-là si je n'avais pas auparavant, comme on dit, « travaillé sur moi ». Nous avons deux enfants, et nous avons supporté deux grossesses médicalement complexes. L'analyse m'y a également aidée.

Une autre des premières phrases de mon psy a été : « Vous n'entrez pas en religion. » Un psy, ce n'est pas un gourou, et on n'est pas obligé de « penser psy » en permanence. Mais on apprend à écouter son inconscient. Je n'ai pas eu l'impression d'avoir des « retours de refoulé » fracassants sur le divan, de retrouver des souvenirs vraiment oubliés. Mais j'ai fait le lien entre des choses qui semblaient séparées. Je connaissais à peu près toute mon histoire, mais j'ai pu la raconter, tisser des passerelles, entendre des échos, savoir enfin à ma façon comment les choses s'étaient passées. Je me suis raconté à moi-même ma propre histoire. Je me suis dégagée de l'identité que mes parents m'avaient, comme tous les parents, construite. Je me suis rapprochée de moi, et j'étais plus libre pour me rapprocher d'eux. Je les ai mieux compris. Ils sont devenus des personnes, une femme, un homme, pas juste mes parents. Je ne dis pas que j'ai trouvé la solution miracle... Il reste des conflits, ce sont des relations en mouvement.

La psychanalyse a été un outil de libération de moi-même. Vous devenez un individu singulier. Je suis restée six ans et demi sur le divan de ce monsieur, à me déconstruire, à me détricoter et me retricoter. La psychanalyse, c'est une auberge espagnole, on y trouve ce qu'on y apporte. Un bon psy ne donne jamais de conseils, il ne sait pas pour vous, même si vous pouvez avoir cette impression. Il vous repropose vos phrases, il essaie de vous les faire entendre, il suggère, il reformule. Il essaie de déclencher des associations, ou de regrouper des associations, ou de rapprocher un souvenir avec un mot que vous venez de dire... C'est une relation unique, entre le psy et le patient. On peut la théoriser, mais on ne peut la vivre qu'individuellement. Pour moi la psychanalyse est d'abord une pratique. Je me suis énormément appuyée sur mes rêves, ou sur des jeux de mots tout personnels, par exemple, mais chaque analyse est différente, chaque analyse a son style, sa langue, sa forme. Ce sont deux inconscients qui se parlent, c'est une très raisonnable histoire de fous.

Sans la psychanalyse ? J'aurais peut-être fait les mêmes choix, mais plus tard. Suffisamment tard, en tout cas, pour faire des bêtises. La psychanalyse joue un puissant rôle d'accélérateur dans le temps. Je suis devenue écrivain plus tôt, j'ai quitté mon mari au bon moment. J'ai vraiment aimé la discipline intellectuelle que représente la psychanalyse, et l'incroyable aventure que c'est. C'est un voyage sur un divan, et qui dit qu'on ne mérite pas de voyager, qui dit qu'on n'a pas le droit de faire ça pour soi ? Cette longueur, cette lenteur, c'est si peu valorisé aujourd'hui. Mais on ne guérit pas d'une névrose en six mois. En six mois, on peut supprimer des symptômes, des ongles rongés, mais les causes restent, et ça peut être dangereux.

Comment ça s'est-il terminé ? Progressivement, mon psy m'a poussée tout doucement vers la sortie. Il a eu des petites phrases, banales, mais pas anodines : « Aujourd'hui, j'ai rendez-vous avec l'électricien », « Je suis en retard, j'étais dans les embouteillages »... comme s'il ouvrait la porte vers la réalité, comme s'il me poussait à le considérer comme une personne entre autres, donc à dénouer le transfert. C'était quelqu'un de cultivé, un sage. Les seuls conseils qu'il me donnait, au moment de partir, c'étaient des conseils de lecture... que j'ai rarement suivis ! Nous n'avions pas forcément les mêmes goûts, les mêmes préoccupations, et ça n'a aucune importance. Il avait à mes yeux l'image du bon père, limite caricatural.

À la fin de cette analyse, tout n'était pas réglé, mais je me rappelle avoir dit que j'étais une « femme complète », que je pouvais faire avec mes morceaux. Je savais que je pouvais vivre sur ce que j'avais compris chez lui, que je pouvais vivre avec la part de souffrance qui restait et que, surtout, j'étais sortie de la confusion, de ce semblant d'ordre normatif qui n'était pour moi que du désordre mental.

Quelques années après, j'ai ressenti le besoin d'aller un peu plus loin, cette fois avec une femme. Le décalage était très intéressant. On ne dit pas la même chose à un homme et à une femme, on ne travaille pas les mêmes lieux. Je suis restée deux ans sur son divan. À ce moment-là, j'ai beaucoup lu Lacan et Freud. Chez mon premier psy, j'avais envie d'une analyse brute, « innocente ». Avec elle, je voulais comprendre ce que je faisais, ce qui se passait. Je me suis aussi intéressée à la folie, d'une façon plus théorique et clinique, en faisant des stages dans des hôpitaux psychiatriques.

Les « fantômes » récurrents dans mon œuvre, je n'aurais pas pu les écrire si j'étais restée en quelque sorte leur proie. Je n'aurais pas pu les écrire si j'avais continué à en avoir peur. Il ne faut pas que les morts empêchent les vivants de vivre. Le chagrin, il reste, l'intranquillité aussi, mais j'essaie d'en faire une dynamique, une énergie. J'ai accepté que la dépression soit mon terrain, mon terreau. La mélancolie est peut-être la matière même de l'écriture, et à partir de là on peut commencer à rire, à jouer, à écrire...

III

Les impasses du corps

Louise, 42 ans, journaliste

« J'ai acheté ma liberté »

Est-ce son front haut, légèrement bombé, ses cheveux blond foncé, ses yeux noisette ? Louise a quelque chose de Nicole Garcia. Quand elle était au lycée, d'ailleurs, les profs lui demandaient en permanence : « Vous êtes certainement la fille de Nicole Garcia ? » Décidément... Comme si elle ne pouvait être que « fille de » ! Louise a dû, précisément, conquérir sa place de femme. Sortir de son statut de petite fille ! Aujourd'hui, très menue, vêtue tout en vert olive, avec un gros collier original fait de boutons multicolores, un bandeau vert dans les cheveux, elle arrive dans cette brasserie, L'Entracte, en face de l'Opéra. Louise aime parler, elle a le mot juste, ne se dérobe jamais et, même en cas de fatigue, poursuit. « C'est mon côté petit soldat, dit-elle. Je vais jusqu'au bout de la vérité. » Son entracte sur le divan aura duré sept ans et demi, trois fois par semaine. Sans jamais louper une seule séance !

Je flirtais avec l'anorexie

À dix-neuf ans, je flirtais avec l'anorexie sans en avoir réellement conscience. Un jour de consultation de routine chez mon médecin de l'époque, Mme D., je suis arrivée vêtue d'un pull en laine surdimensionné. Elle m'a fait monter sur la balance : je pesais quarante-deux kilos pour un mètre soixante-dix. Elle m'a fait parler de mon poids, comme si de rien n'était. J'étais euphorique, je lui ai expliqué l'impression de pouvoir qu'on ressentait à ne plus manger, ce jeu grisant. « Vous savez, lui dis-je, c'est vraiment amusant, mais ce jeu, je peux l'arrêter quand je veux. » Elle m'a lancé : « Ce que vous faites s'appelle de l'anorexie. Si vous continuez comme ça, je vous hospitalise. » Ça m'a fait l'effet d'une gifle ! Mais elle a eu raison. J'ai arrêté de jouer avec le feu. Mais, du coup, mon moral est retombé un peu – j'étais triste, sans grand appétit de vivre. Assez déprimée, je suis retournée chez elle un peu plus tard et, sans aucun complexe, je lui ai demandé les coordonnées d'un psy. Je viens d'un milieu assez « intello de gauche » et la psychanalyse fait partie de notre culture.

C'est donc elle qui m'a orientée vers ma première psychanalyste, une lacanienne pure et dure qui me recevait pour des consultations ultracourtes (entre dix et vingt minutes) et me faisait payer en liquide des sommes qui me semblaient à l'époque exorbitantes. Elle ne prononçait pas un mot et c'était pénible... Surtout quand on a dix-neuf ans ! J'étais encore un bébé, j'avais le sentiment d'être maintenue dans la position très infantilisante de la « petite fille apeurée » et ça nuisait à l'exercice de ma vérité. C'est parce que, précisément, je me sentais infantilisée que je n'ai pas osé lui dire tout de suite que j'allais suivre Jean, mon futur mari, en province. Ce n'était pas faute de m'être entraînée, devant le miroir. J'y pensais depuis quelques bonnes semaines... Mais cette bonne femme me tétanisait !

Pétage de plomb

Et puis, la dernière séance est arrivée. À la fin, en me levant, je lui ai lancé : « Je ne pourrai pas venir la prochaine fois, je pars à Montpellier, pour suivre mon mari. » Ce qui a suivi était incroyable. Elle est entrée dans une sorte de rage, une colère froide, très violente pour moi ! Elle m'a dit que je lui manquais de respect, que ce que je faisais était inadmissible, qu'on ne partait pas comme ça, du jour au lendemain. J'étais tétanisée ! J'avais vingt-deux ans, j'étais très jeune, malléable... Elle m'a fait l'effet d'une sorcière ! J'étais horriblement mal. Je suis sortie dans la rue, j'ai regardé longuement la Seine en pensant même me jeter dedans... Que s'était-il passé ? Avait-elle fait un contre-transfert suffisamment puissant pour me traiter ainsi ? J'en ai parlé, un peu plus tard, au Dr D. qui me l'avait recommandée, et qui a été offusquée par ce comportement et m'a même parlé de faute professionnelle. Ma première tranche se terminait donc sur ce couac, cette scène d'hystérie psy ! Pas franchement une réussite...

Un bébé qui tarde à venir

C'est la raison pour laquelle, à vingt-sept, vingt-huit ans, j'ai eu tant de mal à revenir à la psychanalyse. Cette fois-ci, il ne s'agissait pas d'anorexie, bien que le corps fût toujours impliqué. Je ne parvenais pas à tomber enceinte. Plus exactement, ça avait fonctionné une première fois, mais ma grossesse s'était soldée par une fausse couche à six semaines (qui a mis un temps infini à s'achever et s'est terminée par un curetage). Les médecins m'ont tous dit alors qu'il fallait laisser du temps au temps.

Mais pendant un an, puis deux, rien à faire. J'attendais, j'espérais, mes règles revenaient. Impossible de tomber enceinte. On m'a prescrit alors des examens de routine (cœlioscopie, examen des trompes, etc.). Tout était normal, excepté un fort taux de prolactine (l'hormone de la lactation sécrétée par l'hypophyse), qui empêchait la conception de se faire. C'était comme si, curieusement, j'étais enceinte. Ma gynéco m'avait prescrit du Parlodel (ces fameuses petites pilules orange qui empêchent les montées de lait chez les jeunes accouchées). On m'avait simplement dit : « Hormis ce taux de prolactine, tout est OK, les organes fonctionnent bien, vous êtes simplement hypofertile. » Et, tout logiquement – en tout cas selon la bonne logique du corps médical ! –, la gynécologue en est venue à me proposer une fécondation in vitro. J'avais alors vingt-sept ans et la perspective de la FIV a provoqué une sorte de décharge électrique en moi. Une décharge de vérité ! Je me suis dit : « C'est un faux-semblant. Pourquoi aller réparer quelque chose par la technique alors que tout fonctionne dans mon corps ? Et si tout fonctionne dans mon corps, est-ce que ce n'est pas la tête qui débloque ? »

Je suis quelqu'un qui aime traquer la vérité – comme, probablement, beaucoup de candidats à l'analyse, et beaucoup de journalistes – et je suis prompte à décoder les leurres... Or la FIV m'apparaissait comme le leurre avec un grand L. La fausse solution. Et hop ! (Louise rit.) Je me suis dit : « Là, ma vieille, il faut y retourner. Il faut retourner au charbon ! » Il fallait remettre les mains dans le cambouis. Dans l'enfance. Et aller voir pourquoi ma tête empêchait mon corps de fonctionner. Après ma première expérience avec la psy hystéro, inutile de vous dire que ce n'était pas de gaieté de cœur ! Le Dr D. m'a alors communiqué les coordonnées d'un autre psychanalyste, M. V., qui consultait à Neuilly.

Premier contact

Appartement haussmannien, kilims sur le parquet, divan en daim gris, livres un peu partout... Le décor, marqué années 80, n'était pas design ou bourgeois mais sobre, et ça m'allait. Je me suis installée en face d'un monsieur d'une quarantaine d'années qui m'a immédiatement séduite par la qualité de son silence, entrecoupé de « Hmm, oui » qui relançaient mon discours.

En guise de cadeau, j'avais apporté un rêve, tout frais pondu de la veille ! C'est mon côté bonne petite élève. C'était un rêve très parlant par rapport à mon problème de corps. J'étais dans un magasin de jouets bondé, sans doute un jour avant Noël. Je me promenais au rayon poupées, j'examinais les Corolle, les Barbie, les baigneurs en tout genre, les poupées qui parlent et font pipi... Je les regardais sous toutes les coutures. Au moment où j'avais choisi ma poupée, non seulement on a refusé de me servir, mais on m'a virée du magasin sans autre forme de procès ! En sortant, je croisais dans la rue une de mes amies, Irène, à qui je racontais mon rêve. « Et voilà, c'est fini, ai-je dit. Je me suis réveillée. C'est parlant, non, cette histoire de poupée ? » Mais M. V. n'a pas percuté sur la poupée : « Qui est Irène pour vous ? » m'a-t-il demandé tout à trac. J'ai répondu, du tac au tac, sans même réfléchir : « On est comme deux sœurs. » Il m'a souri car, dix minutes avant, je lui avais parlé de l'importance considérable de ma sœur aînée, cette sœur qui était pour moi comme une mère ! J'ai alors éclaté de rire, lui m'a souri. Je crois que le transfert s'est noué à cette seconde-là. Comment ne pas faire confiance à quelqu'un qui semblait tout comprendre au quart de tour ? Qui, en dix minutes, vous donnait l'impression d'avoir compris le nœud de votre névrose ? C'était là, je m'en rends compte maintenant, une attitude de « supposé sachant », comme Lacan le décrit. On prête à son psy le pouvoir magique de tout savoir de vous et alors c'est magnétique. Et tout cela vous engage à lui parler.

Les rituels immuables

À l'issue de cette première séance, il s'est levé et m'a donné la règle du jeu : « Vous me direz tout, tout m'intéresse, y compris les petites choses, même le négligeable, les petits riens. » Et il m'a autorisée aussi à critiquer cette analyse : « Si quelque chose ne va pas en séance, dites-le-moi aussi, parlez-moi de l'à-côté de l'analyse. » Il me donnait l'absolution totale. Cette liberté de ton a beaucoup compté pour moi, moi qui avais commencé avec cette psychanalyste qui me bridait, me muselait – peut-être à son corps défendant, mais qui, en tout cas, m'avait censurée.

Les règles du jeu étaient claires : je viendrais trois fois par semaine, le lundi, le mercredi, le vendredi, pour une durée de trente minutes, je paierais même quand je ne viendrais pas. À raison de 400 francs la séance, tout cela allait me coûter la bagatelle de 1 200 francs par semaine. Une somme énorme pour moi ! Côté fric, tout était très codé : je préparais les billets dans la poche de mon manteau (l'hiver) ou dans la poche extérieure de mon porte-monnaie (l'été) de façon à ne pas mélanger cet argent avec celui des courses et surtout à n'avoir pas à compter mes liasses devant lui. J'en aurais été mortifiée ! Et je lui donnais de la main à la main le petit paquet en partant, devant la porte de son bureau.

Le plus discrètement possible, comme un simple geste sans émotion. Et pourtant, tout cet argent me coûtait, vraiment.

Soudain je devais, sinon faire une croix, du moins réfléchir avant de flamber. Les soldes presse, les restos, les théâtres... Tout, désormais, devait être calculé, mis en perspective par rapport à l'analyse. L'analyse était au centre de tout, elle devenait la référence économique absolue. C'est un sacrifice énorme. Mes séances devenaient la priorité des priorités, un peu comme vous vous remettez à faire des études. Cela justifiait aussi l'importance de cette discipline. Et c'était, croyez-moi, très lourd. Trois fois par semaine, c'est énorme et c'est fatigant ! Voilà pourquoi on parle de travail analytique : c'est un deuxième boulot à plein temps ! C'est ce que j'ai pensé en sortant de chez lui, après cette première séance. J'ai eu le sentiment physique de cette pesanteur, une chape de plomb sur les épaules. J'avais le sentiment d'être, à nouveau, en cage, enfermée, pour combien de temps ?

Je m'allonge ou je bondis ?

Deux mois après le début du travail – nous étions alors en janvier 1992 –, il m'a proposé de m'allonger. J'ai répondu : « Ah bon ? Déjà ! » J'ai traîné pendant deux ou trois séances, je l'ai regardé du coin de l'œil, ce divan ! Et alors je me suis posé des questions totalement dingues, dans lesquelles je m'empêtrais : « Mon manteau, j'en fais quoi ? Je le garde, je l'enlève ? Je le plie sur le divan ou je l'installe sur la chaise ? Et mes chaussures, je les retire ou pas ? Et qu'est-ce que je fais ? Je bondis, je cours vers le divan ou je m'assieds d'abord calmement avant de m'allonger ensuite ? » Tout ça tournait au gag digne des meilleurs films de Woody Allen. Et pourtant, du jour où j'ai décidé d'y aller, c'était tout simple et plutôt agréable. Le divan est une pause du corps. Le corps est léger, libéré des tensions, et du coup ça libère la parole. C'est étrange de parler à quelqu'un qu'on ne connaît pas, dont on ne connaît rien. C'est une relation hors norme, totalement atypique – et c'est encore plus marqué sur le divan, puisqu'on ne le voit pas ! Hormis cela, je n'ai pas eu le sentiment que c'était plus difficile, plus douloureux de passer à la position allongée. Et je n'ai jamais mis en doute le fait qu'il m'écoutait. Son écoute était palpable. Matérielle.

Toujours le sourire

Au tout début de ce travail, j'ai reparlé de ma position dans ma propre famille. Je me souviens de ces premières séances où je lui disais : « Je suis la petite dernière d'une fratrie de trois. Je suis celle qui est censée être la petite fille modèle, l'enfant parfait, le petit ange blond à boucles qui n'a pas le droit de se plaindre ; celle qui ne pique aucune crise de colère, l'enfant qui rattrape tout : les défaillances des aînés, la vie difficile, la vieillesse approchante des parents. » Ne dit-on pas que les petits derniers sont toujours adorables ? Je l'étais. J'étais souriante, car on me voulait tout sourire. Tout allait bien. « J'étais la petite dernière pour la route, lui disais-je. Inutile de préciser, donc, que, pour faire plaisir à mes parents, j'étais capable d'aller très loin dans l'abnégation de moi-même. D'ailleurs, on m'appelait la petite Suzette (ma mère s'appelle Suzette). On me sucrait donc mon identité, comme si je n'étais pas sortie du cocon maternel. Et puis Suzette, c'est aussi les crêpes Suzette. Encore un truc qui se bouffe ! »

Ma grande sœur au-dessus de tout

Je me suis mise à parler, très vite, de mes relations avec ma sœur, plus âgée de cinq ans, que j'adorais. Elle était très intelligente, très cultivée, charmante. Elle s'exprimait merveilleusement bien, et puis, surtout, elle avait un avis sur tout, en cette période post-68 où les enfants pouvaient enfin s'exprimer. Sa parole valait de l'or aux yeux de tous, surtout de mes parents, qui jamais ne cherchaient à la remettre à sa juste place d'enfant.

J'ai reparlé, en séance, de cette chambre que nous partagions – et à propos de laquelle elle m'avait dit, alors que j'avais à peine sept ans : « Bon. Tu es d'accord avec moi, tu n'as pas beaucoup de livres, donc je prends toutes tes étagères. » Que vouliez-vous que je lui réponde, moi, béate d'admiration ? En séance, je tissais des liens entre le passé et le présent. J'admirais toujours ma grande sœur. Elle était tout beaucoup plus que moi ! Elle avait tout fait beaucoup mieux. Elle travaillait dans un magazine prestigieux, elle avait deux garçons sublimes – moi qui n'arrivais pas à tomber enceinte –, elle était intelligente... Et même sa psychanalyse me semblait beaucoup plus intello que la mienne ! Bref, la comparaison avec la grande sœur était toujours l'occasion d'un autodénigrement, je ne trouvais jamais grâce à mes propres yeux. Je n'étais qu'une « sous-Isabelle », rien de mieux.

Séances cruciales

Je n'avais pas ma place. Elle avait voulu tapisser les murs de vert pétard, comme on faisait alors dans les années 70, et moi, je n'avais pas eu mon mot à dire – moi qui aimais tant le rose. Un jour, à sept ou huit ans, j'avais voulu punaiser une affiche de Repetto. Vous savez, la petite danseuse en rose, qui tient les pointes contre son cœur, avec ce slogan « La danse, c'est Repetto ». Ouh ! j'ai eu droit à une rebuffade terrible. Elle a refusé mordicus. J'ai juste gagné qu'elle ne colle pas l'affiche de *Hair.* Un autre jour, quand j'ai voulu accrocher un tableau noir, elle n'a pas voulu non plus. Du côté parental personne, jamais, ne s'interposait. On laissait faire. Aujourd'hui, je pense que les parents ont à intervenir plus. On ne doit pas laisser les aînés piétiner les plus petits. Ça s'appelle la loi de la jungle. Si vous laissez faire, au bout d'un moment, les petits pensent que vous êtes consentant ; que la loi de la vie est d'être écrasé par les plus grands, de n'avoir jamais voix au chapitre. Ça peut sembler anodin, ce ne sont que des bagatelles, mais c'étaient mes désirs de petite fille qui étaient bafoués les uns après les autres, et l'enfance, tout en rose bonbon, aussi. Au bout du compte, c'est votre être même que l'on efface.

Plus tard, nous en avons parlé, dans la famille, mais toujours en tournant ça en dérision. Il m'arrivait de dire à ma sœur, en riant : « Tu te souviens du jour où tu m'as défendu d'accrocher mon horrible et mielleux poster Repetto ? – Mais j'étais immonde ! C'était ignoble ! Tu aurais dû me remettre à ma place ! » répondait ma grande sœur, sincèrement scandalisée. Et nous en riions ensemble. Rire, c'est bien, mais ça désamorce la souffrance et ça ne fait pas avancer le schmilblik ! J'avais toujours, avant d'entrer en analyse, ce petit ricanement intérieur qui vous empêche d'aller plus loin dans l'expression des émotions. Ne dit-on pas : « Mieux vaut rire de crainte d'avoir à pleurer » ? C'était ma carapace.

Or chez mon psy, c'était bien différent. Quand j'ai reparlé de ça, je m'apprêtais aussi à éclater de rire. Mais à ma grande surprise, j'ai fondu en larmes. Toutes ces petites tyrannies ordinaires avaient alors un poids réel. Je répétais, en pleurant : « C'est dégueulasse, mais c'est dégueulasse ! Les salauds ! » J'avais des bouffées de rage. Mon psy, derrière le divan, répondait : « Oui. » Un oui exprimé sans émotion, mais qui en disait tant ! « C'est ça, vous y êtes », « Continuez ». Alors je poursuivais et je découvrais d'autres choses.

Je me suis souvenue qu'un jour, une amie de ma sœur était venue à la maison et, en son absence, m'avait en quelque sorte interviewée. Elle avait treize ans, moi huit. Elle m'a demandé si j'avais des copines, comment s'appelait ma maîtresse, etc. Je lui ai répondu, flattée que l'on s'intéresse à moi ! Mais ma sœur est arrivée : « Dégage. Arrête de faire ton intéressante ! » Je l'ai reçu comme une flèche en plein cœur. J'étais humiliée. Et, encore une fois, interdite de parole.

Tout dans la banalité

Vous voyez, c'est ça, la psychanalyse. On n'a pas tous subi un inceste ou un secret de famille, mais on fait émerger les choses les plus banales. Il avait raison, mon psy, quand au début il m'avait demandé de lui raconter des petits riens. Au cours de ces séances, qu'est-ce que j'ai pleuré ! Mon psy me disait : « Les larmes que vous versez maintenant sont celles que vous avez ravalées à quatre, six ou huit ans. »

Je sortais soulagée mais décomposée de ces séances, avec une impression de « gondolé » – comment le dire autrement ? C'est le terme qui me vient à l'esprit. C'était cela : je me gondolais, la carrosserie se gondolait, comme si la carapace se fissurait. Une sorte de décompression de

César, pour faire un jeu de mots ! L'image de la petite fille modèle prenait l'eau. Je devenais moi-même et c'était douloureux.

Pour me récupérer, après une séance particulièrement difficile, avant de rejoindre la maison, je passais souvent une heure chez une amie qui m'avait donné la clé de son appartement de Neuilly. J'y restais une heure, parfois deux, seule, je continuais à pleurer, puis je me reconstituais avant de rentrer chez moi.

Un filet à rêves

Ces premières années d'analyse ont été extrêmement oniriques. Je rêvais copieusement, avec gourmandise. Je pense que c'était ma façon de fonctionner. Pour moi qui m'étais bien censurée dans ma famille, donc qui avais du mal à parler spontanément, ces rêves étaient une aubaine. C'était du super matos ! Et puis, ils me permettaient d'arriver avec quelque chose à dire.

Tous les matins, au réveil, je passais une bonne partie de mon temps à remettre mon rêve en ordre, à jeter mon filet de pêcheuse pour récolter ce que la nuit m'avait apporté. Quels gros poissons ! Il y avait des rêves éloquents, étonnants, qui tournaient autour de la conception, des règles, de l'enfance, des bébés...

Une nuit, j'ai rêvé que je me retrouvais dans un supermarché. J'attrape une boîte de conserve et, au moment de passer à la caisse, la vendeuse me demande de remettre la boîte en rayon, car elle est périmée depuis 1945 ! Lorsque j'en parle en séance, ce jour-là, mon psy me demande ce qui, dans ma famille, fait référence à 1945. J'ai demandé à mes parents si ça leur rappelait quelque chose. Ma mère, que j'ai interrogée, m'a alors immédiatement répondu : « 1945, c'est la date de mes premières règles. » J'étais donc là encore dans un rêve autour de la maternité, des règles, de la ménopause... Et de ma mère.

À côté de ces rêves nocturnes, j'étais traversée par de vraies hallucinations, qui me rappelaient un peu celles de Marie Cardinal dans *Les Mots pour le dire*. Vous savez, ces scènes hallucinatoires où elle voit un œil qui la fixe, au bout d'un tuyau. Tout à la fin de mon analyse, en sortant d'une séance, j'ai « vu » ma mère et ma grand-mère, leurs visages superposés me regarder d'un air triste et me dire : « Alors, toi aussi, tu nous abandonnes ? » J'étais à pied, cette vision s'est imposée à moi et m'a marquée. Mon inconscient, je pense, m'informait du fait que je m'étais séparée de la partie maternelle de la famille – ma sœur, ma mère, une mère que j'adorais mais que je devais remettre, elle aussi, à sa place de mère et d'individu – pour que je prenne, moi, ma place de femme et de mère. Car c'était bien là mon problème : sortir de mon rôle de bébé, prendre ma place de mère, la tailler au burin, comme on fait émerger une statue de la glaise ! Alors que j'étais dans l'indifférencié, encore petite fille au milieu de toutes ces femmes...

Histoire de pouce et de tétine

On prétend que la psychanalyse est une discipline intellectuelle. C'est faux. C'est au contraire un travail émotionnel, qui naît d'une réconciliation entre le corps et l'esprit. Ce qui me frappe, quand j'y repense, ce sont toutes ces sensations physiques que j'ai pu ressentir en parlant. Les mots, je les ressentais par tous les pores de ma peau, tous les orifices, sur tout l'épiderme, jusqu'à la racine des cheveux. J'avais lu dans un magazine, un jour : « On sait que le transfert fonctionne quand, en séance, on sent son estomac se tordre, on a mal au cœur, on a des sensations physiques. » C'était vrai. Quand vous bavardez, cela ne modifie pas fondamentalement votre être. Mais quand vous vivez les mots dans votre corps, quand vous les faites vibrer dans vos tripes, là, vous commencez à avancer. C'est ce qui se passe sur le divan. C'est avec l'émotion que quelque chose se casse ou se déplace. C'est aussi simple qu'une théorie physique ! C'est pourquoi ça m'énerve tant d'entendre des gens dire : « Moi ? Je n'ai pas besoin d'un psy. J'ai mes copines avec qui parler. » Mais ça n'a rien à voir ! Si une de mes amies m'avait dit : « Tu as du mal à tomber enceinte, car tu ne t'autorises pas à te séparer de ta mère », j'aurais répondu : « Oui, *and so what* ? » Mais parler à quelqu'un de neutre, dans un cadre bien défini, ça a une sacrée résonance.

Tenez : à vingt-huit ans, en bonne petite fille, il m'arrivait encore de sucer mon pouce, de temps à autre, pour m'endormir. Un jour, après une soirée de famille, je m'étais endormie justement, en famille, le pouce dans la bouche. C'était l'époque où je ne parvenais pas à tomber enceinte. Eh bien, ma sœur était arrivée et avait lancé : « Oh, c'est ce bébé-là qui veut faire un bébé ? » Cette réflexion était pour le moins maladroite ! Et surtout, elle ne servait à rien ! Ne savais-je pas déjà qu'un petit bébé, en moi, une part d'enfance, m'empêchait de tomber enceinte ?

Quelque temps après, sur le divan, incidemment, j'ai dit : « Hier soir, en m'endormant, je suçais mon pouce, comme d'habitude... » Mon psy a repris : « Vous sucez votre pouce ? » Ça m'a énervée. « Oui, oui, d'accord, j'ai vingt-huit ans, je suce mon pouce, bon... Je vois bien ce que vous pensez. Je sais, ce n'est pas top. » J'étais énervée, en colère, furieuse contre moi-même d'avoir laissé échapper ça ! Et pourquoi étais-je furieuse ? Parce que je savais très bien que, rien qu'en le disant, j'allais être obligée d'arrêter ! La succion du pouce allait me lâcher dès que j'en parlerais. Ça n'a pas loupé ! C'est comme si on m'avait agité un miroir sous le nez en me disant : « Regarde ce que tu fais ! » Du jour où j'ai fait cette révélation en séance, j'ai cessé de sucer mon pouce.

Le lendemain matin, figurez-vous, je me suis réveillée avec un goût bizarre dans la bouche. Qu'est-ce que c'était ? C'était le goût de la tétine ! Quand vous vous réveillez, enfant, avec ce petit goût de caoutchouc un peu fade, dans le creux de la bouche. Ça, c'était fort, car c'était unique, je n'en revenais pas. J'étais complètement dans la sensation. C'est unique, et seule l'analyse peut vous permettre de faire un voyage suffisamment long dans le passé pour retrouver ça.

Le goût de l'Afrique

Autre chose m'est revenu grâce à l'analyse. Quelque chose de ma petite enfance, que je m'étais laissé encore bouffer par les autres : l'Afrique ! Entre un an et six ans, donc pendant ma toute petite enfance, j'étais partie en Afrique avec mes parents. Mais je n'avais que très très peu de souvenirs de cette vie là-bas, au soleil. J'entendais les grands en parler (mon frère, ma sœur et mes parents). Je m'étais fait phagocyter mes souvenirs par les leurs. À peine si j'avais, moi, le droit d'en parler, le droit d'avoir existé là-bas. À peine si... Peu de temps après avoir conscientisé cela, en vacances avec mon mari dans le golfe du Morbihan, je me promène sur un ponton et voilà que, telle la petite madeleine de Proust, toutes ces années africaines que je ne pouvais m'approprier à cause de cet interdit implicite, je les ai retrouvées intactes. Je suis tombée en arrêt sur ce ponton, les cheveux au vent, la bouche grande ouverte. Je me suis exclamée : « Ça sent l'Afrique ! » C'était l'odeur du ponton salé en plein cagnard ! Je suis restée là, tout émue, à me remémorer les dimanches passés sur le fleuve. C'était extrêmement émouvant, terriblement proustien, mais tout à fait vrai. Ça peut sembler anodin mais, après cela, d'autres souvenirs ont rejailli, tout aussi puissants, car je m'autorisais enfin à les revivre. Quand je croisais une nounou noire, dans la rue, j'avais envie de me lover contre son cou, d'enfouir mon visage contre elle. Plus tard, lors d'un voyage à Madagascar, je suis restée net en arrêt, dans un marché, devant des colliers, sans savoir pourquoi. Ce n'étaient que des graines de raphia, rien de terrible, mais ils me rappelaient, là aussi, l'Afrique ! Tant de souvenirs que j'avais oubliés consciencieusement. J'étais bouleversée. Des graines de raphia... Quand je suis rentrée en France, avec ces colliers, ma sœur aussi a eu un choc : on les faisait nous-mêmes, petites filles. Je me réappropriais toute une partie de ma vie. Maintenant, quand je voyage en Afrique, je réalise que je suis à l'aise, comme à la maison : c'est ma maison !

Parmi les autres sensations physiques sur le divan, cette fois, je me sentais m'enraciner. Mon corps, mon ex-corps trop léger de presque anorexique prenait un certain poids. Je me souviens très bien de cette séance, sur le divan, au cours de laquelle je sentais, physiquement, pousser des racines, les unes après les autres, en temps réel, dans mes pieds. « C'est bizarre ! m'étais-je exclamée, je prends racine ! »

Taux de prolactine

Quatre mois après le début de cette analyse, j'évoquais mes traitements anti-stérilité. Mon psy m'a dit : « Vous prenez toujours du Parlodel ? Vous devriez à mon avis refaire des examens de sang. » Sidérant : le taux de prolactine était redevenu normal. Si j'avais eu le moindre doute sur les effets de l'analyse, franchement, ce test aurait suffi à me convaincre ! Ces examens sanguins eurent un retentissement indéniable. C'est au cours de l'été qui a suivi – donc un peu moins d'un an après – que j'ai réellement acquis mon statut de femme. J'ai lâché prise par rapport à l'enfant. J'étais dans la jouissance de l'instant, avec l'homme que j'aimais, et je parvenais, en outre, à faire l'amour rien que pour le plaisir, ce que, à force de bilans et d'examens, j'avais fini par oublier. Bref, tout allait bien. Je finissais par me dire : « Bon, je n'aurai pas d'enfant. Et alors ? » Je suis tout logiquement tombée enceinte en septembre. C'est la première chose que j'ai dite en revoyant mon psy, au retour des vacances. Il a émis cette fois encore un petit « Oui ! », c'était tout, dans lequel il y avait de l'approbation, des félicitations, un sourire, du plaisir. De la satisfaction, sans doute, aussi.

Transmission de pensées

J'étais consciente que tout cela était dicté par le transfert, cette sorte d'admiration, cette confiance sans bornes que vous placez dans l'autre… C'est une relation curieuse, tout de même, celle qui vous lie à votre psy. Une relation aberrante, magique… Et terriblement efficace. Je crois que nos inconscients étaient étroitement chevillés l'un à l'autre, à tel point qu'il y avait des transmissions de pensées. Trois mois après la naissance de mon fils, j'ai décidé de reprendre rendez-vous. C'était le moment de revenir le voir. Je me suis dit : « Je l'appelle à 14 h 40, après son rendez-vous » (je connaissais parfaitement son planning !). Eh bien... à 14 h 39, le téléphone a sonné. C'était lui ! J'étais scotchée de surprise : « Je voulais vous appeler », lui ai-je dit. « Je m'inquiétais de vous », a-t-il répondu. J'avais la main sur le combiné ! À deux ou trois reprises, j'ai pu constater ce truc de transmission de pensées. C'est presque mystique.

Payer même en vacances ?

Je me souviens de mes énervements par rapport à l'argent. Je suis économe, sans être pingre. Quand je peux demander une carafe d'eau au resto plutôt qu'une bouteille, je le fais. Un jour, je lui ai annoncé que je partais en vacances à l'île Maurice. Il me dit : « Très bien, mais vous savez que vous me devez tout de même les séances. » Bingo ! Ça faisait 1 600 francs. 1 600 francs comme ça, en plus de mes vacances déjà hors de prix ! J'ai payé, car il le fallait, mais j'enrageais intérieurement.

Là-bas, à l'île Maurice, sur la plage, je repensais à ce fric et ça me mettait hors de moi ! Je pensais : « Je l'ai même payé en vacances ! » À la séance du retour, j'ai remis ça sur le tapis : « J'y ai pensé tous les jours, à cet argent que je vais vous donner, ça m'a rendue dingue ! » Il a lancé, l'air de rien : « Ah, vraiment ? » Du genre : « Parlons-en, allez-y, je vous écoute. » J'ai alors longuement évoqué mes relations à l'argent et compris que j'avais peut-être récupéré la névrose de mon père, qui lui-même la tenait de sa propre mère. La peur de manquer, je l'avais absorbée aussi, je l'avais bouffée, comme la bonne petite fille que j'étais ! En fait, ma porosité existentielle, le fait que je me laisse absorber par les angoisses, les peurs des autres avait joué. Et cette porosité, j'achevais de la mettre au jour avec ces problèmes de fric. J'ai alors compris que le travail avait tout de même progressé, y compris à l'île Maurice. Et j'en avais fait mon miel.

Trouver ma place

En me débarrassant de tous ces oripeaux qui n'étaient pas moi, ce que j'appelle volontiers les pelures d'oignon, je parvenais progressivement à prendre ma place. Avant, j'enviais constamment la vie des autres, de la même manière que j'idolâtrais ma sœur. J'étais persuadée que toutes les vies valaient mieux que la mienne. Un signe : dans le milieu de journalistes que je fréquentais, je fantasmais sur les agendas Mulberry des autres ! J'observais mes consœurs compulser leurs cahiers en cuir et je me disais : « Qu'est-ce qu'elle peut bien noter dans son agenda ? Quelle vie passionnante doit être la sienne ! Elle doit avoir des super rendez-vous. Pas moi. » Tout ce qui parasite votre bonheur, tout ce qui vous bouffe la vie de façon absurde, cette envie d'être à n'importe quelle place mais pas à la vôtre ! Aujourd'hui je suis satisfaite de la mienne. Je ne fantasme plus sur les carnets.

Trouver ma place de mère

Côté vie privée, j'apprenais aussi à me réapproprier ma maternité – et mes enfants. J'avais d'ailleurs beaucoup de mal à dire « mes enfants », je trouvais cela terriblement excessif et névrotiquement possessif. Il m'est arrivé de les confier à une nounou qui n'était pas pro, ce dont je ne me suis rendu compte que tard. Devant cette nounou, je réagissais encore comme une petite fille. Je lui donnais tout pouvoir, elle avait la main sur tout. Un jour, le déclic s'est produit quand une amie m'a demandé : « Au fait, tes enfants, qu'est-ce qu'ils aiment manger ? » Je suis restée toute bête. La vérité était que je ne savais pas vraiment ce qu'ils aimaient ! Seule la nounou le savait. Un non-analysant serait passé à côté pendant quelque temps. Mais pour moi, qui avais eu tant de peine à conquérir mon ventre de mère, mes ovaires, mes galons de mère, c'était un signe. J'en ai reparlé sur le divan. Peut-être était-il temps de prendre ma place de mère auprès d'eux et aussi physiquement ? Quelque temps après, j'ai ouvert les yeux sur la nounou qui n'était vraiment pas bien. J'ai démissionné de mon boulot, que je n'aimais pas, pour être plus présente auprès d'eux. Sans l'analyse, je n'aurais jamais eu le courage de démissionner pour devenir free lance.

Des vêtements à ma taille

Vers la fin de mon analyse, il s'est passé aussi quelque chose de curieux. J'ai commencé à m'acheter des vêtements à ma taille. Et ce n'est pas qu'une métaphore : je portais du 42 alors que je suis toute menue : j'avais besoin de me rassurer, sans doute, mais aussi d'endosser des vêtements de grande sœur. L'analyse passe par toutes ces métaphores, toutes ces images, ces signes-là ! Encore quelques pelures d'oignon dont je me débarrassais... J'ai donné toutes ces fringues à mes copines et, aujourd'hui, je suis mieux dans mes pompes. Je cesse de vivre dans le passé et aussi de me projeter trop en avant. Je suis à ma taille, à ma place, et j'ai le futur très court. J'ai une visibilité à 360 degrés, c'est une vraie aubaine. Je peux voir les autres, les appréhender. Je suis toujours autant en empathie, avec une difficulté à prendre du champ et souvent à me libérer par rapport au regard d'autrui, mais ça s'est tout de même vraiment arrangé. Je ne me laisse plus bouffer.

La fin de l'analyse

Dans les bobines entremêlées, il y a toujours un fil à tirer. Un petit fil qui dépasse de la bobine, qui pointe le bout de son nez. Un fil vous amène à un autre fil, puis encore à un autre. J'aurais pu parler aussi de la danse, de mes enfants dans le détail, des histoires de mes parents et de tant d'autres choses. J'aurais pu ne pas m'arrêter. Mais au bout de sept ans et demi, c'était bon, j'avais donné ! Sept ans à me rendre, trois fois par semaine, chaque semaine que Dieu fait, sans louper un seul jour ! Sept ans et demi à payer encore et encore... Un jour, je lui ai dit : « Je crois que j'ai fini. » Il a lancé : « Ah oui ? » Au moment de lever la séance, il m'a tendu la main : « À mardi. » Le petit jeu s'est poursuivi pendant plusieurs semaines. Je lui disais au revoir, il me rappelait mon rendez-vous suivant. Ça m'horripilait ! Et puis, un jour, alors que je lui répétais mon envie de partir, il m'a fixé un délai de quelques semaines. C'étaient les vacances – les circonstances ont voulu que l'un de mes cousins se tue en voiture... Le jour de la consultation, il pensait que j'étais fragilisée par ce deuil : « Votre cousin est mort brutalement, ce n'est pas le moment d'arrêter. Vous avez vécu quelque chose de difficile, vous avez encore des choses à travailler. » Mais là, je me suis opposée fermement : « Non, ça suffit, je suis capable de faire face. » Je me sentais très sûre de moi. Très forte. Donc, ce vendredi-là, je lui ai dit au revoir : « Je ne reviendrai pas mardi. » Ce jour-là, j'étais impressionnée, comme s'il fallait fixer l'instant. J'avais encore un genre d'hallucination, des images de rideaux dans la tête, retenus par des embrasses. Était-ce le rideau du départ, celui de la fin du spectacle ? Ou le rideau ouvert sur le monde ? Avais-je envie de l'embrasser ?

J'étais étonnée que cela soit si simple de partir. Je lui ai demandé en riant : « C'est tout ? C'est ça, une fin d'analyse ? » Je trouvais ça curieux, rapide, ça manquait presque de décorum ! Il m'a répondu : « Voilà comment on va faire : je vous attendrai lundi à 9 heures, comme tous les lundis. Ce sera votre séance. Et si vous ne venez pas, passez-moi un coup de fil. » Et il a ouvert la porte. Nous étions là, tous les deux, debout, après sept ans à nous fréquenter trois fois par semaine, et c'était la dernière minute. Rideau !

Je vous souhaite une très belle vie

Lundi, neuf heures moins une, ponctuelle comme à mon habitude, je lui ai téléphoné : « Bonjour, c'est Louise V. (je me suis toujours présentée avec mon nom de famille, ça fait partie de la distance qui me semble nécessaire). Je vous appelle pour vous dire que je ne viendrai pas. » Il a marqué un temps de silence, puis m'a dit : « Très bien. Au revoir, donc. Je vous souhaite une très belle vie. » C'était émouvant. J'étais bien. Les choses étaient à leur place. Mais je n'étais pas triste. Après ça, je me sentais euphorique, libre. J'étais devenue moi-même. Et tous ces soldes presse, ces restos, ces fringues que j'allais pouvoir m'offrir ! J'étais sortie de la cage. J'ai assez rapidement pensé au fric que j'allais récupérer.

Je me souviens aussi de tous ces matins où je n'avais plus à « jeter le filet de pêcheur » sur mes propres rêves. Je me réveillais d'un rêve dans cet état de torpeur bienheureux et je me disais : « Rendormons-nous. » Tout ça était délicieux. Aujourd'hui, je peux dire que j'ai payé – certes à prix d'or – ma place et acheté ma liberté de femme et de mère. Je ressens très profondément, au cœur même de chacune de mes cellules, ce sentiment de liberté. Je savoure les rencontres, je déguste le quotidien. J'apprécie beaucoup plus les autres, puisque je m'aime moi-même. Je suis pleine de compassion et je ne juge pas les autres, ce qui m'épargne de m'empoisonner avec des sentiments négatifs.

Et puis je l'ai revu...

Il y a peu, je dînais à la Closerie des Lilas avec des amies, et soudain je l'ai vu, lui ! Il était avec sa femme. Il ne m'a pas reconnue, je suis allée vers lui : « Vous vous souvenez ? Louise V., votre patiente. – Ah, mais bien sûr ! Louise ! » Il avait l'air ému, je voulais lui serrer la main, mais il m'a prise dans ses bras et m'a embrassée. Il a dit, à la cantonade : « Elle est toujours plus jolie, n'est-ce pas » ? Et : « Il faut absolument que l'on se reparle. » Quand je suis partie, je l'ai cherché du regard mais il n'y avait plus personne, il était parti.

Quelques jours après, il m'a téléphoné, à deux reprises. Quand la baby-sitter m'a dit : « Quelqu'un a essayé de vous joindre », je ne sais pas pourquoi – était-ce toujours cette transmission de pensées ? –, j'étais sûre et certaine que c'était lui ! Je suis allée vérifier le numéro : c'était son numéro. Ça m'a profondément déplu au départ. Je me sentais gênée, il n'avait plus rien à faire dans ma vie, non ? Mais j'étais aussi partagée. Car, en m'appelant, il me témoignait un intérêt personnel qui flattait mon ego. Oui, mais... je ne l'ai pas rappelé. Jamais. Je n'avais plus rien à lui devoir. J'ai réalisé, ce jour-là, et je réalise toujours à quel point il est important de payer, même chèrement, sa place d'analysant. Le fait de payer casse tout sentiment de dette envers quelqu'un. Aujourd'hui, nous sommes quittes. L'argent est le prix à payer pour la liberté, la vraie ! Mon psy a peut-être manqué à son devoir de réserve sur la fin. N'empêche qu'à mes yeux, il était redevenu un homme comme les autres, quelqu'un qui dîne à la Closerie, qui va au cinéma, au théâtre... Le transfert était terminé, et j'étais libre.

Isabelle, 40 ans, chef de projet

« Mon ventre criait pour moi »

À la Rotonde, je la cherche partout, je demande « une jeune femme brune aux yeux très bleus ». Personne ne l'a vue. Je la guette, elle n'arrive pas, je m'étonne de ce lapin. Trente minutes après, je la trouve enfin. Au premier étage, dans le fond. Elle si discrète et secrète. Son air est mystérieux, elle est calme et posée, elle semble tout maîtriser à la perfection, jusqu'au moindre éclat de rire. Elle est tout en noir et en bottes – son style écuyère –, avec de très beaux bijoux en argent et en strass, le dos droit comme un I. Elle rit en expliquant qu'en fait, c'est « pathologique : deux vertèbres collées ensemble à la naissance ». Les mots sortent difficilement : « C'est normal, dit-elle, chez moi, il ne fallait jamais se plaindre. » À la fin de notre déjeuner, les manifestations contre le CPE grossissent de plus en plus et finissent par envahir le boulevard Montparnasse. « Ça aussi, me dit-elle en souriant, c'est un retour du refoulé. Comme une souffrance qui s'exprime, un peu violemment, après avoir été trop longtemps bridée. » Nous nous quittons en marchant au milieu des manifestants.

Mal au ventre, mal au cœur

J'ai toujours souffert de maux de ventre. Entre vingt et trente ans, c'était quelque chose de terrible. J'étais courbée en deux, je souffrais en permanence, surtout pendant mes règles : la sensation d'avoir des aiguilles enfoncées dans le bas-ventre, qui m'empêchaient même de sortir de mon lit le matin. Le pire ? C'était pendant les relations sexuelles. Non seulement ça n'était pas une partie de plaisir, mais ça me faisait réellement souffrir. C'était à hurler. J'ai couru de gynéco en gynéco, surtout pour ces problèmes de douleurs pendant les rapports sexuels, mais tous me disaient : « C'est dans la tête. » J'étais donc la parfaite cliente psychosomatique, d'autant plus que j'avais des kystes aux ovaires. À cette époque, une de mes amies, souffrant d'herpès vaginal, m'a donné les coordonnées d'une gynéco « à sensibilité psy », m'a-t-elle dit, qui lui avait sauvé la vie. Je suis donc allée voir cette femme qui m'a immédiatement orientée vers deux destinations : l'hôpital Saint-Antoine pour guérir le corps et une psychanalyste pour la tête. Je me souviens de la formule de cette gynéco : « Votre ventre, a-t-elle dit, exprime un cri. » Elle a diagnostiqué une endométriose, terme savant qui signifie que le sang de l'utérus s'écoule dans l'endomètre de façon anarchique. Je saignais à l'intérieur de moi ; en fait, c'étaient des règles à l'intérieur. Cette gynéco m'a précisé : « Ce genre de maladie n'arrive pas par hasard. » Je n'étais pas très étonnée : je me sentais vaguement triste, une sorte de spleen, une inhibition, une manière de me défendre d'exprimer quoi que ce soit, y compris l'émotion.

Notre première rencontre

Il fallait donc que je téléphone à cette psy. Rien que pour un coup de fil, quel stress, quelle angoisse ! Nous étions en 1996, la psychanalyse commençait tout doucement à entrer dans les mœurs mais, dans ma famille, il n'y avait que les fous qui se rendaient chez le psy.

Ce jour-là, dans mon bureau, je faisais les cent pas. J'y ai pensé toute la journée, à ce coup de fil ! Je craignais de me livrer devant les autres, je craignais, à mon simple « allô », qu'on comprenne que j'avais un grain. J'ai attendu que tout le monde soit sorti pour composer le numéro. À l'autre bout du fil, une voix extrêmement froide, pas chaleureuse pour deux sous, m'a demandé quand j'étais libre. Nous avons alors convenu d'une date.

Le jour où je suis allée la voir, dans le XIVe arrondissement, j'ai grimpé quatre à quatre les étages, appuyé sur le bouton de la sonnette – je m'en souviens encore : c'était une sonnette très archaïque, datant des années 60, toute ronde et noire, de celles que vous voyez chez votre grand-tante. La porte s'est ouverte toute seule. Je suis arrivée dans une salle d'attente dépouillée, meublée d'un canapé tout simple, situé derrière un paravent, qui tournait le dos à la porte. Ainsi, le patient qui attendait ne pouvait jamais croiser celui qui sortait. Je n'aurais jamais supporté le contraire... Il y avait des magazines très « bon ton », des news, *Le Nouvel Obs*, *L'Express*, *Le Point*, etc. Pas de magazines féminins. Tout était archi-sobre, extrêmement neutre, aucune fantaisie ! La parfaite neutralité bienveillante mise en décor.

Son bureau était tout aussi simple : un bureau en bois, derrière lequel elle se tenait. Derrière elle le divan, que je ne regardais jamais, tant il m'effrayait. Je ne pourrais même pas vous dire de quelle couleur il était. Je me suis assise sur la chaise, tout à fait face à elle. C'était une petite femme d'apparence frêle, d'Europe de l'Est, très brune, les cheveux très courts, qui portait des lunettes. Elle avait un côté instit, un peu insecte. Super-froide. Ce dont je me souviens, c'est qu'elle n'avait aucune réaction émotionnelle. Et que c'était bien. Si elle m'avait renvoyé mes émotions, si elle avait compati, je m'en serais contentée, comme d'un miroir. Alors que j'avais besoin d'aller plus loin, plus profondément, de m'immerger loin, loin, pour trouver ma propre vérité. C'était plutôt un miroir sans tain.

Le face-à-face

Elle m'a demandé, selon la formule habituelle, ce qui m'amenait. J'ai immédiatement embrayé sur ma maladie : un prétexte assez commode pour parler. Je m'éternisais sur les symptômes, je me gargarisais de termes techniques : endométriose, cœlioscopie, endomètre... Mais elle m'a vite interrompue : « Mais encore ? Parlez-moi de vous, de votre enfance. »

Je lui ai alors raconté, très vite, ce qu'elle a diagnostiqué plus tard comme étant un manque d'éducation. Ma mère m'a eue à seize ans – bien sûr un peu par hasard –, s'est mariée avec mon père... Je n'ai jamais entendu « Je t'aime » de la part de mes parents, jamais eu l'impression que je comptais pour eux. Aucune manifestation de tendresse quand j'étais petite.

Le jour où ils ont divorcé – j'avais dix ans –, je me suis retrouvée toute seule. Ma mère travaillait comme esthéticienne dans un petit institut, où elle faisait des massages, des soins de peau. Elle partait tôt, rentrait tard. À dix ans, j'étais une enfant seule qui parlait très peu, pleurait souvent. Je me souviens d'avoir été terriblement coquette, comme si je cherchais de toutes les façons à me faire aimer. J'ai eu très vite des petits copains pour tromper ma solitude. À onze ans, un premier petit fiancé : on s'embrassait sur la bouche. Nous étions toute une bande de copains, une bonne cinquantaine, livrés à nous-mêmes, et nous traînions sans but dans cette banlieue parisienne des années 70.

À quatorze ans, un garçon a essayé de me retirer ma culotte. Je n'ai pas voulu, et il m'a quittée. Je l'ai remplacé par un autre. Car une chose était sûre : je ne supportais absolument pas de rester seule, sans amour, sans petit copain. « Voilà », ai-je dit.

La première séance s'achevait. Elle m'a alors proposé de venir une fois par semaine ; ça coûtait 150 francs à l'époque. Je lui ai demandé si c'était remboursé, elle m'a répondu : « Oui, pour une psychothérapie analytique. Dans le cadre d'une analyse stricto sensu, vous ne seriez pas remboursée. »

Christophe, la cata !

Très vite, au cours de ces premières séances, j'ai parlé de ma vie de couple avec Christophe, qui à l'époque était un désastre. Je vivais avec un garçon violent, qui me traitait très mal, comme une moins que rien, qui usait de violence psychologique à mon égard. J'ai accepté des choses terribles avec lui. Il m'avait isolée de mes amies, refusait que je les voie. En sa présence je ne pipais mot, je restais dans mon coin. Je n'avais pas beaucoup de plaisir pendant les relations sexuelles, à cause de la douleur dont je vous ai parlé. Christophe n'en savait rien. J'avais dû lui en parler une ou deux fois, mais je n'insistais pas. Je pensais qu'il allait me quitter et que j'avais déjà beaucoup de chance qu'il m'aime. Que je ne méritais pas mieux.

Ma psy m'écoutait, très froide, intervenait très peu. Mais je me souviens de cette phrase, dès la seconde séance : « Vous avez bien compris que, si vous en êtes là aujourd'hui, c'est parce que vous n'avez pas de repères. Vous ne savez pas où est le bien, où est le mal. » Très vite, le lien entre ma relation avec cet homme et la maladie est apparu. C'était une relation malade, déséquilibrée. C'était un pervers, un obsessionnel. Il fallait ranger les verres d'une certaine manière, ordonner l'appartement comme il le souhaitait, sinon il entrait dans des rages folles. Il m'obligeait aussi à mitonner des recettes de cuisine, m'en avait intimé l'ordre : tomates farcies, coq au vin... C'était atroce, car il passait souvent la tête par la porte, me traquait, surveillait la bonne marche de la cuisson et me demandait, avec son regard de fou, si tout allait bien. Il avait un pouvoir terrible sur moi, un pouvoir destructeur, et j'acceptais tout. Il me faisait croire que j'étais stupide, idiote, que je parlais comme une droguée. Et je le croyais !

Dès la seconde séance, j'ai dit à ma psy : « Il faut que je le quitte, mais j'ai peur de ne pas y arriver. » Elle m'a répondu : « Ne vous inquiétez pas, vous aurez bientôt la force de le faire. »

Je me suis débridée avec ma mère

Personne, dans mon univers proche, et surtout professionnel, n'a jamais su que j'étais en psychothérapie. Je me suis débrouillée pour le cacher. Mes rendez-vous avaient lieu tous les lundis, de 13 heures à 13 h 45, en pleine heure creuse, pendant le déjeuner. Mon copain n'en a rien su non plus. Mais tout, dans mon comportement, prouvait que j'étais entrée en analyse. Je parlais beaucoup plus, j'exprimais mes émotions, en particulier avec ma mère ! Je m'étais aperçue, en parlant avec ma psy, à quel point elle aussi ne m'avait jamais assez respectée en tant qu'enfant.

Quand j'allais la voir à Nice, pour le week-end du 1er mai, la Toussaint ou à Pâques, je lui balançais de façon détournée tout ce que j'avais sur le cœur. Un jour, alors qu'elle s'était mise à pérorer sur un sujet, je lui ai lancé : « Tu racontes vraiment n'importe quoi ! » C'était la première fois que je l'affrontais. Elle m'a regardée d'un drôle d'air et, en un quart de seconde, elle a vu que j'avais changé. Que j'exigeais du respect. Oh, je m'en souviens comme hier de ce regard respectueux qu'elle m'a lancé !

Quand elle venait à Paris, je n'étais plus forcément à sa disposition pour elle, ce qui avait été le cas auparavant. Combien de fois, par exemple, m'avait-elle donné rendez-vous et avait-elle annulé au dernier moment, prétextant une chose plus importante à faire ? Comme si j'étais une broutille. Plus question d'accepter ça. Un jour, nous avions pris rendez-vous, mais j'ai rappelé en disant : « Je ne pourrai pas te voir, j'ai ma gymnastique. » Elle m'a dit : « Comment peux-tu préférer la gymnastique au fait de voir ta mère ? » J'ai répondu : « Et combien de fois, toi, m'as-tu laissée tomber au dernier moment ? » J'étais en train de récupérer de l'estime pour moi-même. Et ma mère, elle, s'était mise à me respecter profondément. Finalement, c'était facile, et ça ne me demandait aucun effort. C'était tout simplement l'effet numéro un de ces quelques séances de psychothérapie.

Parler de tout et de rien

Après les premières séances consacrées à la famille, nous avons abordé des sujets extrêmement basiques, voire prosaïques. Ma psy me demandait : « Qu'avez-vous fait ce week-end ? » Et je parlais, de tout et de rien. Jamais je n'ai eu l'impression que c'était inutile. J'ai toujours su que le sens de la vie se cachait derrière les petites anecdotes du quotidien – et ce sens ressurgissait pendant les séances. Rien que le fait, tout simple, d'aller faire ses courses chez Carrefour le samedi après-midi prenait tout son sens dans mon histoire. Car je réalisais alors que c'était Christophe qui m'obligeait à les faire à ce moment-là, alors que j'insistais toujours pour que nous les fassions à un autre moment. Nous étions célibataires et sans enfants, nous pouvions bien dégager un autre temps pour ne pas avoir à subir la foule du samedi ! Eh bien, même ça, il ne me l'octroyait pas. Tout ce qui me rendait malheureuse, il voulait le faire. Et moi je l'acceptais encore un peu, parce que j'avais peur de lui, mais au moins je m'en rendais compte.

Ce qui changeait dans mon corps

Je changeais, j'évoluais. Mon ventre me faisait moins souffrir. Une intervention chirurgicale avait amenuisé la douleur, mais il fallait faire cette thérapie pour consolider et éviter de retomber dans la souffrance. Tout se passait comme si j'étais là en processus de consolidation. L'un des effets secondaires a été aussi de m'affiner, m'amincir. Je passais du stade patapouf à celui de jeune femme séduisante. Moi qui m'étais toujours camouflée sous de très larges pulls, j'avais envie de devenir sexy, de plaire. J'ai dû perdre une dizaine de kilos pendant un an. Le meilleur des régimes amaigrissants...

Moi qui n'avais porté jusqu'à présent que des bijoux de famille (croix de baptême, petit collier de perles...), j'achetais des bijoux que j'avais choisis, qui reflétaient mes goûts, mon intimité, ma vérité. J'y voyais un signe extrêmement fort. À cette époque, en plein fil de mon analyse, j'ai repris l'équitation. J'en faisais deux fois par semaine, je dressais le cheval et cela, d'après moi, n'est pas un hasard. Ça me faisait un bien fou. Les deux mouvements allaient de pair : je lâchais prise chez ma psy, je larguais tout, et je dressais l'animal en moi. Je pense que c'est pour ça que j'avais tant besoin du contact avec le cheval. L'impression de récupérer une certaine maîtrise, après avoir tout étalé...

Souffrir ou ne pas souffrir ?

Les deux mouvements conjoints et complémentaires, le dressage et le lâchage, m'ont fait progresser et amadouer mon inconscient. En revanche, dans son cabinet, curieusement, je n'ai jamais pleuré ni souffert. Je me demandais d'ailleurs si cela était bien normal. J'avais toujours entendu dire que l'on souffrait. J'étais très contente de venir la voir, je sortais de là totalement libérée, heureuse, légère. Ça me faisait un bien fou. Ma psy était contente, elle m'a d'ailleurs dit : « J'ai rarement vu quelqu'un comprendre aussi vite et bien les choses. » En revanche, je ne me suis jamais sentie sous emprise ou dépendante. Je me l'interdisais, absolument ! C'est la raison pour laquelle aussi je n'ai jamais voulu entrer en analyse stricto sensu.

Le jour où j'ai pleuré au cinéma

J'analysais là-bas et je vivais la nouvelle Isabelle hors du cabinet. Il y avait des choses nouvelles dans ma vie : je me libérais, je libérais mes émotions, je disais enfin ce que je pensais. Et au cinéma, contrairement à mon habitude, il m'arrivait de pleurer, de hoqueter, de sangloter ! Très curieusement, c'est ce qui s'est passé devant le thriller américain *Seven*, un film d'horreur avec Brad Pitt et Gwyneth Paltrow dans lequel un psychopathe, après avoir assassiné ses victimes, organise une mise en scène macabre autour des sept péchés capitaux. À la fin, il assassine une jeune femme enceinte (la petite amie du héros) et – détail insoutenable – la décapite. Curieusement alors, cette scène m'a fait pleurer, pleurer, dégouliner... Comme si les vannes lâchaient au fond de moi. Je dis « curieusement », car une émotion s'était substituée à une autre. Au lieu de m'inspirer des sentiments d'horreur, ce qu'il était censé faire, ce film m'a rendue triste à crever. J'ai sangloté pendant toute la séance, bruyamment. Surtout quand, à la toute fin, il assassine la jeune femme enceinte. Là, je ne me maîtrisais plus. Étrangement, comme si c'était un message de mon inconscient, un rêve m'est revenu en mémoire, un rêve dans lequel un individu me tuait, alors que j'étais enceinte. C'est la conjonction des deux qui m'avait plongée dans cet état.

Avez-vous déjà été enceinte ?

Le lundi suivant, j'en ai bien évidemment parlé à ma psy. Je lui ai raconté cette séance au cinéma très tranquillement, en me tenant, comme je faisais chez elle. Contrairement à son habitude, elle est intervenue longuement, comme si quelque chose d'important s'était passé. « Pourquoi pensez-vous que vous étiez enceinte dans votre rêve ? Ça vous fait penser à quoi, exactement ? Avez-vous déjà eu envie d'être enceinte ? Avez-vous déjà été enceinte ? – Bien sûr que non ! » lui ai-je répondu en souriant. Et puis, soudain, j'ai eu le sentiment de me décomposer – un peu comme, dans *Amélie Poulain*, Audrey Tautou se liquéfie dans ce café de Montmartre, en voyant partir Mathieu Kassowitz. Quelque chose m'est revenu en mémoire. Mon Dieu, mais comment avais-je pu l'oublier ? Mon avortement ! À vingt-deux ans, j'avais subi une IVG, un mois après avoir rencontré Christophe, à cause d'un changement de pilule. Le ciel m'est tombé sur la tête pendant que je racontais ça, car j'avais tout, tout oublié ! Et pourtant, ça n'avait pas été drôle : le curetage à l'hôpital, la solitude : Christophe m'avait laissée seule, refusant même de venir me chercher après l'intervention. Après cet avortement, je m'étais mise à saigner sans discontinuer, cette fois-ci à l'extérieur – de vraies règles – pendant six mois entiers. Six mois entiers à saigner de façon continue. J'étais épuisée, je faisais des prises de sang régulièrement. Toujours ce sang. À l'époque, j'avais lu *Les Mots pour le dire*, de Marie Cardinal, et je vivais la même chose. Cet avortement avait, de l'avis de ma gynéco, boosté ma maladie, mon endométriose. Je pense très fort aussi que c'était mon corps qui pleurait pour moi. Cet avortement m'avait minée. Tout ce sang, c'étaient des pleurs, des pleurs, des pleurs... C'était un cri. On m'a expliqué ce qu'était l'endométriose, à l'époque : quand une femme a ses règles, des petits clapets, dans l'utérus, s'ouvrent, puis, quelques jours après, se ferment. Mais mes clapets à moi restaient ouverts, c'était l'anarchie totale.

Cette séance avec ma psy a vraiment été déterminante. Ça a fait remonter d'autres choses à la surface : entre autres le comportement odieux de Christophe pendant cette épreuve.

Le divan pour construire

Christophe ne savait pas que j'étais en psychothérapie, mais il avait tout de même modifié sa conduite. Il acceptait désormais que je voie mes amis – à la maison uniquement. Mais je n'étais tout de même pas libre. La psychothérapie touchait à sa fin, j'étais chez elle depuis dix-huit mois. Un jour, elle me dit : « Pour ce qui est de ce type de psychothérapie d'inspiration analytique, nous avons terminé. Vous avez tout compris. Maintenant, je vous conseille vivement d'aller sur le divan, afin d'entamer un autre type de travail. Une psychanalyse. » Je l'ai regardée, je l'ai remerciée poliment. Le divan me terrorisait. J'avais vraiment besoin de cette attache du regard, j'avais l'impression que j'allais sombrer dans la folie, que j'allais divaguer, que quelque chose allait vraiment lâcher en moi, sans espoir de retour. J'avais tout compris, mais je n'avais pas envie de faire émerger d'autres choses. Alors, je suis partie, je l'ai quittée.

Elle pensait que pour que je construise quelque chose, il fallait que je passe par le divan. Et aujourd'hui je pense qu'elle avait raison. Sans doute aurais-je pu déconstruire quelque chose sur le divan pour reconstruire autre chose. Mais en avais-je vraiment envie, à l'époque ? Il y a des secrets dans ma tête, comme des petites boîtes verrouillées à double tour, que je veux garder bien fermées. Je soupçonne, je pressens, je crois savoir ce qu'il y a dedans. Mais je n'en parlerai jamais à personne.

Six mois après je le quittais

Je la remercie de m'avoir donné le courage de partir. Si elle m'avait demandé de rester, c'est sûr, je serais restée ! C'est important qu'elle m'ait ouvert la porte. Sur le seuil, je lui ai demandé : « Vous êtes certaine que c'est terminé ? Je n'ai pas quitté Christophe, vous savez. » Elle m'a répondu, avec un très léger sourire : « Je sais bien ! Ne vous inquiétez pas, bientôt vous aurez la force de le faire. » Je suis partie. J'étais triste de la quitter mais heureuse de ma liberté nouvelle.

Six mois après, les faits lui ont donné raison. Un vendredi soir, alors que Christophe s'était montré parfaitement odieux, je lui ai dit : « Demain, je te quitte. » Il a eu une réaction de fou, inhumaine : il m'a enfermée dans la salle de bains toute la nuit. Enfermée à clé ! J'ai dû m'allonger sur le carrelage pour dormir.

Le lendemain, j'ai frappé à la porte, de l'intérieur, et j'ai crié que j'avais mal à la tête. J'ai prétexté une migraine, besoin d'aller à la pharmacie, pour pouvoir sortir. Il m'a ouvert la porte et je suis partie en chaussons et en jogging, avec mes clés de voiture dans la poche. Je me suis enfuie. J'avais l'impression de jouer dans *Midnight Express*, vous savez, au moment où le prisonnier s'échappe de sa prison turque, tranquillement, pour donner le change. Dans la rue, je me suis mise à courir. Et, en courant, j'ai pensé à elle, ma psy. Elle avait eu raison. Elle m'avait donné la force de le faire.

Il y a deux ans elle m'a rappelée

Un matin, six ans après la fin de ma psychothérapie, je reçois un coup de téléphone. Une voix d'outre-tombe. Elle se présente : « Je suis Mme Z. » C'était elle. Je réponds par mon nom. Elle s'excuse alors : « Excusez-moi, je me suis trompée de numéro. Comment allez-vous ? Quel âge avez-vous, maintenant ? » Je lui réponds : « Trente-six ans. » Elle me demande : « Vous avez des enfants ? – Non », lui dis-je. Et j'ajoute aussitôt, légèrement : « Mais ça n'est pas un problème. – Vous dites ça maintenant. Mais à quarante-cinq ans, qu'en penserez-vous ? – Vous avez raison, je vais y réfléchir. »

Et nous avons raccroché toutes les deux. J'ai trouvé sa réflexion curieuse mais sans plus.

Aujourd'hui, je suis célibataire, sans enfants, mais très entourée. J'ai appris que Christophe, mon ex, avait fait sombrer dans la dépression d'autres filles. On m'a dit qu'il avait sombré dans la schizophrénie et la violence.

Le lien entre âme et corps

Ma maladie est loin derrière moi. J'ai monté mon agence de communication, qui fonctionne plutôt bien. Les autres comptent énormément dans ma vie. Je fais beaucoup plus attention à mes amis, je suis là pour eux quand ça ne va pas. Je ne peux toujours pas les prendre dans mes bras, car j'ai beaucoup de mal à exprimer de la tendresse physiquement, mais je le fais verbalement. Aujourd'hui, ce que la psychanalyse m'a apporté, c'est de refuser absolument de souffrir – et surtout, surtout, de souffrir par les autres ; de me laisser chosifier comme j'avais pu le faire avec ma mère et avec mon ex. Je pense profondément que le fait de se laisser transformer en objet par les autres, en petite chose malléable, installe dans le corps la maladie ; que la maladie est cette *chose* au fond de vous – pour reprendre la formule de Marie Cardinal – qui répond à votre statut d'objet. Si vous vous en sortez, par la parole, par le respect de vous-même, vous la supprimez. L'analyse vous aide à dissoudre la chose, à la transformer en mots. C'est une opération chimique, sans intervention chirurgicale. Vous repérez tous ces mots, ces affects, ces émotions qui se sont déplacés dans le corps, qui se sont fossilisés, transformés en kystes, qui ont enrayé des mécanismes physiologiques. Et, en les repérant, vous parvenez à rétablir l'état de santé du corps. C'est pourquoi, aujourd'hui, quand une petite maladie s'installe dans mon corps, je fais immédiatement le lien avec la tête. Un eczéma, une crise d'urticaire ? Ou des douleurs de ventre ? Je m'interroge sur ce qui a provoqué ce discours du corps.

Une standardiste très psy

Je n'ai plus jamais revu ma psychanalyste, mais je l'ai remplacée, pendant un temps, par la standardiste de la boîte où je travaillais alors. Cette fille avait un réel don de psy ! Je l'appelais quand j'avais mal quelque part – généralement toujours après un problème sentimental ou de rupture – et elle m'aidait aussi à faire le lien, à verbaliser. C'était une sorte de psy de substitution, une interprète très douée de mes douleurs physiques. C'est important : c'est comme cela que se déclenchent les maladies. Quand on ne veut pas accepter sa souffrance psychique, quand on ne veut pas verbaliser, elle trouve un autre moyen de s'exprimer. C'est ce qui s'était passé avec moi, et c'est pourquoi aujourd'hui je peux le dire : les mots ont dissous la maladie. Et ont sauvé mon corps.

Claire, 48 ans, consultante

« Je me suis remise à respirer »

Brune et fine, le regard noir et brillant, Claire porte un tailleur printanier noir, sur un T-shirt blanc, de fines perles de culture aux oreilles qu'elle fait tourner de façon compulsive entre ses doigts. BCBG ? Certes, mais avec un petit côté indomptable, nerveux, petit renard sauvage. Elle m'a fixé rendez-vous à l'hôtel Raphaël, dans le XVIe, élégant comme elle, mais côté bar, plus décontracté. « Je suis mieux dans le lounge, le déstructuré », dit celle que l'on imagine volontiers enfant, à table, étranglée par une serviette en lin, le dos droit sur sa chaise. Claire vient de quitter son travail de directrice de communication – trop contraignant – pour une vie professionnelle un peu plus aléatoire. « Je ne supporte pas les plannings trop définis et les horaires stricts. Ça m'étouffe ! » Elle rit, tourne une fois encore ses boucles d'oreilles entre ses mains, pianote sur son portable. Ses mains, qui bougent d'elles-mêmes, c'est la manifestation de sa liberté. Cette liberté chèrement conquise par l'analyse.

C'est ma vie, ça ?

J'étais du genre petite fille précoce. J'ai obtenu le bac à quinze ans, intégré Sciences-Po à seize, premier mariage à dix-neuf, premier enfant à vingt-deux. Un parcours sans faute ! Apparemment, tout allait comme sur des roulettes. C'est pourquoi, dans cette vie bien huilée, mon premier couac social – mon divorce, à trente-trois ans – est survenu comme un coup de tonnerre. Après cette séparation très douloureuse, j'ai sombré un peu dans le donjuanisme. Je collectionnais les aventures, j'étais devenue cœur d'artichaut. Moi qui venais d'un milieu bourgeoisie de province, super-catho, et qui avais subi cette éducation hyper rigide, il m'arrivait fréquemment de répondre à l'un au téléphone pendant que j'en embrassais un autre !

Un soir, je me suis regardée dans la glace. J'avais trente-huit ans et ne me ressemblais pas. « Claire, regarde-toi. Qu'est-ce que tu fais ? C'est ta vie, ça ? » J'étais plutôt heureuse dans mon travail, mère de trois adorables filles. Mais affectivement, avec les hommes, c'était le grand bazar. Je n'avais plus aucune limite, j'étais paumée. Ma seule certitude, c'était le chambardement dans mes désirs. Je ne savais plus ni qui j'aimais ni qui j'étais. En vingt ans, depuis le début de mon mariage, je n'avais cessé de m'éloigner de moi-même.

J'ai assez logiquement pensé à la psychanalyse. Un de mes amis m'a donné l'adresse d'un psychanalyste, gastro-entérologue de formation, chez qui il était allé pendant quelques années et qui l'avait beaucoup aidé.

Les cercles concentriques

Ce monsieur consultait à Paris, dans le XVIIe. Appartement bourgeois, ambiance classique... que vous dire d'autre ? Bizarrement, moi qui ai hanté ce lieu si souvent, pendant sept ans, je ne me rappelle aucun détail précis. Sauf... Ah, si ! Ce dont je me souviens, c'est d'une série de dessins, des œuvres à la plume, au fusain... éminemment symboliques. Étaient-ce des dessins de ses patients ? C'est ce que j'imaginais alors. L'un d'entre eux représentait une série de cercles concentriques, glissés les uns dans les autres, du plus petit au plus grand. Comme je l'ai regardé, ce dessin ! Comme il me parlait ! La circularité est un thème qui a toujours beaucoup résonné en moi. D'abord parce que la féminité est un état foncièrement cyclique. Ensuite parce que, chez ce psy, j'étais amenée à pénétrer dans les cercles du souvenir. C'est aussi comme cela que j'imagine le cerveau. Et aussi la psychanalyse. S'asseoir, passer d'un cercle à un autre, d'un état de conscience à un autre. Quand j'y pense, ce dessin était hypnotique ! Et sa présence ici loin d'être anodine. Je me demande si tous les psychanalystes apportent autant de soin à la déco. Ils le devraient en tout cas. Car la moindre babiole, sur cette scène-là, dans ce lieu particulier, a la force d'un symbole.

Interroger le corps

Dès la première séance, ce psychanalyste m'a fait l'effet d'un grand professionnel. Ce qui m'a séduite d'emblée, c'est l'interrogatoire médical auquel il m'a soumise. Avais-je déjà subi des interventions chirurgicales ? Quelles étaient les maladies dont on souffrait, dans la famille ? Bref, il a d'abord pris en compte le corps. Il fallait, m'a-t-il dit, évacuer toute suspicion de maladie physique. C'était important, pour moi qui ai été élevée dans cette horreur, dans ce déni du corps ! J'ai senti immédiatement que ce psychanalyste me correspondait parfaitement ; qu'il y avait une place pour moi. Puis il m'a fait parler un peu de ma vie actuelle. Je ne pouvais que répéter que j'étais perdue, paumée. Il m'a vite proposé de venir une fois par semaine, à 13 heures, pour une séance d'une heure. « Vous me parlerez davantage la prochaine fois », m'a-t-il dit en se levant. Avant de prendre la porte, je lui ai tout de même fait part de mes craintes. N'allais-je pas en prendre pour quinze ans ? M'entortiller dans mes névroses, m'enrouler dans mon œdipe ? Le fameux syndrome Woody Allen. On a très souvent peur de se faire piéger. Il m'a rassurée : « Vous ne signez pas de contrat ! On va se voir cinq, six, dix fois et puis on verra. Rien n'est jamais fixé d'avance en matière d'analyse. »

Curieusement, après trois séances, alors que j'étais assez à l'aise pour parler, mon corps, lui, s'est bloqué net. J'ai souffert brutalement d'une hernie discale, chose qui ne m'était jamais arrivée auparavant. Je me suis fait opérer en extrême urgence car un morceau du disque aurait pu toucher la dure-mère et je risquais une paralysie. Le corps reprenait le dessus ! Quand je suis retournée le voir, quelques semaines après cette intervention, il a lancé : « Votre hernie n'est pas arrivée par hasard » et il m'a expliqué que, après ce tout début d'analyse, mon corps avait probablement décompensé. Il a souri : « C'est un signe. Vous êtes maintenant fin prête pour le travail analytique. »

D'un cercle à l'autre

À l'heure du déjeuner, 13 heures, tous les vendredis, je poussais la porte de cet appartement bourgeois, je m'asseyais en face de lui, prête à passer dans le cercle de mes souvenirs. J'affrontais alors ce que j'appellerais mon placard des petites douleurs. Pendant une heure, j'ouvrais les tiroirs, que je connaissais depuis longtemps, mais dans lesquels régnait un joyeux bazar de T-shirts, chemises, petites culottes, autant de petites histoires, de souvenirs sens dessus dessous, qu'il me fallait identifier, plier, ranger dans l'ordre. Tiroir numéro 1, tiroir numéro 2, numéro 3... Chaque tiroir, enchâssé dans un autre, me poussait à aller plus loin, à en ouvrir un autre, et encore un autre. Pour utiliser une autre métaphore, je me promenais dans le dédale de mon inconscient, dans un couloir sombre, ouvrant une porte, puis une autre, qui menait encore autre part. Toujours projetée dans un ailleurs, comme si la pièce que je recherchais – le salon, la chambre ? – et dans laquelle je cherchais à me reposer n'existait pas.

Je tiens à dire que, à proprement parler, je n'ai rien découvert de vraiment inédit avec cette psychanalyse. Quand j'entends des gens ricaner d'un air méprisant et dire : « Oh, moi, je n'ai pas besoin d'y aller, je connais tout, je peux tout identifier, j'ai tout compris, pas besoin de payer ! », j'ai envie de répondre : « Moi aussi, je connaissais tout ! Mais tel n'est pas le propos. L'objectif était de faire passer toutes ces petites choses de l'inconscient au conscient, d'un cercle à un autre, de l'implicite au dit. » Et pour cela on a besoin du regard d'un tiers, le psychanalyste.

On tue le corps

Je n'ai pas cherché à tergiverser – on ne le fait pas, quand on souffre. J'ai immédiatement parlé de mon enfance. J'étais l'archétype de la petite fille faussement sage. Impeccable, supra-classique à l'extérieur, avec une envie folle de bouger au fond de moi ! J'ai toujours eu très tôt conscience de l'existence de mon corps, de mes désirs. Mais je vivais dans une famille catholique – vous savez, la bourgeoisie de province – pour qui le corps, c'était le sale, ce qu'il fallait tuer, nier, mépriser. Alors, moi qui écoutais mon corps, je me sentais canard noir dans une famille de beaux cygnes blancs ! Ce déni du corps se manifestait de plusieurs façons. Chez moi, on ne changeait pas de sous-vêtements tous les jours, mais tous les trois jours. On ne prenait que deux bains par semaine, le jeudi et le dimanche. Le reste du temps, on devait faire une petite toilette discrète. Cela semble anodin ? Mais, vous savez, je pense que les choses les plus anodines peuvent vous faire beaucoup de mal. Je ressentais tous ces interdits comme une grande violence ! N'était-ce pas la négation de mes désirs, de mon corps, de mes émotions ? J'avais envie, moi, de prendre un bain tous les jours, de me changer tous les jours. Mais le corps, chez nous, il fallait l'oublier, le contourner, l'éviter. Surtout pas le voir. Ni jouir avec. C'était une conception obsolète, absurde !

Nous étions donc trois sœurs vêtues en gris, en beige – jamais de rose, jamais de couleurs pimpantes, jamais de jupette au-dessus du genou. Rien que du triste et du passe-muraille. Avec une obsession de la part des parents : surtout ne jamais se faire remarquer. Mais tuer le corps, n'est-ce pas assassiner une partie de vous, ni plus ni moins ? Je vivais dans un carcan, comme un bébé emmailloté, qu'on cherche à faire taire. Aucune place pour les émotions. Pleurer m'était interdit. Quand ma mère me voyait pleurnicher comme tout enfant le fait, elle me lançait : « Ne joue pas à ta *mater dolorosa*, s'il te plaît. »

Le mythe de Cendrillon

Le tiroir numéro 1, le plus gros, je l'avais étiqueté « Ma sœur aînée ». J'en ai parlé sans aucune retenue, du sadisme de ma sœur. Elle me battait, oui, vraiment ! Ça, je ne l'avais jamais oublié. Face à ce monsieur qui prenait des notes sur son écran d'ordinateur, je revivais certaines scènes violentes : le fait d'avoir été projetée à terre, sur le marbre, et d'avoir été traînée violemment jusqu'à en avoir des bleus sur tout le corps. Ma sœur me terrorisait, me donnait l'impression d'être gigantesque, équipée de pieds immenses. « Quand j'y pense, disais-je à mon psy, on est dans *Cendrillon* : Javotte et Anastasie avec la pantoufle de vair. Elles, avec des pieds gigantesques, et moi, avec des petits pieds. » Il ne répondait rien, et j'avançais... Je suis passée de la relation des coups physiques aux coups psychologiques. Car ma sœur, non contente de me battre, me manipulait. Elle m'encourageait à voler dans les magasins et j'obéissais ! Pourquoi donc ? J'étais obsédée par cette question. Je la répétais, je la tournais dans tous les sens, mais le psy ne répondait pas, bien sûr. « Le pire, dans cette histoire, ajoutais-je, c'est que je couvrais ma sœur. » Jamais je n'ai parlé de son attitude perverse à quiconque. Hormis à mon psy, et à vous, aujourd'hui ! Je ne l'ai jamais dit à ma mère non plus. Je subissais. Et, regardant cela vingt-cinq ans plus tard, cela m'horripilait. Qu'avais-je donc dans la tête ?

Violant

Les souvenirs s'enchaînaient. Au cours d'une séance, il m'est aussi revenu en tête un souvenir d'une rare violence, même s'il a l'air totalement anecdotique. Toute petite, comme tous les enfants du monde, je traînassais au moment d'aller au lit, je ne voulais pas me coucher. Alors, ma mère me disait régulièrement : « Prends ton pyjama, viens le mettre dans le salon et reste avec nous encore cinq minutes. » Docile comme je l'étais, j'obéissais mais, par pudeur, me planquais derrière le canapé pour me déshabiller. Ma sœur aînée arrivait sur ces entrefaites et me narguait : « Et pourquoi tu ne te déshabilles pas devant nous ? Tu as peur ? Tu as honte ? » Ma mère y mettait du sien aussi, en disant : « C'est vrai, Claire, pourquoi te caches-tu ? On est en famille. » Cette fois encore, j'obtempérais sans sourciller. Et je me mettais à nu devant tout le monde.

Quand j'ai parlé de cette scène, j'en tremblais encore. Je me suis exclamée : « C'est extrêmement violent ! » Mon psy, qui intervenait très peu – de moins en moins, en fait –, a alors ouvert la bouche : « Vous pouvez le mettre au participe présent : c'est *violant.* » Oui, il avait raison. C'était de l'ordre du viol. Alors vous comprenez que ces petites scènes de la vie ordinaire, à force de se répéter, finissent par créer une faille en vous et à vous faire autant de mal qu'un gros traumatisme, de la même façon qu'une goutte, tombant toujours au même endroit sur une pierre, peut, à la longue, créer une faille, une fissure. Je m'apercevais que j'étais la victime d'un harcèlement moral familial. Je fouillais dans les tiroirs pour retrouver des choses. Et bien sûr, je trouvais aussi, au même chapitre que le non-respect du corps, le viol du secret. Tout élan spontané m'avait été interdit, toute expression du corps et des désirs ! Un jour, j'avais attrapé une sorte de grippe, j'avais dû rester alitée. J'ai écrit une lettre à une petite copine de l'école et je l'ai donnée à la bonne, en lui demandant de la porter chez elle. Ça a fait un pataquès dans toute la famille ! Ce simple geste de fantaisie de la part d'une gamine avait un goût d'insurrection. Je n'avais pas droit au secret.

D'un cercle à un autre

Les deux premières années de mon analyse, je racontais tout cela sans souffrir. Je parlais de cela tout sourire, un peu comme dans un salon de thé ! Comme si, au fond, je parlais de quelqu'un d'autre. J'essayais de le faire rire, mon psy, ou de l'émouvoir, comme j'aurais agi avec un copain au restaurant. Bref, j'étais dans un discours un peu social. S'il m'avait répondu, j'en serais restée là. On aurait bu notre thé, payé l'addition, on serait sortis et basta ! Je pense qu'un certain nombre d'analysants s'arrêtent là. Si vous poursuivez, à force de silence, à force d'être livré à vous-même, vous sortez du bavardage et pénétrez dans une couche plus profonde, dans une autre vérité. C'est comme un déclic. Vous êtes assis sur le toboggan et il faut descendre. Vous vous dites : « Allez, vas-y, lâche-toi ! Il faut y aller, maintenant ! » En fait, je m'apercevais que dans ces conversations de salon, j'avais parlé sans le corps, sans les émotions. Mais les émotions revenaient me fouetter. Et c'est alors que je me suis mise à souffrir, à aimer.

Transfert et douleurs

À ce moment-là, précisément, j'ai éprouvé une sorte de pulsion sexuelle pour mon psychanalyste. Je me suis mise à faire un certain nombre de rêves érotiques qui nous mettaient en scène, au cours desquels on s'embrassait et on se voyait hors cabinet, pour de longues promenades dans la rue. Je n'ai jamais beaucoup insisté sur ce fait en séance – ma pudeur, toujours ! –, je ne lui ai jamais avoué par exemple que j'étais tombée amoureuse de lui. Je le sous-entendais. Je lui relatais mes rêves, assez sobrement, sans jamais lui proposer directement un rendez-vous. J'étais suffisamment informée sur l'analyse pour savoir qu'il s'agissait d'un transfert ; et j'avais suffisamment confiance en lui pour savoir qu'il ne craquerait pas !

Je me suis demandé si ce transfert amoureux avait été la cause ou la conséquence de cette libération émotionnelle. Qui de la poule ou de l'œuf ? Était-ce l'amour pour mon psy qui avait déclenché cette parole vraie, le fait de passer d'un cercle à un autre ? Ou était-ce le fait de passer derrière le miroir qui avait déclenché ce désir pour lui ?

Bon... Je ne passais pas tout mon temps à penser à lui, mais il allait, venait dans ma tête. Je suis persuadée que cette dimension érotique, en arrière-plan, était essentielle au travail. Je n'avais aucune envie de faire une analyse avec une femme, j'aurais trouvé ça fade, sans saveur. Comment est-ce même possible de parler de sexualité ou de choses intimes à une femme ?

C'est pendant cette période que j'en suis venue à parler de l'échec de mon mariage ; de ce mari violent à sa manière, qui me méprisait, me traitait à bien des égards comme un objet ; qui, enfin, ne cessait de séduire d'autres femmes devant moi. Je ne disais pas un mot, comme s'il me fallait, encore une fois, obéir à cette injonction : « Ne dis rien, laisse-toi faire, sois la victime ! »

La tête sur le volant

Les séances étaient devenues lourdes. Douloureuses, difficiles. Pendant ces trois années qui restaient, je sortais de là littéralement déglinguée. À l'issue de chaque séance, je sortais de chez lui comme une somnambule, je faisais quelques pas dans la rue, m'approchais de ma voiture en tremblant et je me mettais à sangloter en conduisant. J'avais le sentiment que je ne me relèverais pas de tout ça. Et là j'ai cru, un jour, que je me disloquais. Quand je suis sortie de chez lui, j'ai pris ma voiture et je me suis effondrée sur le volant. Je m'enfonçais dans un cercle noir. J'ai pleuré, pleuré... Je lui ai téléphoné : « Je ne vais pas pouvoir m'en sortir seule, j'ai besoin de médicaments. » J'ai pris quelques antidépresseurs.

Bien sûr, je faisais le lien avec les maltraitances de ma sœur. Mais qui étais-je donc pour avoir accepté tant de choses ? Pour avoir été, dans ma famille et dans mon couple, une victime consentante ? J'ai découvert un truc, banal mais effrayant : il n'y a pas de bourreau sans victime. Si ma sœur m'avait « sadisée », c'est que je l'avais autorisée quelque part à agir ainsi ; et si je m'étais mariée avec un type violent, ce n'était pas un hasard non plus. Ça m'a fait peur, car j'ai eu le sentiment d'aller dans un espace noir. Ce masochisme était effrayant.

Un père macho

J'ai mis un peu plus de temps à parler de mon père, que j'adorais, comme une petite fille respectueuse. Mon père était vraiment mon héros. Il m'aurait demandé de décrocher la lune, je l'aurais fait. L'analyse m'a permis de déboulonner le mythe. Il est passé de héros à tyran domestique, puis à victime, lui aussi. J'ai compris que son machisme venait d'une terreur des femmes, du corps féminin.

Peut-être mes parents sentent-ils que mon corps vit, qu'il bouge, et peut-être tout cela les effraie-t-il. Alors ils continuent à m'envoyer des petites piques. Il y a peu de temps, j'ai été interviewée et photographiée dans un magazine professionnel de communication. J'ai envoyé le journal à mes parents, mais ils ne m'en ont pas parlé. Alors je leur ai demandé : « Avez-vous vu ma photo dans le journal ? » Et ma mère m'a répondu, d'un ton terriblement mondain : « Ah non, je n'ai pas vu ! La page avait dû être collée, ou arrachée. » C'était bien évidemment faux. Mais la vérité, c'était que j'avais transgressé le tabou qui consiste à ne pas se faire remarquer ! Mais ça me fait rire, aujourd'hui. Autre exemple : il y a quelques jours, je suis rentrée d'Asie. Ma mère m'a demandé si je n'avais pas été malade. « Oh non, je suis capable de manger n'importe quoi, même des cailloux, je ne serais pas malade », ai-je répondu. Mon père s'est alors tourné vers moi : « Reconnais qu'avec toute ta graisse, tu ne risques rien ! (Éclat de rire de Claire, qui est extrêmement mince.) C'est formidable, n'est-ce pas ? Vous voyez, à quarante-huit ans, on continue à maltraiter, même verbalement, mon corps ! »

Sortie du carcan

Je n'ai pas pardonné parce que je n'ai pas à le faire. Je me sens tout simplement libre, maintenant. J'ai pris le large. Et cette distance m'a sauvée. Sans l'analyse, qui serais-je aujourd'hui ? Bourrée de tics, comme ma sœur ? Figée, rigide, morte à l'intérieur ? Ou toujours mariée avec un tortionnaire ?

Aujourd'hui je me suis remariée avec Louis, qui est aussi sensible et attentionné qu'Olivier était violent. J'ai fait le choix d'avoir un enfant (une quatrième fille !) à quarante et un ans. Je peux dire, donc, que j'ai vraiment exploité, joui de mon corps et savouré jusqu'au bout la maternité. La psychanalyse m'a permis de refaire le lien, si essentiel, entre le corps et le psychisme. Les deux ne sont-ils pas indissolublement liés ? J'aime cette idée, que tout est lié, à jamais. Le corps et l'âme forment un tout. Je sens, jusqu'à la plus petite de mes cellules, que je suis une particule de l'univers. Grâce à ces séances, j'ai retrouvé un sens, le sens de ma personne, l'harmonie intérieure. Moi qui, auparavant, persuadée que l'esprit dirigeait le corps, m'échinais à faire des séances d'abdos-fessiers dans une salle de sport, je me suis mise naturellement au yoga.

Je me suis désemmaillotée

Mes désirs se sont affirmés. Je suis quelqu'un qui n'aime pas les contraintes et je l'assume. Je préfère travailler en indépendante, avoir du mou dans mon emploi du temps, sinon je me sens littéralement coincée dans un linceul. Je viens de démissionner d'un poste important, mais qui ne me convenait pas. Si je n'étais pas passée par l'analyse, sans doute me serais-je dit : « Un poste comme celui-ci ne se refuse pas ! » Quand vous avez réfléchi à ce que vous êtes, à ce qu'il vous faut, profondément, vous cessez de raisonner objectivement : vous vous respectez, vous respectez votre désir. J'accepte des missions bien rémunérées, mais sans contrat à durée indéterminée. Je pratique la méditation, je prends le temps d'écrire, de sentir mon corps se détendre. Je m'occupe de mes quatre filles, je ne veux plus d'un emploi du temps strict ! Aujourd'hui encore, par terreur d'être emmaillotée, il m'arrive de suffoquer, par exemple quand mon mari m'enlace trop étroitement ou que je me réveille ligotée dans des draps trop serrés. Mon corps a été tellement muselé pendant des années...

Quand j'ai dit au revoir à mon psy et que j'ai fermé la porte, à l'issue de la dernière séance, je me suis souvenue de ce dessin au fusain, fait de petits cercles concentriques, dont un s'envolait vers le ciel, et s'échappait vers la liberté. Ce petit cercle, c'était moi.

Corps et parole

Sophie Carquain : Le corps soigné par le simple effet de la parole, comme chez Louise, c'est tout de même étonnant, extraordinaire !

Maryse Vaillant : On sait bien que la parole guérit. Elle soigne les gens et leurs maux, apaise les souffrances morales autant que physiques. Depuis toujours, on sait qu'elle adoucit les douleurs ou les exacerbe. Cela ne nous surprend pas. On reconnaît le pouvoir de consolation d'un mot ou d'un geste chaleureux. Rien de miraculeux ni de magique, il s'agit d'empathie, de transfert. Car la relation soigne. On a toujours reconnu, via le placebo, que la relation soignait autant ou plus que le médicament.

Mais les mots eux-mêmes ? Quel peut être leur effet ? Comment peuvent-ils soigner, guérir, réparer ?

Leurs effets thérapeutiques sont liés à notre humanité, à notre immersion totale dans le monde symbolique et dans le langage, sans quoi nous ne saurions vivre. La parole, les mots, le langage nous donnent accès au monde en général, à nous-même comme aux autres, à l'esprit et au corps. Plus précisément, le langage est le seul moyen pour nous d'avoir accès à la complexité, voire à la réalité du corps. Nous le percevons – organes, fonctions, schémas, figures –, nous le parlons – dans la plainte ou dans le plaisir –, à travers le bain culturel émotif, affectif de nos expériences psychiques, les unes s'enchaînant aux autres par le biais des associations inconscientes.

La parole qui agit alors n'est pas la parole consciente, délibérée, empathique du soignant en qui on a confiance – la parole de consolation –, c'est un discours qui se tisse dans un réseau inconscient le plus souvent infantile qui nous habite depuis notre tendre enfance.

Pardon, j'y reviens encore, mais comment est-il possible que, grâce à la parole, le corps, en l'occurrence l'hypophyse, cesse, chez Louise, de sécréter la prolactine ?

Les connaissances actuelles sur la biochimie du corps et du cerveau viennent confirmer ce que l'expérience clinique avait depuis longtemps décrit. La mémoire, les émotions, les pensées, les humeurs et les affects agissent sur ce grand régulateur qu'est le cerveau au point de déclencher ou d'inhiber le fonctionnement de toute la chimie du corps.

Il est reconnu par tout le monde qu'une parole peut apaiser la douleur ou la réactiver. Les mots adoucissent ou violentent ; on sait qu'ils tuent. Tout mot, toute parole, tout langage est pris dans un contexte de sens et de souvenirs tel qu'il entraîne une chaîne d'associations inconscientes qui peuvent venir stimuler ou ralentir l'un ou l'autre des zones cérébrales ou des neurotransmetteurs concernés.

Le corps et le langage sont donc intimement liés ?

Tout est lié, le corps et le langage, l'esprit et la matière, le présent et le passé, les mots et les choses, la mémoire et les rêves. Tout est lié pour chacun en fonction de son histoire et de la manière dont les événements se sont inscrits pour lui dans la mémoire de son corps et de son psychisme, dans la construction dense de ses fantasmes. Tout est lié, noué, enchevêtré. C'est pourquoi le chemin qui mène de la parole à la guérison est des plus complexes. Des années de travail analytique peuvent être nécessaires pour que se dénouent des messages symboliques incrustés dans l'inconscient, comme autant d'injonctions ou d'inhibitions que la pensée peine à décrypter, et dont on ne peut se libérer par la seule volonté ou la seule lucidité, par exemple.

Est-ce parce que, comme l'expliquent Louise et Claire, en psychanalyse, c'est une parole incarnée, qui passe par le corps et fait vibrer au plus profond de soi ?

Dans notre monde d'êtres parlants, tout fait sens, tout est lié au monde des symboles. Le moindre éclat d'existence est éclairé par la charge symbolique qui lui donne sa signification en le reliant à d'autres symboles, à d'autres sens. Dès la naissance et même dans le ventre maternel, l'enfant baigne dans les mots et les désirs. Il est pensé, attendu, craint ; il est commenté, parlé ; il est représenté, fantasmé. Dès les premiers soins, la parole pour lui s'incarne, elle fait chair. Elle le baigne et donne sens à tout ce qui s'éprouve ou se découvre. Elle sculpte et creuse, enfouissant des messages anciens sous de nouvelles paroles, les rebrodant à loisir au gré de nouvelles connexions associatives.

Un vrai travail d'orfèvre, en somme. C'est pourquoi le travail sur le corps est si long en analyse ?

Long et déconcertant. Le travail sur le corps nous conduit à fouiller tout au fond de notre inconscient et de nos fantasmes, jusqu'à nos origines. À aller voir avant même notre naissance, dans le bain culturel maternel, parental, familial. Le rapport avec le corps puise ses racines dans les toutes premières expériences psychiques et dans le regard de ceux qui nous ont conçu et élevé. Inutile de dire que ce labeur ne peut que soulever de nombreuses résistances et déstabiliser notre équilibre personnel.

La psychanalyse vient-elle toujours à bout de ces troubles somatiques ?

À l'issue d'une psychanalyse, chacun peut faire une expérience déconcertante : un symptôme physique disparaît progressivement, on l'oublie, puis il revient en partie ou massivement et cède à nouveau. Là où toute thérapeutique médicale ou manuelle était depuis toujours inefficace, un simple massage peut faire merveille. Le miracle réside probablement dans la nouvelle organisation des mots et des maux dans la vie de celui qui a travaillé son désir et ses inhibitions pendant le temps de sa cure.

Reparlons du problème d'Isabelle, ce sang qui coule à l'intérieur. Le sang serait alors le symbole de la vie, de la souffrance, de la mort.

Nous baignons tous dans un inconscient culturel où le sang est symboliquement associé au flux vital, à la vie, donc à la souffrance. Il est également lié à la procréation et à la descendance. Chez les femmes, le sang est lié aux menstruations et à l'accouchement, à la douleur. C'est pourquoi beaucoup de problèmes d'identité, de féminité, de sexualité vont venir s'exprimer, se cacher et se révéler autour des questions de sang. Le sang des règles est une marque inconsciente de la féminité sur son versant génital et maternel. Enfantement dans la douleur, sang du sacrifice ou du supplice : la féminité et le sang font un pacte de douleur.

C'est donc différent pour un homme ?

Ne croyez pas qu'ils soient épargnés ! Pour un homme, le sang peut signifier la lignée, l'héritage, le patrimoine, la généalogie. Et l'honneur, celui qui arrête le duel, celui des combats, celui qui abreuve nos sillons. Bleu ou pas, le sang, pour certains, c'est la race. Le sang des hommes, c'est l'héritage des pères, l'honneur et l'amour de la patrie. Aujourd'hui, c'est l'ADN la signature génétique indiscutable qui permet de reconnaître la paternité, reste que les hommes ont longtemps considéré que leurs enfants étaient de leur sang et de celui de leurs ancêtres. On le voit, au niveau imaginaire et culturel, hommes et femmes n'ont pas le même sang. Mais, pour les uns et les autres, le sang est lié à la douleur et à la descendance.

Utérus, seins, ventre... Est-ce que le psychisme élit telle ou telle partie du corps pour s'exprimer ?

Le corps de tout le monde est habité de zones fortement sensibles. Déjà au niveau biologique, nous avons des terrains fragiles souvent depuis l'enfance ; des parties de notre corps sont plus vulnérables que d'autres. De même, au niveau du langage et de la représentation imaginaire. De la localisation culturelle des émotions. Ainsi le dos, que nous ne voyons pas, peut être le lieu d'agressions invisibles, de fatigues répétées ; la gorge qui permet de parler, mais aussi d'avaler, de ravaler ; le ventre, lieu diffus de bien des malaises internes, digestifs autant qu'affectifs, est aussi le giron de la maternité et des douleurs menstruelles de la féminité.

Dans le cas d'Isabelle, tout est vraiment centré sur l'utérus, le ventre. Quand elle me parlait, elle faisait glisser ses mains sur son ventre, pour mieux m'expliquer...

Ventre de femme, ventre de mère, ventre de maternité. La vie de toute femme est marquée par le passage pubertaire et la découverte de la sexualité génitale qui va réorienter durablement la féminité. Le ventre peut recevoir bien des douleurs et des symptômes qui ont à voir avec l'intime, avec le cœur de la féminité et de la maternité.

Existe-t-il des psychanalystes plus particulièrement versés dans l'étude du corps, le psychosomatique ? Ou n'importe quel type de psychanalyse peut-elle convenir dans ce cas-là ?

Dans la vie de tout le monde, de nombreuses manifestations de mal-être se concentrent sur des symptômes physiques occasionnant des déformations, des douleurs, voire des maladies graves. Ainsi, toute démarche psychothérapeutique rencontre la question du corps et surtout le rapport que nous entretenons avec lui et avec ses défaillances. La psychanalyse va mettre au jour le corps intime, singulier, celui que nous imaginons, que nous nous représentons et fantasmons. Le corps passé et le corps présent, le corps rêvé et fantasmé sont présents dans toutes les démarches analytiques, à travers les mots pour s'en plaindre et pour en parler.

Il existe toutefois des analystes plus spécialisés ?

La cure analytique concerne les patients valides qui peuvent se rendre à leurs séances. Mais l'approche analytique est précieuse également pour ceux qui sont hospitalisés. Certains psychanalystes apportent leur concours aux spécialistes en chirurgie ou en cancérologie pour aider à comprendre comment le patient peut s'aider lui-même à affronter sa maladie et à moins en souffrir. D'autres psychanalystes se sont spécialisés dans leurs travaux de recherche sur la question psychosomatique qui s'avère des plus difficiles. En effet, tout n'est pas toujours magique avec le corps. Il sait très bien résister aux effets du transfert et au travail de parole. Les symptômes peuvent disparaître et revenir, se déplacer, insister, s'imposer.

Transfert et contre-transfert

Nous retrouvons la question du sexe de l'analyste : Claire affirme qu'elle ne serait jamais allée voir une femme...

Cela ne veut pas dire qu'une femme n'aurait pas pu faire le travail avec elle. Cela signifie que Claire, avant l'analyse, ne pouvait pas parler à une femme. Besoin de séduire, peur de plaire, désir d'être aimé, crainte de l'être... Tout l'archaïque et l'infantile qui nous habite, et qui procède de nos choix amoureux, nous oriente vers un homme ou une femme ou nous fait vouloir à tout prix les éviter. C'est la condition préalable et inconsciente du transfert : nous allons vers qui notre cœur nous porte. C'est ce qui va donner au thérapeute l'aura préalable à la confiance nécessaire pour la parole. Ainsi, il arrive souvent que celui qui s'engage dans une deuxième cure change le genre de son analyste. Les blocages initiaux ou les impératifs de départ sont devenus moins vitaux, voire ont totalement disparu. Autrement dit, ce qui fait symptôme dans le choix de l'analyste a probablement cédé.

Claire avait vraiment besoin de ce rapport de séduction. Que serait-il devenu, avec une femme ?

Ce qu'exprime Claire est classique d'une première démarche vers un thérapeute. Chacun veut aller là où il se sent en familiarité, en fonction de ses propres schémas le plus souvent infantiles et inconscients. Pour les uns, c'est la séduction, pour l'autre la plainte, la querelle, l'envie ou la quête de pardon. Tout cela changera avec le travail psychique élaboré pendant les séances. Surtout lorsqu'il s'agit d'une psychanalyse, le patient ne restant pas longtemps en position de contrôler la relation. Certes, il va vouloir séduire son psy. Pas toujours chercher à le troubler sexuellement. Il peut aussi chercher à s'en faire admirer, à l'intéresser, le passionner, l'apitoyer... Toutes les gammes de la séduction peuvent teinter les premières rencontres, que l'analyste soit un homme ou une femme. C'est le métier du psy qui va lui permettre de comprendre et d'interpréter le désir de séduction actuel de son patient dans le registre plus complexe de ses désirs infantiles non élaborés.

Tombe-t-on toujours amoureux de son psy ?

Il arrive souvent que des sentiments très forts naissent chez le patient pour son thérapeute. Du véritable attachement, infantile, profond, tranquille, aux bouffées de désir amoureux et aux élans les plus passionnés, en passant par de plus doux sentiments, des pensées tendres, une idéalisation, du respect filial, de la dévotion, toute la gamme de ce que le patient est capable d'éprouver peut se déplacer sur son psy.

C'est bien ce que l'on appelle le transfert ?

Eh oui, et c'est la base et le moteur de la cure analytique. C'est d'ailleurs le moteur de toute psychothérapie et, plus généralement, de nombreux mécanismes de confiance. C'est ce qui permet de s'en remettre à ceux qui savent et à ceux qui soignent, comme le jeune enfant se fie à ses parents. En fait, le transfert, c'est toujours de l'amour. De l'amour confiant pour le transfert positif et de l'amour plus agressif et haineux pour les côtés plus négatifs du transfert.

Le transfert, c'est vraiment de l'amour ou du faux amour ?

C'est de l'amour infantile et inconscient. Il provient d'une période ancienne où la dépendance aux figures parentales était totale. C'est ce qui rend le transfert opérant : le patient déplace sur son analyste la charge émotionnelle de ses rêves, de ses fantasmes et de ses désirs enfouis depuis son plus jeune âge, qui sont toujours présents, toujours agissants à son insu et que la cure va permettre de révéler. Le psychanalyste va être objet d'amour et de haine, celui sur qui projeter les émotions et les pensées inconciliables qui ont provoqué blocages et symptômes et grâce à qui tout l'impensable peut être pensé, et tout amour, lorsqu'on l'éprouve, est du « vrai » amour.

Comment peut réagir le psy dont le patient s'éprend ?

Le métier du thérapeute, son savoir-faire, sa technique, son éthique et sa formation sont là pour lui permettre de se préserver des effets bouleversants du transfert. Plus encore pour le psychanalyste, car le moteur de la cure analytique est essentiellement le transfert. Et le transfert charrie des pulsions et des fantasmes inconscients. Il lui faut contenir les élans de son patient dans le cadre de la cure, renvoyant tous les émois à la réalité psychique et aux effets du transfert. La moindre de ses réponses sur le plan affectif, sentimental ou amoureux aurait des effets désastreux sur son patient.

Le psy ne doit donc pas répondre à l'amour de son patient ?

En effet, le thérapeute ne doit pas répondre, dans la vraie vie, à une flamme dont il n'est pas le vrai destinataire, le transfert réactualisant les brûlures d'amour de l'enfance. Pour le psychanalyste, c'est d'autant plus important que la matière que la cure met en travail n'appartient pas au conscient du patient. Les sentiments qu'il ressent, il croit parfois les éprouver réellement pour son psy, alors qu'ils sont empreints de fantasmes d'origine infantile. Leur répondre au lieu d'interpréter leur signification dans le transfert est non seulement une erreur technique mais c'est presque une usurpation d'identité. Même le plus amoureux des patients n'aime dans son psy que le reflet d'un autre amour manquant, perdu, oublié.

Arrive-t-il que les psys tombent amoureux de leurs patients ?

Oui, ce n'est pas exceptionnel. Il peut arriver qu'une émotion, un attachement, de l'intérêt, voire du désir naisse chez le thérapeute soumis aux feux transférentiels de certains de ses patients. En particulier, il est humainement difficile de résister à celui ou celle qui met en branle toutes les armes de la séduction. Il est des désirs qui suscitent le désir. Mais le thérapeute fait un métier à risque et il le sait. Le psychanalyste a passé des années sur un divan à éplucher son passé, fouiller dans son histoire, retrouver et analyser les moindres signes de ses propres fragilités, y compris sa vulnérabilité au désir de l'autre. Par ailleurs, il a bénéficié d'une formation, de groupe d'étude et de recherche, de séminaires, pendant lesquels il s'est confronté à l'expérience clinique des autres. En outre, il a dû se faire accompagner, pendant longtemps, en supervision, pour ne pas supporter seul les premières cures. En fait, un psychanalyste est toujours en travail, toujours en formation, toujours en recherche. C'est ce qui lui permet de ne pas se tromper de place. Quand on est dans le fauteuil, on ne peut partager ni le lit, ni le divan, ni le désir de ses patients...

De l'argent

On paie même quand on ne vient pas à sa séance. C'est dur, ça !

Lors d'une psychanalyse, la règle est posée au début : toute séance prévue est due. On en accepte la règle avant d'en comprendre la nécessité. Et l'on découvre bientôt que les séances, leurs dates, leurs horaires, et leur coût vont scander le temps de la semaine et organiser la temporalité singulière du travail psychique qui se met peu à peu en place. C'est ainsi que le paiement des séances va prendre son sens, au niveau de l'organisation du temps de la cure. Ce temps singulier, tel qu'il est amorcé dès les premières rencontres avec l'analyste, est un temps de travail, au sens d'élaboration psychique, qui ne correspond pas aux temps sociaux. Pendant tout le temps de l'analyse, quelque chose fonctionne en nous qui nous dépasse. Articulé au transfert, ça travaille en nous. Ça fonctionne, ça rêve, ça associe...

Payer permet donc de rester en lien ?

En quelque sorte. Le temps de la cure, c'est le temps de l'inconscient. Nuit et jour, en veille ou en sommeil, nos associations brodent sur le canevas de notre histoire présente et passée, réactualisée dans la relation transférentielle à l'analyste. Tant qu'on paie l'analyste, on est en lien avec lui, on est en lien et en travail. On ne le quitte pas. Il ne nous quitte pas. Le transfert nous tient. Nous rageons, nous sommes outré, nous comptons, nous pesons, nous divisons, nous sommes attaché et vigilant. Tant que nous devons payer, nous restons en lien transférentiel avec l'analyste, en lien avec ce que le travail analytique a soulevé en nous. Avec notre inconscient.

Payer même quand on part en vacances : franchement, n'est-ce pas excessif ? N'est-on pas dans l'arnaque pure et simple ?

Cela fait rager tout le monde et pourtant c'est d'une totale efficacité. Parce que les associations et élaborations inconscientes ne s'arrêtent pas sous prétexte qu'on se donne le temps des vacances professionnelles, sociales ou familiales. En règle générale, l'analyste annonce ses vacances. Pendant ce temps-là, aucune séance n'est prévue, aucune séance n'est due. En revanche, si vous souhaitez prendre des congés en dehors de cette période, vous devez payer.

En plein océan Indien, alors qu'elle séjournait à l'île Maurice, Louise est ainsi parvenue à débloquer sa névrose avec l'argent : ça l'a fait réfléchir !

Une telle injonction à payer pour ses choix fait réfléchir : que se passe-t-il donc dans votre vie pour que vous ne privilégiiez pas votre cure ? La régularité et la continuité des séances obligent à faire de sérieux choix, à savoir pourquoi on fait tel ou tel choix. Cela nous contraint à savoir où va notre désir et à voir à quel prix nous pouvons le maintenir.

Quant aux effets de la contrainte à payer, ils sont nombreux. Mauvaise humeur, réactions violentes, agressivité... ainsi le transfert à l'analyste se trouve envahi de pulsions hostiles en lien avec notre passé, notre enfance et nos rages enfouies. Autant de bonnes occasions d'y aller voir ! Il est alors fréquent que des nœuds anciens se débloquent.

Et si on refuse de payer les séances manquées ?

Ce n'est pas rare. On peut tout à fait se convaincre que c'est injuste et se décider à ne pas payer. Mais l'analyste rappelle la règle et énonce clairement ce qu'on lui doit. Il a compté les séances manquées, il sait ce qui lui est dû. Compte, dettes, créances. Payer ou ne pas payer. Payer pour qui, payer pour quoi. Payer comment... Celui qui refuse de payer peut être confronté à quelques-unes des problématiques essentielles que l'argent véhicule et que la dette réactive. Tout un travail associatif devient alors possible, autour des multiples sens de la dette psychique, de l'héritage, de la transmission, de la culpabilité, du remords, etc.

Décidément, tout est analysable, dans une psychanalyse ! Même le refus de payer est passé au crible ?

Eh oui, rien n'échappe à la parole et à l'inconscient ! Le refus de payer est replacé dans un contexte plus large, celui de l'enfance et de l'histoire familiale. Ainsi, il peut arriver de vivre ou de revivre une problématique infantile ou familiale enchevêtrée autour de la question de l'argent ou de la dette. Comme s'il avait fallu se mettre en situation de refuser de payer pour se voir confronté à une question personnelle essentielle impossible à affronter. Le refus de payer les séances devient alors comme une mise en acte de quelque chose qui n'aurait jamais pu se dire autrement.

En analyse, tout fait sens et tout alimente la machine inconsciente qui relie notre présent à notre passé, via le transfert. La dette, le sentiment d'injustice, le rapport à l'argent, toutes ces questions peuvent venir en séance et en rêve travailler l'analysant qui finit la plupart du temps par payer ce qu'il doit.

Pourquoi l'argent est-il si important ?

L'argent est le symbole majeur, universel qui peut tout représenter. Il peut signifier autant l'accès à la liberté que l'entrée dans la servitude. Associé à la survie, la lutte, la conquête, il peut aussi représenter l'opulence, le luxe, la décadence. Pour les uns, il sera synonyme d'amour, d'affection et d'attentions, pour d'autres de rancœur, d'humiliation et de haine. Pour beaucoup, il ouvre l'accès au pouvoir, au choix, mais aussi à la domination, à la puissance. Nos vies d'adultes sont toutes traversées par des questions d'argent, de coût, de valeur, de prix, au propre comme au figuré. Car l'argent n'est pas un signifiant infantile. C'est l'outil, le symbole, qui occupe les rêves et les fantasmes des adultes, représentant assez facilement les rêves et les fantasmes des enfants. Les questions de pouvoir, qui sont souvent associées à l'amour chez l'enfant, au pouvoir de plaire, au pouvoir de faire, se déplacent aisément du côté de l'argent. Freud a montré très tôt que l'argent était fantasmatiquement associé au pouvoir infantile des fèces, le caca cadeau, merveilleuse offrande que l'enfant peut faire, et renouveler, à partir de ce qu'il ressent comme étant une partie de son corps.

Pourquoi doit-on souvent payer en liquide ? Pourquoi pas en chèque ?

Symbole universel, dans nos sociétés soumises au marché et à l'économie, l'argent énonce pour chacun son niveau de vie, le coût de la vie, mais peut aussi se dissoudre dans les comptes, les crédits, l'abstraction des chiffres. Nous avons parfois besoin de sa matérialité pour en mesurer l'existence et l'importance. Les billets sont la preuve concrète, tangible de l'engagement dans la cure. On peut les « palper », comme disait l'ancien argot, en sentir la texture charnelle, en visualiser l'importance. Et les billets évitent de poser un intermédiaire, la banque en l'occurrence, entre le patient et son psy. Préparer ses billets à l'avance, pour ne pas chercher dans toutes ses poches comme le fait Louise, faire l'appoint pour ne pas attendre que l'analyste rende la monnaie, pour ne citer que ces deux exemples bien connus des analysants : de nombreuses questions de stratégie peuvent habiter le moment du paiement de la séance et le temps qui prépare et précède les séances.

Alors, que se passe-t-il quand on se fait rembourser par la Sécurité sociale ? Le symbole est-il moins fort ?

En effet, certaines cures, menées avec des psychiatres, peuvent être prises en charge par la Sécurité sociale. Cela veut dire que la société est concernée, qu'elle assume une part de la responsabilité de la prise en charge. Et pour cause : de nombreux troubles psychiques trouvent leur origine dans le stress de la vie moderne, dans la violence de la société, dans l'inégalité et la cruauté du monde du travail. Nous sommes alors dans le cadre d'une psychothérapie, qui peut être analytique, avec un psychiatre qui peut pratiquer la psychanalyse, ou toute autre forme de psychothérapie, et non dans la cure analytique proprement dite.

Seuls les psychiatres peuvent être remboursés ?

Seuls les psychiatres, qui sont des médecins, peuvent assurer des soins pris en charge par la Sécurité sociale. Il est absolument indispensable que ces soins soient possibles, assurés et remboursés. Et que les praticiens qui les proposent aient la meilleure compétence possible. Mais la démarche psychanalytique doit pouvoir se dégager de ce type de prise en charge. Elle est moins démarche de soin, ouverte à tous grâce à la solidarité de chacun, que démarche personnelle, individuelle, singulière dont on ne partage le risque ni le coût avec personne. Les deux dimensions de l'accès au soin me semblent difficiles à opposer, même si elles ne relèvent pas de la même démarche.

Le processus de guérison

La psychanalyse permet-elle de réconcilier le psychisme et le corps ? De faire respirer le corps, comme dans le cas de Claire ?

Il serait plus juste de dire : réconcilier le patient avec lui-même. Car il est impossible de séparer le psychisme du corps. Le psychisme fait corps. Il s'y incarne. C'est dans le corps qu'il parle, porte plainte, noue et dénoue, souffre ou jouit, imprime et exprime peines et désarrois. Il me semble juste également de dire que l'analyse permet de réconcilier l'analysant avec son corps. En effet, même si à l'issue de la cure analytique tous les symptômes corporels ne sont pas résolus, le rapport avec le corps a changé. Plus amical, plus simple, comme si une paix avec soi-même semblait possible. Le corps, qui était peut-être comme un champ de bataille traversé de tirs divers, peut s'autoriser à respirer et à se mouvoir sans toujours devoir se protéger.

Ensuite, chacun peut se donner les moyens de poursuivre la reconquête de son corps avec les diverses techniques à sa disposition. Le corps respirant mieux, c'est-à-dire ayant recouvré sa liberté et sa capacité à se guérir lui-même, peut se permettre d'aller mieux. En fait, on pourrait dire que le but du travail analytique est de permettre au patient de retrouver la liberté d'aller bien.

Claire, qui étouffait dans un carcan, a passé deux ans, selon elle, en « pré-analyse ». Elle fait une distinction nette entre le bavardage du début et la parole vraie.

L'expérience de Claire est fréquente. Il arrive souvent qu'un long travail thérapeutique précède l'analyse proprement dite. Au début, chacun de nous peut avoir envie de raconter son histoire. Il veut la faire connaître à celui qu'il a choisi pour thérapeute. La formation logique la plus élémentaire pousse d'ailleurs à exposer ses malheurs ou ses douleurs à celui qu'on vient consulter et à tenter de les expliquer. Comme on sait qu'on peut tout dire, et qu'on y est invité, on peut vouloir raconter dans le détail le menu de ses désagréments, gênes, rages, amours, rêves et soucis. Faire le tour de tous les membres de la famille, actuelle, et d'enfance, des collègues de bureau, des amis ou des amants peut prendre d'ailleurs un certain temps ! Sans être tout à fait du bavardage, ces séances restent pleines de la vie quotidienne et de l'exposé factuel de son contenu. La logique et le conscient dirigent la parole.

Pour reprendre les propos de Claire, faut-il toujours un temps pour passer d'un cercle à un autre ? Pour se laisser glisser sur le « toboggan » ? Pour qu'émerge cette parole vraie ?

Les choses basculent parfois tardivement. Il faut un élément déclencheur. Par exemple, lors d'un récit logique ou d'une réminiscence, l'analyste va répéter un mot ordinaire et, en l'entendant, le patient se laissera aller à faire une association incongrue. Ainsi, d'association en association, se laissera-t-il aller sur le chemin des enchaînements hors logique qui font émerger des nœuds plus inconscients. À un rêve, par exemple, s'associera un souvenir, un lapsus ou une vague impression. La parole se laissera aller sans provoquer le sentiment de s'égarer ou de devenir insignifiante. Elle s'alourdira et s'incarnera ainsi, se chargeant de vérité psychique. On sera alors passé d'une parole récit, explicative ou plaintive, à une parole vraie, c'est-à-dire qui parle de ses vérités.

On dirait que le premier effet de la psychothérapie, comme l'indique Isabelle, est de permettre de s'affirmer, de se rebeller.

La psychothérapie sert de levier, de point d'appui pour permettre au patient de prendre ou de reprendre sa vie ou une partie de sa vie en main. Première étape, effectivement, pour pouvoir aller plus loin : se considérer comme une personne et s'autoriser à vivre sa propre vie. Une vie qui peut être encore très souffrante et difficile, mais qu'on s'accorde le droit de porter seul. C'est la base pour entreprendre un travail sur soi par la parole et dans le transfert : exister. Même douloureusement.

Il arrive qu'il faille de nombreuses étapes et un long cheminement thérapeutique pour que quelqu'un s'autorise à vivre sa vie. La rébellion, alors, n'est pas la première étape mais l'issue ou l'une des issues du voyage. Dans les cures, c'est comme dans la vie, tout est possible. Les chemins de la guérison et du mieux-être sont aussi complexes et singuliers que les gens eux-mêmes.

La psy a vraiment aidé Isabelle à quitter son conjoint maltraitant ?

La psy d'Isabelle lui a permis de quitter son conjoint, lui donnant l'autorisation de penser qu'elle pouvait le faire, qu'elle en aurait bientôt la force. Elle ne l'a pas incitée à le faire. En tout cas, c'est la position la plus juste qu'un thérapeute puisse prendre.

De nombreuses thérapies fonctionnent sur la relation d'aide et le développement personnel, ce n'est pas le cas de la psychanalyse. La cure permet au patient d'évoluer vers le changement, de l'intérieur. Et lui donne la liberté de choisir son évolution. Le psychanalyste n'a théoriquement aucun projet pour son patient, aucun autre projet que de lui permettre d'en avoir lui-même.

Les psychanalystes ne sont donc pas directifs ?

En France, on n'attendra jamais d'un psychanalyste d'intervention directe dans la vie de son patient. Tout le travail de la cure se fait dans la parole qui mobilise et libère les fantasmes, les rêves, les actes manqués, les symptômes, toute la production inconsciente dans quoi la vie passée et présente s'incarne. En général, les psychanalystes se gardent bien d'inciter leur patient à agir ; celui-ci est le seul capable de gérer sa vie, puisque c'est lui seul qui la vit. Une des règles d'origine de la psychanalyse était même d'éviter d'entreprendre de grands changements dans sa vie pendant la durée de la cure. L'allongement des analyses l'a probablement fait tomber en désuétude.

Le rapport avec le corps change avec la psychanalyse. Isabelle devient beaucoup plus coquette, féminine, très jolie. Elle maigrit même. La psychanalyse peut-elle faire maigrir ?

Il est fréquent que la cure agisse sur le corps au niveau des sensations qu'il procure. Elle libère la capacité à le ressentir, à en jouir et incite à mieux l'habiter. Lorsque la surcharge pondérale est liée à une question d'inhibition de la féminité par exemple, il est fréquent que la patiente mincisse en recouvrant ou en découvrant son droit à jouer de son corps, à bouger, à le sentir et à en profiter. Un amincissement peut s'ensuivre.

Mais la psychanalyse ne fait pas maigrir toujours durablement. Le travail sur soi-même permet d'assumer qui l'on est et ainsi d'être mieux dans sa peau, même avec une corpulence non standard. On peut dire aussi que la psychanalyse donne le droit d'être gros !

La psychanalyse aide-t-elle à pleurer? Sur soi, sur le monde ? Claire s'est mise à pleurer sur l'enfant qu'elle était, Isabelle était inondée de larmes au cinéma...

Le travail analytique libère la capacité à souffrir, autrement dit la capacité à élaborer la douleur. Ressentir la douleur et l'exprimer, ce n'est pas suffisant. Il faut en faire quelque chose.

Beaucoup de thérapies non analytiques se lancent dans le projet de libérer la souffrance enfouie, pour faire remonter la plainte, le droit à la plainte. Il arrive même que le patient acquière alors un vrai statut de victime dont il ne réussit pas à sortir. Il pleure mais n'arrive pas à cesser de chercher une oreille pour sa plainte, car l'adresse de son malheur est une de ces figures inconscientes qu'un transfert non analytique ne lui a pas permis d'aborder.

Il est pourtant nécessaire d'en passer par là ?

On peut mettre à distance ce qui ferait mal et se protéger par les nombreux mécanismes de défense qui se construisent en nous pour nous permettre de survivre à notre enfance. Dans ce cas, les larmes et la plainte sont une étape nécessaire. Pour nous permettre de lâcher, il faut avoir une énorme confiance dans un cadre extérieur à nous. C'est ce qu'offre le cadre de la cure, par le biais du transfert. C'est pourquoi certaines séances sont inondées de larmes. Ces larmes peuvent couler pendant la séance et envahir tout l'espace transférentiel, au point de bloquer la parole, le temps nécessaire pour que les associations reviennent.

On peut pleurer aussi de façon décalée, comme Isabelle ?

Les pleurs peuvent aussi – et c'est fréquent – ne se mettre à couler qu'après qu'un élément déclenchant les a réveillés. Le mot, l'émotion ou l'événement qui déclenchera la crise de larmes sera en lien étroit, mais parfois difficile à trouver car très souterrain, avec la problématique intime du patient. Une séance de cinéma, alors, pourquoi pas ? Les larmes viennent parce qu'on voit souffrir un chiot ou pleurer un enfant. La barrière inconsciente s'est levée et les larmes peuvent surgir ! Reste à les intégrer dans un tissu plus serré, celui de l'enfance et des figures parentales terrifiantes qui les interdisaient, par exemple. Il faut donc, cette fois encore, retourner au passé, visiter ses racines...

Louise parle d'enracinement sur le divan, comme si son corps se mettait à peser. La psychanalyse permet-elle cet enracinement ?

Si vous entendez s'enraciner au sens d'enfoncer ses racines dans le sol de son histoire, personnelle et familiale, alors oui, la psychanalyse permet de s'enraciner. Elle nous donne les moyens de nous inscrire dans notre passé, dans notre histoire, de nous relier à nos expériences inconscientes, à toute la trame de notre réalité psychique. Elle permet de vivre le présent et de se projeter dans l'avenir. Car c'est bien un juste enracinement qui donne de la légèreté. Il s'agit de savoir dans quelle histoire s'ancrer pour pouvoir voguer, prendre appui dans son sol personnel pour prendre son élan. En prenant le temps de visiter les moindres recoins de la mémoire personnelle et de comprendre la charge des transmissions familiales, la cure permet de se libérer des contraintes, de se dégager des lourdeurs, des répétitions, des injonctions et des inhibitions qui s'y étaient inscrites. C'est pourquoi on peut également avoir l'impression qu'elle donne des ailes. En nous rendant nos racines, elle nous donne l'usage de nos ailes.

Technique et éthique psychanalytiques

Trois fois par semaine, comme Louise, ça peut sembler énorme. Toute sa vie en est forcément bouleversée, non ?

Cela semble énorme avant de commencer. Et aussi parfois pendant la cure, pendant certaines périodes de résistance. Mais, globalement, cela pèse bien moins qu'il ne le paraît. Certaines cures se font sur la base classique de trois fois trois quarts d'heure par semaine. Autrement dit, la semaine est ponctuée, organisée autour des séances. Les horaires, comme le prix, deviennent les éléments autour desquels la vie se met à tourner. Rien n'échappe à cette structure qui commande tout le reste. Le prix de la séance devient parfois comme une espèce de mètre étalon qui permet de mesurer le coût des choses. Robes, cadeaux, vacances, caddies, loyer même sont comparés au prix de la cure.

Tout se compte donc en équivalent séance? C'est ainsi que l'analyse nous prend la tête et nous prend la vie !

Quels qu'en soient le rythme et la fréquence, cette présence de l'analyse dans notre vie est nécessaire pour que restent présents et disponibles les rêves, les lapsus, les associations que la vie ordinaire, ses contraintes et son économie tendent à refouler. Car la machine inconsciente tout comme notre vie consciente cherchent à se protéger du travail analytique. La fréquence des séances maintient l'esprit en travail, sa régularité crée un cadre, une forme, une règle. Et, comme chacun sait, la règle nous tient...

Pourquoi passer de deux à trois fois par semaine ? Est-ce justifié ?

C'est la question que se posent, ensemble la plupart du temps, l'analyste et l'analysant. Dans une psychanalyse classique, la vitesse de croisière, c'est trois séances. Autrement dit, passer à trois séances, c'est normal. C'est signe d'une maturité du travail psychique. Le psy en fait la proposition à son patient lorsqu'il sent que celui-ci est vraiment en travail, qu'il élabore et que des choses essentielles pour lui se nouent et se dénouent. Le rythme serré des trois séances se met alors réellement à orchestrer toute la semaine. C'est extrêmement bénéfique pour celui qui rêve toutes les nuits et qui cherche à revivre et à comprendre des pans entiers de son existence passée et de ses troubles et difficultés actuels.

Qui en décide ?

Le passage à trois séances est souvent l'occasion d'échanges vigoureux, car il faut trouver un jour, une heure, reparler argent, etc. Autrement dit, ça fait causer. D'ailleurs, en règle générale, chaque changement dans le protocole initial donne lieu à des discussions, parfois serrées, pendant lesquelles l'analysant peut avoir l'impression de se faire mal entendre par son analyste. Les modifications, qu'il s'agisse d'un changement de date, d'heure, de séance, de vacances, de jour, de prix, peuvent devenir l'occasion d'échanges forts, durs, voire douloureux dans lesquels le transfert est mis à mal. Le patient trouve son psy trop sévère, trop exigeant, impitoyable ou indifférent. Et tout ce qu'il lui reproche est analysé avec précision par un psy qui, même s'il n'est pas bavard, est loin d'être sourd !

Isabelle refuse la proposition de sa psy de s'allonger. Pourquoi le divan fait-il si peur, parfois ?

On peut imaginer que le divan terrorise à cause de la position couchée souvent associée à la mort, à la maladie ou à l'amour. Autant de scènes angoissantes pour celui qui peine à vivre sa vie. Peur du lit et du sommeil, peur du noir. Peur de l'hôpital ou de la mort. Peur de s'offrir et peur des rapports sexuels. La position couchée réactive toutes les angoisses liées au lit. En plus, en position allongée, on ne voit plus son thérapeute. On peut avoir le sentiment de moins bien le contrôler. On peut craindre aussi de moins diriger son propre discours. Être allongé, presque détendu, voire relâché, pour certains, c'est l'horreur ! C'est pourquoi s'allonger peut être refusé par ceux qui veulent garder la maîtrise de leur cure en gardant la maîtrise de leur parole.

C'est un changement fondamental ?

S'étendre, voire se détendre. Laisser tomber l'échange de regards que permet la position en vis-à-vis. Lâcher le face-à-face de nos rapports sociaux habituels. Ne plus voir son interlocuteur, ne plus pouvoir savoir comment il réagit à ce qu'on dit, ni même s'il écoute vraiment. C'est un changement fondamental ! Parler sans regarder, ce n'est plus parler à quelqu'un, c'est pouvoir se laisser aller à parler à soi-même.

Arrive-t-il qu'on s'endorme ?

Oui. Il peut arriver que le patient s'endorme. Pas profondément, pas longtemps, juste le temps de plonger dans un mini-rêve impossible à retenir et à raconter. C'est rageant, mais c'est ce que permet la position allongée. On est en rapport avec soi-même et aux prises avec son psychisme. C'est aussi une des manifestations des résistances internes à la cure et à l'invitation à parler, à associer.

Le psy de Louise lui a proposé de la revoir après la cure. Est-ce habituel ?

Je suis surprise par cette démarche. Elle n'est pas classique et pas du tout orthodoxe, surtout lorsqu'il s'agit d'une psychanalyse. Il n'est pas question ici de juger les thérapeutes sur leurs techniques, seulement de souligner les effets possibles pour le patient. Il existe certainement des démarches où le thérapeute peut avoir des relations sociales, voire amicales, avec ses patients. Ce n'est théoriquement pas le cas du cadre analytique : le psychanalyste n'est pas censé établir de relations avec l'analysant. Leurs rencontres et leurs échanges sont circonscrits dans le cabinet, le lieu du transfert, des associations, des fantasmes. La réalité fantasmatique l'occupe totalement. Pour qui s'en tient à la cure classique, l'analyste doit éviter toute relation sociale ou affective avec ses patients pour éviter d'entretenir des confusions entre les niveaux de réalité.

Tous les psys partagent-ils votre point de vue ?

Ce point de vue n'est probablement pas partagé par tous les analystes, surtout ceux qui ont une présence sociale ou mondaine forte. Il leur est difficile, sauf à vivre sur une île déserte, de ne pas rencontrer leurs patients. Certains ont modifié le schéma de la cure type en l'adaptant à leur conception du transfert en fonction de leur propre sensibilité, le plus souvent sans aucun dommage pour les patients. Inutile d'être rigide ; l'intégrisme n'est pas meilleur en analyse qu'ailleurs.

Le psy a-t-il le droit de prendre des nouvelles d'un patient, d'une patiente quelques années après ?

Tout dépend du psy. Tous les psychothérapeutes ne pratiquent pas avec la même technique ni la même éthique. Le psychanalyste n'est pas du tout censé intervenir dans la vie de ses patients. Ni pendant la cure ni ensuite. Telle qu'elle est relatée là, l'intervention de la psychothérapeute d'Isabelle me surprend beaucoup. L'erreur de numéro est toujours possible. C'est alors un acte manqué dont tout psy, même après une analyse, est capable. Elle pensait peut-être à Isabelle et l'a appelée sans l'avoir vraiment décidé. Lui dire bonjour dans ce cas-là, lui demander de ses nouvelles aurait été poli et tout à fait suffisant. Ensuite, la psy pouvait se poser des questions sur les ressorts inconscients de son acte manqué.

Mais lui parler des enfants, cela vous semble habituel ?

Oui, je décroche sur la question des enfants et sur la suite concernant l'âge et la maternité. Non seulement c'est une intervention directive en dehors de toute consultation et de tout cadre, mais c'est une interprétation, une injonction, une parole nourrie du secret de la cure et qui ne devrait jamais en sortir.

Parlons donc du secret : le psy peut-il parler de ses patients à d'autres personnes ?

Les médecins sont soumis au secret médical. Qu'ils soient thérapeutes ou psychanalystes ne change rien à leur devoir de silence. Ce qu'ils entendent ne peut en aucun cas être révélé. Ce secret est d'ailleurs, sauf dérogations exceptionnelles, opposable en justice. Pour témoigner en justice, le médecin doit avoir été commis comme expert par les tribunaux ; sinon, il ne peut rien dévoiler de ses patients.

Les psychologues qui travaillent en libéral, ceux qui reçoivent en ville, par opposition à ceux qui pratiquent dans les institutions, ne sont pas tenus au secret professionnel mais au droit de réserve qui les tient à la confidentialité. De même pour les psychanalystes qui ne sont ni médecins ni psychologues, mais dont la qualification et la formation ont été obtenues et conduites dans une école analytique.

Indépendamment des questions juridiques qui définissent les professions soumises au secret professionnel et qui donc peuvent être poursuivies en justice pour l'avoir levé, les métiers psychothérapeutiques ont pour éthique la confidentialité.

La confidentialité est donc indispensable ?

C'est la base de tout rapport de parole. Le devoir de tout thérapeute, quelle que soit la technique thérapeutique qu'il pratique, est de tenir secrètes les confidences de ses patients, tout autant que son diagnostic et la totalité de ses propres associations et interprétations. Il est évident que la règle qui fait tenir toutes les autres est le professionnalisme du psy : sa qualification et le travail qu'il a fait et qu'il continue de faire sur lui-même. Qu'il soit médecin ou psychologue, qu'il ait été qualifié thérapeute ou psychanalyste par une école analytique ou une formation thérapeutique, il ne peut se déclarer psychothérapeute et le rester sans un vrai travail psychique sur lui-même. Les diplômes, médicaux ou universitaires, la qualification et la formation sont nécessaires, mais seul le vrai travail personnel donne du métier au psy.

Comment savoir qu'on a le bon psy ?

Le transfert nous le fait idéaliser ; chacun souhaite donc que son psy soit le meilleur possible. On voudrait même parfois avoir un psy parfait ! Comprenons que c'est un leurre. Le psychothérapeute, médecin ou psychologue, psychanalyste ou pas, est un professionnel. Il a acquis une technique, il a du métier. Il connaît son métier. Il peut lui arriver d'être connu voire renommé. Pourquoi pas célèbre. Mais il reste un humain. Théoriquement rodé à la connaissance de l'inconscient, il est censé comprendre et maîtriser ses pulsions et ses propres fantasmes. Le reste est une question de travail, à commencer par celui que va faire le patient sur le divan ou dans le fauteuil. C'est lui qui fait le principal ! C'est pourquoi on l'appelle l'analysant.

Peut-on faire du bon travail avec un mauvais psy ?

On peut faire de l'excellent travail avec quelqu'un de très ordinaire, de consciencieux, de fiable. Même si l'ego de certains patients réclame d'avoir droit au meilleur, il faut reconnaître que quelques ténors de la psychanalyse ont lamentablement raté quelques cures alors que des psys bien plus modestes ont largement mené à bien des cures très difficiles.

Peut-on se remettre, lorsque le psy déraille ou sort du cadre ?

On se remet de tout, vous savez ! Certains passages à l'acte du psy après la fin de la cure peuvent bousculer l'analysant qui avait gardé des bribes de transfert attachées à son thérapeute. Mais ce sera de courte durée. Plus graves sont les erreurs, les actings, les transgressions pendant la durée de la cure. Ces manquements à l'éthique ou ces débordements du cadre peuvent bouleverser l'équilibre du patient et lui faire frôler des dépressions ou des effondrements graves.

Il y a donc des charlatans ?

Comme dans tous les métiers. Tout le monde n'a pas la même valeur professionnelle. Il y a ceux qui sont débordés par leur entreprise psychothérapeutique. Certes, quelqu'un peut se proclamer psychothérapeute sans avoir de formation ni médicale ni universitaire, et nous dirons que c'est un charlatan puisqu'il a usurpé le titre et la fonction. Mais d'autres cas sont plus délicats. Quelqu'un peut être médecin ou psychologue, reconnu et diplômé, et n'avoir pas de formation technique suffisante, ne pas avoir de contrôle ou de supervision, et surtout ne pas avoir fait un travail suffisant sur lui-même pour protéger son patient de ses émois personnels. Cela peut donner un bon professionnel dans les domaines de sa compétence, médicale ou psychologique, mais de gros ratages s'il se lance dans une prise en charge psychothérapeutique ou psychanalytique – des débordements, des passages à l'acte, des erreurs de positionnement. Il ne s'agit pas à proprement parler de charlatans, mais de professionnels qui se lancent sans protection ni garantie dans le difficile travail sur la souffrance psychique.

Cela arrive souvent ?

Plus souvent qu'on ne le pense. On focalise notre attention sur les charlatans, les imposteurs, en oubliant de souligner la faiblesse de ceux que leur statut leurre sur leurs propres capacités à exercer ce travail psychothérapeutique et psychanalytique. Toutes les règles que nous abordons ici – l'argent, le temps, les séances, le divan, le transfert, le silence, la neutralité bienveillante, la libre association, etc. – demandent au patient de se soumettre au cadre que le psychanalyste lui garantit. La première condition est que celui-ci soit un psychanalyste, qu'il en ait la formation personnelle initiale et continue, la technique et l'éthique.

Frédéric Mitterrand, réalisateur, écrivain, animateur

« Parti avant la fin du film »

Il porte un pull bleu mousseux, une veste de blazer. Son sourire éclatant contraste avec ses yeux tristes. « Je vis un gros stress depuis quelques jours », dit-il pudiquement. Au café Le Concorde, dans le VIIe arrondissement de Paris, où il semble avoir ses habitudes, Frédéric Mitterrand annonce d'emblée avoir fait une analyse, une vraie – « mais pendant deux ans ». « C'est trop peu n'est-ce pas ? » interroge-t-il, avec le sourire désolé de celui qui est parti, peut-être un peu vite, qui s'interroge, doute et y reviendra peut-être... Il a le regard franc, ne tortille pas, accepte toutes les questions, nous prévient qu'il n'est « pas impudique, mais pas menteur non plus » ; qu'il est même « tout simplement passionné par la vérité ».

Déception amoureuse

C'était en 1982. L'homme que j'aimais est parti. Je me suis retrouvé foudroyé par la douleur. Immergé avec le sentiment de ne pas pouvoir m'en sortir seul. La psychanalyse faisait partie de ma culture et ne m'effrayait d'aucune façon. Je crois même que je devais y songer en silence depuis un moment déjà. Mais généralement on ne franchit le pas que quand la souffrance se met à devenir insupportable, n'est-ce pas ?

Un ami m'a donné les coordonnées d'un psychiatre freudien. J'étais dans un tel état que la question du divan – s'allonger ou pas ? – ne s'est même pas posée. Il fallait faire vite et la position allongée permettait une régression plus rapide vers l'enfance. Mon psy m'a d'emblée proposé de venir trois fois par semaine, à raison d'une heure par séance. Vous voyez, c'était la totale ! Un vrai gros boulot. Je n'ai jamais loupé une seule séance et j'ai dû l'appeler trois fois pour lui dire que j'aurais cinq minutes de retard, mais c'est tout.

Une heure, c'est long ! Trois heures par semaine, c'est un sacré timing, qui vous oblige à jongler avec votre emploi du temps. Mais c'est le temps nécessaire pour visionner les bobines de film de votre enfance. Jamais je n'aurais supporté les séances-éclairs, avec un lacanien par exemple. C'eût été au-dessus de mes forces ! Ce monsieur était un grand pro. Il avait environ quarante-cinq ans, je me souviens d'un physique assez beau, assez sportif. Je le payais en liquide, toutes les deux ou trois séances.

Rupture d'adulte, ruptures d'enfance

Je n'ai jamais eu de séances blanches, de silence. J'avais tant de choses à dire, tant de choses à pleurer. Je m'allongeais et hop, c'était parti. J'avais refoulé, étranglé tant de souffrances en moi que ce n'était vraiment pas un problème de parler.

J'ai rapidement compris que cette rupture, si douloureuse, cristallisait toutes les ruptures que j'avais vécues dans l'enfance et plus jeune – que j'avais refoulées, occultées, que j'avais vécues parfois sans souffrir, comme un enfant docile que j'étais. Car j'avais beaucoup de mal à exprimer par exemple des sentiments négatifs comme la colère. Alors, tous ces chagrins d'enfant, je les revivais sur le divan, où je vivais des flashs, des arrêts sur image. Je me suis souvenu, par exemple, de la mort du petit rouquin, un copain de vacances. Un jour, j'arrive à Évian, mon lieu de vacances. La maison du petit rouquin est fermée... Cette bobine, je l'ai visionnée longuement sur le divan ! Une dame vient alors me dire qu'il s'est passé un drame affreux, que le petit rouquin est mort noyé. Je l'ai écoutée tranquillement, comme si elle parlait à quelqu'un d'autre, puis j'ai tourné les talons. Cette souffrance, que je ne me suis pas autorisé à ressentir alors, je l'ai exprimée sur le divan. J'ai pleuré, pleuré... Comme seuls les enfants savent le faire, à gros bouillons, à gros sanglots.

C'est ça, le principe de la psychanalyse : faire remonter à la surface tous ces noyés, métaphoriques ou réels, qui végètent, qui ont fini par creuser le lit de la souffrance en vous. À partir de l'histoire du petit rouquin, j'ai aussi parlé de ce talent que j'avais d'occulter le réel, ce réel qui m'effrayait.

Un peu trop docile

Ma souffrance, extrême à l'époque, provenait d'une difficulté à me révolter contre celui qui m'avait fait du mal. Impossible de ressentir de la colère ! J'étais un enfant observateur, qui engrangeait tout, doté d'une mémoire d'éléphant, ce qui prouve bien à quel point j'étais comme une éponge, que je m'imprégnais de tout sans m'en dégager. Le problème est que j'acceptais tout. J'étais d'une docilité incroyable. Je voulais me faire aimer à tout prix. Même au prix de l'humiliation. Je me suis rappelé toutes les anecdotes de mon enfance... Notamment celle où Quentin, un adolescent très affranchi, s'est mis à cracher un énorme glaviot sur mon cocker noir, qui couinait – et moi qui suis parti dans ma chambre en pleurant de rage.

En remontant plus loin dans mon enfance, j'ai reparlé à mon psychanalyste de tous les attachements que j'avais eus, en particulier aux gouvernantes, et surtout à « la méchante », cette nounou qui me giflait et me torturait à sa manière. Tous les enfants s'attachent aux adultes qui s'occupent d'eux ; c'est le fameux syndrome de Stockholm, bien connu aujourd'hui. J'étais de ces enfants-là, de ceux qui se taisent, parce qu'ils sont persuadés qu'ils méritent ce que le bourreau leur inflige ; et alors le bourreau y trouve une excellente raison pour continuer. Ça continuait, donc. Les coups pleuvaient sur moi à la moindre peccadille. Elle me terrorisait, elle me plongeait la tête dans l'eau froide de la baignoire sous prétexte que je n'étais pas assez réveillé, elle m'enfonçait des cotons-tiges jusqu'au tympan... Les coups, c'était aussi l'interdiction absolue de tousser quand j'en avais envie, cette sensation d'oppression, cette terreur, cette vie aux aguets dans l'attente des punitions. Et tout ça a duré dix ans. Mes frères ont été battus eux aussi, mais sont partis. Moi, je suis resté avec elle. Elle faisait écran entre moi et le reste du monde. Sans doute me protégeait-elle de ce que je ne voulais pas voir.

Un jour, racontai-je à mon psy, ma mère, alertée par une voisine, était rentrée d'urgence, effleurée par le doute. Elle a surgi en pleine scène de brutalité ordinaire, alors que mon visage était encore rouge des gifles que je venais de recevoir. Atterrée, elle a voulu la renvoyer. J'aurais pu saisir ma chance, mais j'ai fondu en larmes ; je me suis opposé à son départ, prétextant une simple chiquenaude sans gravité. Quand elle a su qu'elle restait, elle m'a battu, histoire de dire que le contrat n'avait pas changé. Alors, j'en ai repris pour deux ans. Je me complaisais dans cette souffrance. C'était une bouée de sauvetage. J'ai compris ainsi comment j'avais pu par la suite, au cours de cette histoire d'amour avec ce garçon qui m'avait largué, accepter d'être maltraité à ce point.

Séance fondamentale

Un jour, environ un an après le début de mon analyse, j'ai vécu une séance cruciale. Quelque chose que j'avais refoulé. J'ai revécu avec un luxe de précisions incroyable un souvenir de rentrée des classes. C'était l'entrée au collège Janson-de-Sailly, dans le quartier où j'ai passé mon enfance, près de l'avenue Henri-Martin. J'avais onze ans. Je ne suis pas allé dans ma classe au nom de Mitterrand, mais dans la classe de quelqu'un qui portait le nom de mon beau-père, un patronyme assez répandu. J'ai donc usurpé l'identité de quelqu'un d'autre – un vrai acte manqué ! Après avoir fait l'appel, on m'a dit que je m'étais trompé de classe, on a cherché à m'expulser mais j'ai pleuré, je voulais absolument rester dans cette classe-là. On a appelé le directeur, ça a fait un vrai foin et on m'y a laissé. C'était un souvenir extrêmement douloureux, j'en ai pleuré, beaucoup. Car il y avait la réaction des autres, le sentiment de panique que j'avais éprouvé à me retrouver en quelque sorte sous un autre nom, l'identité dont je ne voulais pas... Et puis, ce souvenir en dit long sur ce déni du réel qui me frappe parfois. Il m'arrive d'être aveugle. Je n'ai pas vu par exemple qu'un de mes amis proches était atteint du sida. Je me disais : « Il a maigri, il a perdu ses cheveux »... Mais il y a certaines choses que je ne veux pas voir. Comme si quelque chose en moi faisait écran entre moi et la réalité. Et quand j'emploie le terme d'« écran », ce n'est pas par hasard, pour un cinéphile !

Ce jour-là, quand j'ai raconté cette fameuse rentrée, j'avais tant à dire qu'il m'a gardé plus longtemps que prévu : une heure trente à parler ! Bizarrement, je n'ai même pas entendu le coup de sonnette du patient suivant. Je n'ai entendu personne. Il m'a laissé pleurer sans me déranger.

Déstructuré après chaque séance

Après chaque séance j'étais totalement défait. Je me reconstituais, difficilement, dans un café, à côté de son cabinet, devant un double express. Jusqu'au jour où, environ six mois après le début de mon analyse – je me sentais vraiment très, très mal –, je lui ai demandé des médicaments, qu'il a refusé de me prescrire. Comme les psychanalystes qui refusent d'intervenir dans le réel. C'était un pro.

J'ai eu avec mon psy le sentiment de faire un voyage au long cours. C'était un guide, un skipper, qui ne devait pas quitter sa tâche cinq minutes. Donc qui ne prenait pas le temps de me réconforter, de me consoler. Car il devait mener la barque – l'inconscient, les forces obscures, appelez cela comme vous voudrez – où il fallait.

Et ça, c'était très rassurant. Il intervenait à quatre ou cinq reprises au cours de la séance, pour m'aider à faire le lien entre les séances. Jamais je ne lui ai posé de questions sur sa vie privée. Je n'ai pas cherché à savoir s'il était marié, s'il habitait là. Je connaissais les règles du jeu, la fameuse neutralité. C'est pourquoi, un jour, quand je l'ai rencontré dans la rue avec son sac de sport (il avait cinq minutes de retard), j'ai eu un choc ; un sentiment désagréable, comme quand on voit un de ses parents à poil !

Et puis, six mois avant la fin – j'en étais donc à dix-huit mois d'analyse –, j'ai senti que nos relations changeaient. J'ai commencé à devenir agressif à son égard – sans doute commençais-je à exprimer un début de colère. Je lui disais qu'il ne m'aidait pas, que tout cela ne servait à rien... Dans le même temps, je sentais aussi que je m'attachais à lui. C'est curieux, d'ailleurs, cette colère que j'avais tant de mal à exprimer, dans d'autres circonstances ! Nous avions achevé un cap, il fallait passer à quelque chose d'autre. J'avais peur aussi de tomber sur un souvenir qui m'aurait fait du mal, de me perdre dans un grenier de mon enfance, de ne pas savoir revenir à la surface.

La coupure s'est faite d'elle-même. C'était avant les grandes vacances, je lui ai dit que je ne reviendrais pas à la rentrée. Il m'a répondu : « C'est une erreur, vous devriez continuer, je vous attendrai à la rentrée. » Mais je n'y suis pas retourné. Ce qui est curieux, c'est que, moi qui ai été si ponctuel, qui l'ai toujours payé rubis sur l'ongle, j'ai laissé les deux dernières séances impayées ! Peut-être est-ce un signe ? Le signe que le travail n'était pas vraiment terminé, qu'on ne s'était pas vraiment dit au revoir. Il ne m'a jamais rappelé, n'a jamais demandé non plus de lui régler ces séances. Alors je pense que ces deux impayés ont une signification profonde.

Parfois envie d'y revenir

C'est quelqu'un avec qui j'aurais dû peut-être faire cinq, six, sept années de cure. Je suis parti un peu tôt. Ce qui est drôle, c'est que je continue à rôder dans ce quartier, dans le café où je me ressaisissais après chaque séance. Peut-être reviendrai-je le voir. Si je m'offre une autre tranche, ça sera avec ce psy et pas un autre. En tout cas, j'en ai eu envie à quelques reprises, à quelques gros coups de cafard, mais je ne l'ai jamais fait.

Aujourd'hui, je ne crains pas l'effondrement psychique, mais plutôt un déplacement sur le corps, une maladie psychosomatique comme un cancer, parce que le corps encaisse ce que l'esprit refoule. J'ai arrêté aussi parce que je ne voulais pas être victime d'une autre perversité. L'analyse vous amène à la liberté, bien sûr. Mais certains y vont dix ans, quinze ans ! Et on surinterprète volontiers les choses. On est toujours dans la surinterprétation. Et ça, c'est le manque même de liberté.

Le malheur face à soi et non plus dans le dos

Je ne dirais pas que la psychanalyse m'a rendu au bonheur. Je ne suis pas quelqu'un d'heureux. L'analyse n'a rien réglé. Elle m'a permis de classer les choses et, surtout, d'avoir la souffrance devant moi plutôt que dans le dos. Le malheur, il est devant moi. Ça ne vous épargne pas plus que d'autres les difficultés à vivre. Nous partageons tous la même condition tragique ! Il m'arrive d'avoir de gros moments de blues, bien sûr, mais jamais d'immersion dans la souffrance.

Quand vous la voyez, vous êtes lucide, vous avez les moyens de faire face. Sinon, plongé dans le noir, ça vous met dans un état de panique indescriptible. Ces états de panique, je ne les ai plus. Je ne me noie plus, j'ai une barque à laquelle je peux m'agripper.

Il y a un détachement, une distance, par le fait même de passer à la position d'acteur : c'est ça, l'analyse. Ce que j'ai identifié avec l'analyse de plus clair, c'était bien cela : pourquoi j'en étais arrivé à aimer cette souffrance, à ne pas me révolter contre ça. Je crois que l'exercice m'a rendu meilleur. Plus clairvoyant, plus intelligent. Une meilleure compréhension des autres, une meilleure tolérance. Je pense qu'on est plus à l'écoute de l'autre. J'en ressens tous les jours l'effet dans les interviews que je mène auprès des écrivains.

Époque régressive

Aujourd'hui, je trouve que le fait de mettre en question la psychanalyse – ce qui s'est passé avec *Le Livre noir* – est très révélateur d'une époque régressive et pudibonde. Une époque scientiste, où le bio prévaut, où les neurosciences ont gagné du terrain, où l'on préfère trouver des solutions vite fait et des médicaments plutôt qu'aller explorer l'inconnu. Remettre en question la psychanalyse me paraît être une aberration intellectuelle. Ce serait un peu comme d'interdire la pénicilline, les antibiotiques, sous prétexte qu'ils ont des effets secondaires. On ne peut pas nier les acquis de ce système. En revanche, se complaire dans cet exercice pour dix ou quinze ans est, d'après moi, une perversité du système. On échappe à une prison pour revenir dans une autre. Ce n'est pas mon truc. J'ai préféré faire deux ans... même si, au fond de moi, une petite voix me souffle que je suis parti avant la fin du film[1]...

---

1. Frédéric Mitterrand a publié *La Mauvaise Vie*, Paris, Pocket, 2006, et *Le Festival de Cannes*, Paris, Laffont, 2007.

IV

La question du deuil

Agathe, 39 ans, professeur de russe

« Je réapprends à vivre »

Imaginez les yeux de Luchini : un regard bleu glacier, un peu étonné, qui vous transperce. Agathe ne cille pas, ou très peu. Peut-être parce qu'elle laisse très peu passer d'émotion. Elle intellectualise tout – brillamment, du reste ; elle se distancie du monde avant de s'unir à lui. « Tous mes amis le savent. Avec Agathe, c'est non d'abord... oui, ensuite. » Agathe éclate de rire souvent, porte un T-shirt framboise sur un jean délavé. « J'adore le rose. Le noir, c'est le luxe des gens qui n'ont pas côtoyé la mort de près », dit-elle. Elle en a porté pour enterrer son petit frère, puis sa petite sœur, à trente ans d'intervalle. Agathe est la survivante d'une fratrie de trois. Un roc ? Non, plutôt une armure, « avec beaucoup de fragilités à l'intérieur », dit-elle. En tout cas, elle a un côté « bonne vivante » et un solide coup de fourchette, au restaurant italien où nous nous retrouvons. Elle dit aussi apprécier la compagnie des Blacks, peut-être pour conjurer ces visages pâles qui viennent trop souvent la visiter en rêve...

Dr Jekyll et Mrs Hyde

Ma mère était prof d'anglais, mon père premier officier. Je suis l'aînée d'une fratrie de trois et, depuis mon enfance, je vis dans le deuil. Quand Henri, mon petit frère, est né, j'avais deux ans. Quand il est mort, j'en avais quatre. Atteint d'un spina-bifida, il a passé les deux ans de sa pauvre vie d'hôpital en hôpital. Après sa mort, je n'ai pas trop moufté, car je devais être forte. Mais mon corps, lui, a rapidement trinqué : otites à répétition, angines, allergies diverses et variées, le lot des maladies psychosomatiques. J'avais toujours un truc qui clochait.

À vingt-cinq ans, la situation a empiré. Je me suis mise à piquer des crises d'angoisse qui ne me ressemblaient pas. C'était comme si j'étais hantée par quelqu'un d'autre ! Comme si j'avais avalé une sorcière. Dr Jekyll et Mrs Hyde, c'était moi. Je vivais alors avec Marc, un Antillais bon vivant, qui dormait très peu, allait de fête en fête et rentrait de ses virées nocturnes vers 3 heures à la maison. Moi, je ne pouvais pas suivre. Tous les soirs, je m'endormais tranquillement mais je me réveillais brusquement, une ou deux heures après, dans un état d'anxiété terrifiant. Je regardais le réveil tourner, mon cœur battait la chamade, je hoquetais, j'étouffais. J'éclatais en sanglots, je me recouchais et je faisais l'ours dans mon lit, en tapant ma tête contre l'oreiller, comme le font les petits orphelins abandonnés.

Pendant cette attente, j'échafaudais les scénarios les plus fous : il avait rencontré une fille, l'avait emmenée à l'hôtel. Il était parti sans casque, avait eu un accident, avait atterri à l'hôpital. J'allais crescendo de la jalousie à la peur de la mort. Et cela durait, durait... jusqu'au moment où j'entendais le vrombissement de sa moto, en bas de l'immeuble. À ce moment-là, miraculeusement, je m'endormais comme un bébé, avant même qu'il n'ait eu le temps de grimper les escaliers ! Quand il arrivait, j'étais assoupie, comme un petit ange.

À cette époque, d'autres crises survenaient sans crier gare. Par exemple, quand Marc laissait du bazar dans l'entrée, que j'étais obligée d'escalader pour pénétrer à l'intérieur, ça me rendait hystérique. J'étais étrangère à moi-même, pendant ces crises, je ne me reconnaissais pas. J'étais hantée par un fantôme, qu'il fallait exorciser. Cette femme en colère et pleine d'angoisses, qui me faisait penser à ma mère, je n'en voulais pas ! C'est ce qui m'a conduite à l'analyse.

Une femme comme ma mère

C'était en 1995. Je cherchais une psychanalyste qui ressemblât à ma mère : intellectuelle, cultivée. Et froide. Et j'ai rencontré cette femme, médecin psychiatre de formation, la cinquantaine, les cheveux bruns coupés au carré, le regard noir. Son cabinet est rempli de fleurs et de tableaux de son père, un artiste assez coté. Des paysages, des visages et surtout un atelier d'artiste, vide, sans aucun personnage, que je regarde et qui m'inspire chaque fois. Sans doute parce que je me projette dans cet atelier, qui est le cadre de mon travail analytique.

Papillon épinglé au mur

Pendant les premières séances, j'ai eu l'impression d'être un papillon épinglé au mur. Son regard me pétrifiait. J'étais là, face à cette femme, j'étouffais, je cherchais ma respiration. Il me venait des plaques rouges sur le visage, sur le cou. Je ne pouvais pas parler. Ce qui me sidérait, c'était sa façon de me regarder me noyer sans rien faire ! Je trouvais ça dingue, c'était presque de la non-assistance à personne en danger. J'avais envie de hurler, j'ouvrais la bouche, mais aucun son ne sortait. J'étais un poisson dans un bocal, et je me noyais.

Salle d'attente, salle de fantasmes et d'espoir

Dès les premières séances, dès que j'ai eu récupéré mon souffle, je me suis mise à parler de mon petit frère. Je n'ai aucun souvenir, aucune image d'Henri. Mais je me doutais bien qu'il s'agissait du nœud du problème. Je savais aussi, parce que ma mère me l'avait dit, que j'avais passé une partie de mon enfance dans des salles d'attente, à l'hôpital, pendant qu'elle allait lui rendre visite. Ainsi, entre deux et quatre ans, tous les samedis après-midi, j'avais été enfermée dans cette pièce, à jouer toute seule pendant que ma mère allait voir mon frère. Moi, je n'avais droit qu'à la salle d'attente, ce lieu en suspens entre la vie et la mort, cette métaphore de la mort, où, sans doute, j'imaginais les choses les plus horribles.

Jusqu'à l'âge de quatre ans, pourtant, je n'ai aucun souvenir de mon enfance. Même pas celui du décès de mon frère. Rien. Mon premier souvenir d'enfance, mon premier choc, c'est la naissance de ma petite sœur, très peu de temps après l'enterrement d'Henri – un « enfant de remplacement », dirait-on aujourd'hui. Ma mère disait : « C'est la revanche de la vie, ma bouée de sauvetage. » Moi, j'étais terriblement déçue, car elle n'était pas belle. Je me souviens de ma déception, quand j'écrasais mon nez sur la vitre de la nursery. Elle avait un visage plissé, rougeaud, elle couinait, se tortillait. Et moi, j'attendais un bon gros bébé Cadum ! Nous attendions tous tellement de cette sœur qui devait tout rattraper ! Mais je me suis tue. Cette fois encore, j'étais sommée de faire bonne figure, d'être une aînée raisonnable. Et de réprimer mes émotions.

Rêves sans visage

Assez rapidement au fil des séances, j'ai compris que, dans ma vie, tout tournait autour d'Henri, ce grand absent. Henri mort, mais pas vraiment enterré, en tout cas de mon côté, ressurgissait dans ma vie sous d'autres formes, en particulier par ce sentiment d'étrangeté, la fameuse « inquiétante étrangeté », « *Das Umheimliche* » de Freud, qui venait me sauter à la gorge de temps à autre : les fameuses crises de rage et de colère, mais aussi les rêves étranges qu'il m'arrivait de faire la nuit, rêves de personnages sans visage. Ces personnages, qu'ils soient mes parents, mes amis, mes proches, étaient pourvus d'une tête sans yeux, sans bouche. Sans expression aucune. C'étaient des cauchemars terribles. La première fois que je lui en ai parlé, ma psy a ouvert la bouche, ce qui, je précise, ne lui arrive qu'exceptionnellement. Elle parle si peu que le moindre de ses propos a une résonance énorme : « Avez-vous déjà vu votre frère ? – Non, lui ai-je répondu, tout à trac. Je ne l'ai jamais vu en vrai. »

Soudain, en prononçant ces mots, m'est revenu en mémoire ce souvenir ; j'avais treize ou quatorze ans et, agenouillée sur le sol de ma chambre, je fouillais dans une boîte à chaussures pour y trouver une ancienne photo de classe. Je suis tombée sur une photo de nouveau-né. Du premier coup d'œil, j'ai vu que ce bébé n'était ni moi ni ma sœur. J'ai reçu une gifle. C'était donc lui. Henri. C'est la première fois que je le voyais, moi qui avais séjourné dans les salles d'attente et qui l'avais sans doute imaginé, fantasmé. Je me suis effondrée par terre, en hoquetant. J'ai pleuré toutes les larmes de mon corps, j'ai sangloté comme seuls les enfants peuvent le faire.

La théorie du sablier

Mais, devant elle, je n'ai pas pleuré. Ce souvenir, je l'ai raconté sans émotion, froidement, en le tenant à distance, comme si je disais : « Passe-moi le sel. » Je sais bien que beaucoup pleurent, chez leur psy. Moi, non. Jamais je n'ai versé la moindre larme, jamais je ne me suis abandonnée. Je répète et répète de séance en séance de façon très intellectuelle ce que je sais, ce dont je me souviens. J'expliquerais la psychanalyse par la théorie du sablier. Chaque mot, chaque souvenir, comme un grain de sable, passe, lentement, de haut en bas, par un goulet d'étranglement. Et puis vient un jour où progressivement, on intègre cette donnée, elle fait sens, elle vient, petit à petit, me remplir. C'est comme ça que je décrirais les effets de l'analyse. Et c'est long... Très long.

Et si vous vous faisiez les ongles ?

Ma psy me regarde sans parler. Son regard toujours bienveillant, parfois incitatif, elle me relance par des « Mmm ». C'est la seule personne que je connaisse qui parvient à me faire baisser les yeux. J'ai besoin de ce regard, j'ai besoin de la voir, de l'avoir sous contrôle, en permanence. Elle m'a proposé de m'allonger à plusieurs reprises. « Ah non !

lui ai-je répondu. Qui peut m'assurer que vous n'allez pas remplir votre déclaration d'impôts ? Que vous n'allez pas vous faire les ongles ? » Elle m'a souri : « Je sais, vous avez un net problème de confiance. » C'est vrai. Mais ce que je ressentirais, j'en ai l'impression, c'est pire encore. C'est de la peur, de la terreur ! Allongée, elle deviendrait menaçante, et moi, je serais super-vulnérable. Je serais une gisante ! Si je ne la vois plus, qu'est-ce qui va se passer ? Elle pourrait très bien me sauter au visage, me frapper, me tuer ? Elle serait la menace même, celle que j'ai ressentie pendant toute mon enfance. En, en parlant, je me rends compte que je décris là la Faucheuse, la mort qui vient vous surprendre ! J'ai analysé chez elle le fait de ne pouvoir m'allonger, qui a à voir bien évidemment avec la peur de la mort. Même le soir, chez moi, je ne m'allonge pas avant de dormir. Je vais au lit très tard, je « tombe dans le coma » pour éviter cette attente insupportable du sommeil. Sans passer, ai-je compris alors, par la salle d'attente...

Sur le qui-vive pour ne pas me laisser surprendre

Au fil des séances, j'ai analysé mon incapacité à lâcher prise, à m'abandonner. « Il m'est difficile d'inviter quelqu'un à dormir. Il me serait impossible de vivre avec un insomniaque. J'aime, au contraire, qu'on s'endorme en ma présence », ai-je expliqué. Je suis l'éternelle vigilante, celle qui reste en vie ; je suis sur le qui-vive, comme si je craignais que la mort ne vienne me frapper à l'improviste. « Comment voulez-vous que j'aie confiance en vous ou dans le monde qui m'entoure ? ai-je dit à ma psy. La mort qui frappe un bébé bouleverse tous les repères. Je n'ai plus confiance. Tout est possible, désormais. » Et pourtant, chez ma psy, je réalisais progressivement que cette méfiance venait de plus loin encore. D'avant la naissance d'Henri. Toute petite, aussi loin que je m'en souvienne, je me suis opposée à ma mère. En refusant ses bras, en refusant sa nourriture. Pourquoi donc ? Qu'avait-elle de si menaçant dont je cherchais à m'échapper ? Je ressentais sa toxicité et elle m'effrayait. J'ai compris aussi avec ma psy à quel point cela conditionnait mes rapports avec les autres. J'ai développé un sens aigu de l'autre. Quand je me retrouve face à quelqu'un que je ne connais pas, je décode aussi vite que possible, je sais immédiatement si c'est quelqu'un qui souffre, qui va mal. Tout ça pour éviter aussi de me laisser surprendre.

Sois forte, ma fille, sois forte !

Avais-je seulement un moment connu l'insouciance de l'enfance ? La mission que l'on m'avait attribuée, dès le plus jeune âge, était de ne pas craquer. Mon père, cet officier, censé respecter la hiérarchie, avait été le premier à me conforter dans cette idée. Quand ma mère, encore en deuil, criait, pleurait, m'envoyait une vacherie, mon père chuchotait : « Ta mère est malade. Elle a perdu un enfant. Mais toi, tu es grande, non ? Tu peux comprendre. » Oui, j'étais grande. Mais je n'avais que huit, dix, onze ans. Je n'étais pas une adulte ! N'empêche. Mon père m'obligeait à inverser la hiérarchie, à prendre la place de la mère, de celle qui est la plus forte. J'étais la mère bis, celle qui surveille et qui protège. J'avais pour mission, donc, de protéger ma mère et ma sœur. Ma petite sœur, je la chérissais, car je savais que ma mère attendait cela de moi. Il fallait que je sois la grande sœur parfaite, celle qui allait la protéger de tout. Et même de la mort.

Surveillance du pot

En évoquant cela, il m'est revenu un souvenir marquant. Ma sœur avait dix-huit mois, j'avais six ans et demi. Elle ne pouvait plus aller à la selle. Ma mère en était si angoissée, terrorisée même, qu'elle m'avait confié la mission de la surveiller sur le pot. J'attendais que le caca vienne. Je me souviens de cette inquiétude, de cette petite fille que l'on assoit de force, qui se relève, que l'on replace à nouveau sur le pot avec autorité. Et moi qui faisais le guet, comme, peut-être, je l'avais fait dans la salle d'attente, il y avait six ans de cela. Finalement, à bout de nerfs, ma mère lui a mis un suppo, un laxatif, et ma sœur a eu la diarrhée. Une vraie débâcle. Je regardais tout ça. Je n'étais pas à ma place, on m'empêchait de prendre ma place d'enfant. J'étais encombrée par des tas de choses ! J'avais une sourde rage face à tous ces gens qui ne s'occupaient pas de moi, qui me volaient mon enfance.

Chez ma psy, je faisais le lien avec les crises de rage que j'éprouvais, quand Marc, mon fêtard de copain, bichonnait son vélo dans l'entrée. Je glissais la clé dans la porte et me retrouvais face à ce vélo ! Les entrées encombrées, ça me mettait dans des rages folles. J'étais hors de moi. Je redevenais Mrs Hyde, cette femme en colère, et même en rage. Il y avait beaucoup à dire sur la symbolique de cette entrée encombrée qui m'empêchait d'entrer, de prendre ma place, qui m'encombrait le psychisme.

Ma petite sœur

Quatre ans après le début de mon analyse, alors que j'avais déjà parcouru un petit bout de chemin sur ce fauteuil, chez ma psy, la folie de la vie m'a rattrapée. Carole, ma petite sœur, l'enfant de remplacement, a eu, à vingt-huit ans, un cancer fulgurant. Une tumeur à la base du foie. Un truc rarissime qui, en outre, se déclare plutôt chez les personnes âgées et les hommes. C'était quelque chose de dingue.

Je suis allée à la consultation, comme d'habitude, le lundi, dans un état d'hébétude. La mort me rattrapait. Ma psy était là, fidèle à elle-même, je pouvais lui soumettre cette horreur. Je lui ai raconté cette scène du vendredi soir. Ma sœur qui appelle en larmes, hoquetant dans le téléphone, et moi en train d'écrire sur mon ordi, qui lâche le combiné... J'ai vu les autres s'agiter sous mes yeux. À nouveau j'étais replongée dans cette inquiétante étrangeté, l'irruption de la mort dans le quotidien. Rebelote.

Pendant les quatre ans qui ont suivi, les séances m'ont servi à raconter l'intolérable – ce qu'on ne peut dire à personne. Les copines ? Elles ont été là au début, mais ensuite on ne vous écoute pas. Je racontais les insupportables visites à l'hôpital, le cauchemar des sondes gastriques, de l'aspect squelettique de ma petite sœur que je retrouvais intubée, dotée d'un anus artificiel. Pendant un an, elle n'a pas pu manger, elle était cadavérique. Ce sont quatre ans de calvaire qu'on ne peut imaginer.

Le jour où ma psy a pleuré

Le moment le pire, je le lui ai raconté. Ma sœur était sur son lit, quasiment à l'agonie, en soins intensifs. Avant d'entrer, j'ai enfilé la calotte, les gants. Bref, j'étais méconnaissable. En entrant dans la chambre, je lui ai fait un petit signe de la main. Elle délirait, shootée de médicaments, elle ne me reconnaissait pas mais elle a souri, dans sa souffrance, avec son sourire si gentil. Je ne sais pas... Ça m'a bouleversée, peut-être parce que je retrouvais là le thème des visages sans visage.

Je n'ai pas pleuré en racontant ça mais c'est elle, ma psy, qui a pleuré, à ma place ! Des larmes coulaient silencieusement sur ses joues. J'ai éprouvé un sentiment d'agressivité. Elle s'était montrée plus faible que moi, alors que j'avais besoin de force ! C'était sans doute le visage de ma mère que je retrouvais là, sous mes yeux. J'ai détourné mon regard, c'était intolérable.

Ma sœur est morte quelques mois plus tard. Ça a été terrible, violent. Je me suis demandé pendant quelques semaines si je n'étais pas morte, moi aussi. Comment pouvais-je encore mettre un pied devant l'autre ? Mes séances d'analyse m'ont permis de me reconnecter malgré tout avec le réel, avec la vie. Sans la psychanalyse, qu'est-ce que j'aurais fait ? Je ne sais pas trop... Est-ce que je serais seulement là encore ?

Après la mort de ma sœur, là, j'ai ressenti à quel point j'étais une survivante. Allais-je survivre à tous mes contemporains : père, mère, enfants ? Allais-je voir tout le monde mourir autour de moi ? Tous mes repères étaient, une fois encore, brouillés. On pouvait mourir d'un cancer de vieux à vingt-huit ans. Comment continuer à vivre dans un monde bancal, où la mort peut vous surprendre à chaque coin de rue ? Quand quelqu'un vous dit : « Allons, ne t'inquiète pas, il n'y a pas de raison... », j'ai envie de répondre : « La mort arrive sans raison. »

La culpabilité

Après le décès de ma sœur, j'ai beaucoup parlé de ce complexe du survivant et aussi de ma culpabilité. Je n'étais pas parvenue à protéger ma petite sœur, moi qui avais été missionnée pour cela ! Cette menace qui, depuis le décès d'Henri, pesait sur moi, sur nous, ma sœur la ressentait aussi. Je me souvenais, face à ma psy, des expressions de ma sœur. Elle avait eu le sentiment, la crainte, d'avoir été abusée, elle me l'avait dit un jour. « Abusée, ai-je demandé, qu'est-ce que cela signifie ? » Là, ma psy a également ouvert la bouche. Elle a prononcé une de ces petites phrases dont elle avait le secret. « Rappelez-vous l'histoire des laxatifs. C'est très intrusif. Il peut y avoir une mémoire inconsciente du corps. C'est une forme d'abus. Ce jour-là, elle a pu se sentir abusée. » Et moi qui avais passé tout mon temps à veiller sur elle, je n'étais pas parvenue à la sauver. J'allais plus loin. Peut-être même l'avais-je rendue malade ?

Histoire d'amour

J'ai raconté à ma psy ce souvenir qui n'était pas si vieux et qui me torturait. Sept ans avant que ne se déclare son cancer, ma sœur avait rencontré un garçon. Elle était sortie avec lui. Mais, au lieu de penser à elle, elle avait pensé à moi : « J'ai rencontré quelqu'un de formidable qui te plairait beaucoup. Vous seriez faits l'un pour l'autre. » L'été d'après, les circonstances ont voulu que je rencontre ce garçon. Je suis tombée éperdument amoureuse de lui, et c'est pour lui que j'ai quitté la maison. Tout a commencé alors à partir en vrille ! Je suis persuadée que je faisais un effet tampon, que ma présence protégeait ma sœur. De la mort, de la maladie, de la menace. Du jour où je suis partie, elle a commencé à déclarer de grosses crises d'urticaire, elle est réellement tombée malade. Quand je venais à la maison, je sentais suinter cette colère, par tous les pores de ma peau. Si elle avait pu me tuer... Elle me fusillait du regard, moi qui étais partie avec son copain. Mais elle ne disait rien. Et devant ma psy, moi, je faisais fatalement ce rapprochement entre ce cancer des voies biliaires et la bile, le siège des émotions.

Colère rentrée

Je sais que ma sœur couvait une sourde rage en elle, qui explosait à certains moments. Je me suis souvenue que, sans le nommer, elle souffrait du syndrome de l'enfant de remplacement. Il lui était arrivé de crier : « Si Henri n'était pas mort, je ne serais pas là ! » Elle disait aussi : « J'en ai marre d'être protégée, qu'on n'écoute pas ce que je dis. » Elle reprochait à mes parents de la mettre sous cloche, de l'empêcher de vivre. Elle aussi, probablement, a tout fait pour ne pas faire de mal à mes parents... « Aujourd'hui je m'interroge : ce cancer, est-ce que ce n'est pas de la colère rentrée ? Et ça, ça me terrorise, ai-je dit à ma psy. Ça me fait flipper parce que moi aussi, je suis comme elle. Moi aussi, je suis en colère. »

Ce que le corps peut vous faire, derrière le dos, me fait flipper. Forcément. Moi qui maîtrise tant... Pour moi, la prochaine étape, c'est d'être dans le lâcher-prise. J'y parviens de temps en temps. Avec ma mère, j'ai fait des progrès. Je l'engueule, je lui dis : « Arrête, avec ta souffrance. Bien sûr, tu as perdu deux enfants. Tu as perdu une fille, mais papa lui aussi a perdu une fille et moi une sœur. Alors, arrête, maintenant ! Moi aussi, je souffre ! Ne me vole pas ma souffrance ! »

Ce que j'ai gagné, avec cette analyse, c'est de n'être plus cette Mrs Hyde. Les colères qui montent comme la mer, je ne les refoule pas, je les regarde, elles vont, elles viennent, je les maîtrise. Mais j'avoue que j'avance à une lenteur d'escargot. Dix ans après, je ne peux pas encore dire : « Je suis heureuse. » Oh non, je n'en suis pas là ! Mais je vis, je gagne ma vie, j'ai réussi professionnellement. Je pense qu'après la mort de ma sœur, j'étais même étonnée de pouvoir encore mettre un pied devant l'autre, avancer. J'attends encore mieux – pour cela, sans doute faut-il que j'aille plus loin, dans la toute petite enfance. Ce n'est pas encore gagné. J'ai trop peur de découvrir de quel ordre était cette menace...

Un bien-être incroyable

La dernière fois, chez ma psy, j'ai vécu quelque chose de formidable. Je venais de me disputer avec ma mère, une énorme dispute pour la première fois de ma vie, et j'ai ressenti, au moment même de grimper l'escalier, que je pénétrais dans un univers étranger. Mais cette fois-ci, c'était de l'étrangeté heureuse, bienveillante. J'accueillais l'Autre, le monde, l'univers, sans m'opposer à lui. Je faisais un avec le monde. Un bien-être incroyable m'a envahie : c'était comme si une multitude de petites bulles venaient envahir mon corps, de la racine des cheveux jusqu'au bout des doigts. C'était fou, je ne me suis jamais sentie aussi bien. Cette détente du corps, moi qui suis nouée en permanence... je la connaissais enfin ! Je l'ai dit spontanément à ma psy et je lui ai confié que, dans le même temps, avec ma mère, tout s'allégeait. Je me distanciais d'elle. J'étais en communion avec le monde. Comme si la chape de plomb, la menace qui planait sur moi depuis si longtemps, m'avait, pour quelques minutes du moins, quittée. Ce jour-là, exceptionnellement, elle m'a souri…

Hélène, 46 ans, pédiatre

« Sortir du cercueil de Blanche-Neige »

Grande, brune, les lèvres écarlates, un turban dans les cheveux, Hélène ne jure que par les couleurs pimpantes. D'ailleurs, elle n'aime que les excès ! Nous nous sommes rencontrées à l'issue d'une conférence de presse au cours de laquelle elle intervenait comme pédiatre et j'ai immédiatement tilté sur cette fille brillante et drôle. Nous avions toutes les deux l'âge d'être mères et un peu de mal à franchir le cap. Hélène aurait pu être psychiatre, mais elle a choisi d'exercer comme pédiatre – elle que tout le monde, dans sa famille, a toujours considérée comme une petite maman ! Une manière de poursuivre le rêve de ce père, brillant chirurgien, fou et génial, qui s'est suicidé à quarante-deux ans ? On se retrouve place de la Contrescarpe, à l'heure du thé, un mercredi. Nos fils ont tout juste treize ans, l'âge où, pour elle, tout a commencé...

La mascotte de mon père

J'ai vécu toute mon enfance avec une très lourde charge sur les épaules. Mon papa, qui était chirurgien, souffrait de psychose maniaco-dépressive. Cela signifie qu'il passait d'une euphorie démesurée à des moments d'abattement et de dépression terribles. J'étais donc élevée par deux papas, l'un drôle et enthousiaste, l'autre replié sur lui-même, immobile, cireux comme un personnage du musée Grévin – ce musée Grévin que j'ai toujours détesté au point de ne jamais pouvoir y emmener mes enfants ! Pendant ces moments-là, il était plongé dans une torpeur dont personne ne pouvait le tirer. Pas même moi, sa petite fille adorée, malgré tout l'amour que je pouvais lui porter ! Mon père m'adorait, beaucoup plus que ma sœur aînée et beaucoup plus que ma propre mère. J'étais sa mascotte, j'étais aussi son cœur artificiel. Je ne battais que pour lui, et lui ne vivait que par moi. Il m'entraînait partout, au casino, à son club de bridge, avec ses copains. Il me traitait, au fond, comme sa petite femme. Il me demandait : « Dis-moi, tu m'aimes comment ? Grand comme l'océan, comme la mer ? » Généralement, c'est le petit enfant qui pose cette question à sa mère, n'est-ce pas ? Il existe d'ailleurs un livre pour enfants qui s'appelle *Devine combien je t'aime*, où Petit Lièvre Brun, l'enfant, demande à sa maman, Grand Lièvre Brun, « combien elle l'aime ». La maman répond : « Je t'aime aussi loin que la rivière, par-delà les collines[1]. » De fait, nous étions dans une situation inversée, moi dans le rôle de la maman, lui du petit garçon. Ma mission sur terre était claire et nette : j'étais la garde-malade de mon papa, je devais le protéger contre lui-même, contre ses crises. Pendant toute mon enfance, puis le début de mon adolescence, combien de fois l'ai-je bichonné, amusé, soigné, lui qui allait d'un séjour psy à un autre et qui restait en pyjama

1. Sam Mc Bratney, Anita Jeram, *Devine combien je t'aime*, Paris, L'École des loisirs, coll. « Pastels », 1996.

à la maison ! Je passais mes mercredis, non pas à faire du macramé ou du tennis, comme mes copines, mais à faire le pitre pour le tirer de sa dépression.

Et puis, à l'âge de quarante-deux ans, il s'est suicidé. À l'issue d'une crise mélancolique plus importante que les autres, il a avalé des médicaments – tout ce qui lui traînait sous la main, antidépresseurs, anxiolytiques... Et il est mort. Le soir, en rentrant de l'école, moi, sa garde-malade, j'ai eu un sale pressentiment. Depuis le trottoir d'en face, j'ai levé les yeux et noté que les volets n'avaient pas été ouverts. J'ai couru à perdre haleine, grimpé l'escalier quatre à quatre et, en rentrant dans le salon, j'ai vu son corps gisant à terre. Ce jour-là, exceptionnellement, j'avais suivi mon professeur de français, place des Vosges, pour une sortie de fin d'année. J'avais longuement hésité à accepter cette sortie, à cause de mon père... Et voilà ! J'avais failli à mon devoir de garde-malade, moi qui n'étais là que pour lui. Je me sentais donc, vous l'imaginez, terriblement coupable. C'est moi qui, avec l'aide d'un médecin appelé en urgence, ai constaté sa mort clinique. J'avais treize ans.

La bande du Palace

Était-ce pour oublier ? De treize à vingt et un ans environ, j'ai vécu dans un superficiel organisé, dans le faux et les paillettes, sous les néons et les boules disco. Nous étions dans les années 78-80, c'était la grande époque du Palace et je faisais partie de la bande. Tous les matins ou presque je me couchais à 5 heures, me levais à 17 heures, totalement décalée ! J'ai bamboché à longueur de temps, je mangeais des *space cakes*, ces gâteaux fourrés au haschich, je sniffais de l'héroïne. C'était une vie de pauvre petite fille riche. J'essayais de remplir le vide qui m'habitait depuis la mort de mon père, fût-ce par des produits de substitution. Mais aucun amour n'avait pu le remplacer. Et pour cause : tous mes copains étaient des homosexuels, avec qui, du reste, j'étais au mieux. Dès qu'il y avait un homo dans une salle, mon subconscient m'attirait vers lui et on devenait les meilleurs potes du monde ! Je riais énormément, je m'amusais, je dansais... Mais quelque chose était mort à l'intérieur de moi. Je n'éprouvais plus aucune émotion. J'étais devenue froide, cynique, je n'avais de désir et de goût pour rien. Ce qui m'a sauvée, à l'époque, c'est cette prise de conscience du décalage entre la réalité et mes désirs. Tout au fond de moi, derrière les robes à paillettes, le faux, ces relations infantiles avec les homosexuels, frémissait, fragile comme le cœur d'un moineau, un désir d'adulte. J'avais envie d'une vie adulte et je ne vivais que dans l'infantile, dans les relations frère-sœur, qui n'étaient rien d'autre qu'une forme d'inceste.

J'ai rencontré Yann, un garçon bisexuel avec qui j'ai fini par vivre. Nous habitions tous les deux dans un petit appartement rive gauche. Nous avions des relations light, verbeuses, qui n'allaient pas bien loin et ne nous mettaient en danger ni l'un ni l'autre. Plus que faire l'amour nous faisions l'humour ensemble. Nous restions dans le superficiel, chacun loin de lui-même, refusant de s'investir. Comment le ras-le-bol est-il arrivé ? Difficile à dire mais, progressivement, le désir de profondeur gagnait du terrain, comme une mer qui monte à l'intérieur – et qui finit par l'emporter. Le dégoût des paillettes m'a submergée et, un matin, je me suis réveillée avec la gueule de bois et une évidence : je brûlais ma vie ! Changement de cap : je me suis inscrite en études de médecine à la fac dans l'objectif d'être psychiatre et, parallèlement, j'ai entrepris ma première tranche d'analyse. C'est une de mes amies de fac, Marie-Anne, qui m'avait donné ce contact d'une philosophe devenue psychanalyste lacanienne.

Fade, petite et menue

Christiane L., psychanalyste, était blonde, fluette, les cils incolores, sans une once de maquillage, dans le genre Isabelle Huppert. Très froide et fade. Elle n'était pas hystéro, pas du tout comme moi à l'époque ! (Hélène rit.) Elle était même l'inverse de moi, c'est ce qui m'a plu. Fait signifiant, elle portait le même prénom que ma mère : Christiane ! Je l'ai trouvée immédiatement pertinente, les séances étaient très brèves et je me complaisais dans des jeux de mots à la Raymond Devos, genre Marabout-de-ficelle-de-cheval, dont mon père raffolait dans ses phases de délire maniaque et qui avaient fait le sel de mes relations avec Yann. Elle m'a proposé de venir la voir deux fois par semaine. C'était lourd... Le bout du monde. Il me fallait traverser la porte Maillot, qui m'agressait à l'époque – c'est un quartier que je détestais, moi fidèle à la rive gauche. Mais justement, ce n'était pas si mal, pour moi, de me retrouver dans un lieu si éloigné de moi-même. Cela rendait plus facile la prise de distance avec le monde faux et c'était peut-être l'éloignement nécessaire pour me mener à ma vérité...

Je me souviens avoir raconté très facilement ma vie, pratiqué les associations avec grand plaisir. J'avais l'impression d'être très à l'aise avec ça. Souffrir ? Non, je n'ai pas souffert – et même jamais pleuré, car je m'interdisais, à l'époque, tout affect. Cela faisait partie de ma structure psychique. J'étais, comme disent les psys, clivée entre la réalité et mes émotions. J'étais capable de parler de choses terribles sans verser la moindre larme, et cela était dû, très certainement – je l'ai vu avec elle –, à ce moment précis de mes treize ans où j'avais découvert le corps de mon père. Sur le divan, j'ai décortiqué devant elle cette scène, seconde après seconde, comme si j'appuyais sur la touche ralenti, en faisant défiler les images les unes après les autres. Arrêt sur image : je trouve mon père mort par terre, j'ai treize ans, je me précipite, avant même ma mère, c'est moi qui constate sa mort clinique. « Je me souviens, ai-je dit à ma psy, de m'être forcée, à ce moment-là, à exprimer de l'émotion, comme un comédien attraperait un masque de tragédie et le collerait sur son visage. » Je me disais, alors : « Il faut que tu montres de l'horreur ; tu ne peux pas rester avec ce visage aussi neutre et souriant, ton père est mort ! » Mais je ne ressentais pas le moindre iota de chagrin ! Dans le même temps, je recevais en plein cœur et en plein visage l'angoisse de ma mère, qui se substituait à la mienne. Je devais donc me réapproprier cette scène, dont je m'étais faite une spectatrice privilégiée. Me la réapproprier pour, enfin, faire le deuil.

Le complexe de Blanche-Neige

Avec ma psy, nous avons beaucoup travaillé en séance sur le mythe de Blanche-Neige. Blanche-Neige renfermait tous les éléments de ma propre histoire. Primo, parce qu'elle est décrite comme un personnage excessif, blanc comme la neige, aux cheveux noir ébène, aux lèvres très rouges – et je vivais ma vie entre ces deux extrêmes : le blanc et le noir, la haine et l'amour, les phases maniaques et dépressives de mon père, la dichotomie entre le monde du factice que j'aimais et la profondeur qui m'attirait. Ma vie s'inscrivait dans les excès ! Blanche-Neige était mon mythe privilégié aussi à cause de l'image du cercueil de verre. J'étais, comme elle, enfermée dans une prison transparente, entre la vie et la mort, vivante et pourtant incapable d'exprimer des émotions, me heurtant à une paroi de verre ultra-sécurisée. Et puis, le prince charmant me ramenait directement à mon papa, ce papa que j'avais tant aimé, qui m'avait aidée à vivre, mais qu'il fallait quitter. Enfin, Blanche-Neige renvoie aussi à l'image de la mère agressive, méchante – la fameuse image de la sorcière qui tend la pomme rouge, dans le film de Disney, et qui effraie tant les petites filles !

Grâce à ma psychanalyste, qui m'a aidée à interpréter, à décoder, nous avons analysé le mythe pour le dépasser et pour que je puisse, enfin, entrer dans la réalité. Car mon père m'avait empêchée d'entrer dans le réel. Tout au long de mon enfance, il avait été un rempart – génial, fou, merveilleux – qui m'empêchait de regarder les choses en face – d'où mon aptitude à voler un peu plus haut, à vivre hors des codes de la réalité, dans un autre monde, dans un Palace, dans un palais ! Entrer dans la réalité, cela signifie aussi que tout n'est pas rouge, ou noir, ou blanc, comme dans *Blanche-Neige* ; mais que l'on peut aimer et détester quelqu'un à la fois ; ou même que cette personne peut nous gonfler de temps en temps ! Bref, je découvrais à travers l'ambivalence que mon père n'était pas divin et ma mère pas si haïssable que ça.

Aimer ma mère

En effet, moi qui pensais que mon père était ma préoccupation majeure, je me suis mise assez rapidement à parler de ma mère. C'est comme ça, la psychanalyse : vous comptez parler de quelque chose et vous êtes en permanence dévié de votre discours. Après quelques séances, j'ai compris que j'aimais aussi ma mère. J'ai vu que, derrière l'horrible sorcière au nez crochu qui tend la pomme à Blanche-Neige – image que j'avais en tête au moment de voir ma psy –, il y avait cette femme qui souffre devant son miroir, cette femme au narcissisme blessé, cette petite fille qui mendie un compliment. La reine de *Blanche-Neige*, c'était elle, elle qui jalousait sa propre fille, parce que, dans l'enfance, elle n'avait pas été suffisamment aimée par sa propre mère.

En décodant son agressivité en séance, j'ai changé d'attitude. Je me suis montrée spontanément généreuse, et même cocooneuse avec elle. À l'époque, je me souviens – j'avais vingt-deux ans –, je lui ai même appris à s'habiller mieux, à cultiver sa féminité, à se bichonner. Sous des dehors de sorcière effrayante, ma mère était une gamine ! Et je découvrais, finalement, que j'avais été élevée par deux enfants – un papa qui n'avait pas toute sa tête, bien sûr, et une maman qui était restée une éternelle petite fille. Aujourd'hui encore, quand je regarde ma maman, certaines séances me reviennent en mémoire. Certains mots de ma psy. Aujourd'hui encore, elle réagit avec mes fils comme une petite fille, pas comme une adulte. Après les avoir gardés tout un mercredi, par exemple, elle pleurniche et se plaint : « Ils n'ont pas été gentils avec moi, tu sais ! »

Pas dupe !

Bon... que vous dire de ma psy ? En bonne lacanienne, elle entrait à fond dans les jeux de mots. Les séances étaient d'une brièveté confondante – dix minutes, guère plus. J'étais assez admirative, mais pas bégueule pour autant. J'ai toujours eu l'esprit critique assez développé ! Alors, les jours de grosse consultation, quand les gens s'entassaient dans la salle d'attente et qu'elle écourtait les séances, ça me mettait en rage. Ne se foutait-elle pas de moi ? N'était-ce pas de l'imposture, ce lacanisme ? N'était-ce pas un moyen de faire fonctionner le tiroir-caisse ? J'aurais voulu – et j'aurais dû, certainement – lui en parler. Mais je me taisais, parce que je m'apercevais que tout cela fonctionnait, malgré tout.

Je suis sortie de ce rapport infantile avec la réalité tout blanc-tout noir et j'ai commencé à vivre. Quelque temps après, à une soirée, j'ai rencontré Kamel, l'homme de ma vie, dont je suis tombée passionnément amoureuse. Kamel envahissait tout mon psychisme, ce que mon père probablement avait fait. J'étais heureuse, amoureuse... J'ai décidé de ne plus la voir. C'est cela que j'aimais dans les relations avec les psys : on est libre, non ? Contrairement aux liens qui vous unissent avec les amis, les parents, vous pouvez partir sans culpabilité. Elle m'a envoyé un petit mot à la maison : elle attendait de mes nouvelles – mais je ne lui ai pas répondu. J'avais d'autres chats à fouetter ! Je suis tombée enceinte, mon premier fils, Léo, est né... Et c'est alors que tout a recommencé. Je me suis offert une mégadépression du post-partum, cette déprime des jeunes accouchées. Vous voyez, quand vous n'avez pas fini le travail, la souffrance revient comme un boomerang. Je pleurais, pleurais, pleurais... J'étais dévorée d'angoisses ! J'avais peur de quitter mon bébé, peur qu'il tombe malade, peur de l'abîmer, de le faire tomber... Je n'ai pas pu, à l'époque, le mettre à la crèche, car je craignais qu'il n'en meure de douleur. Pour couronner le tout, je suis retournée vivre chez ma mère car nous avions fait faire des travaux dans l'appartement... Et j'avais l'impression d'être dépossédée de mon rôle ! C'était elle, la bonne mère – pas moi. Je me souviens de ces matins, dans ma chambre d'enfant, la larme à l'œil, mon bébé à côté de moi, incapable de m'en occuper, noyée dans mon chagrin... Et ma mère qui arrive, toute gaie, qui babille, le prend dans ses bras, joue à l'avion ! Je les regardais, hébétée. Je m'étais à nouveau enfermée dans mon cercueil de verre.

Vous devinez la suite : je suis retournée voir Christiane L., qui m'a accueillie et m'a beaucoup aidée. Je sentais bien que le rapport avec mon père n'était pas élucidé et que j'avais peur pour mon fils comme j'avais eu peur pour mon père.

Inversion de générations

La naissance de chacun de mes enfants m'a jetée à nouveau dans le trouble et la dépression. D'autant plus que, comme par hasard, j'ai accouché de deux fils ! Dix-huit mois après Léo, Noé est né. J'avais beaucoup de mal à me départir de cette projection : Noé était le portrait craché de ce prince charmant qu'était mon père ! Je m'apercevais que mon histoire avait été jalonnée par ces projections et que ces inversions de posture, dans l'ordre des générations, appartenaient à notre structure familiale. Mon père me considérait comme sa maman, ma mère me jalousait comme une rivale, et moi, eh bien, je prenais mon fils pour mon père ! Cette inversion totale et débridée était la porte ouverte à la folie – et à une folle relation entre mes fils et moi. J'ai perçu alors le risque qu'il y avait à élever un enfant quand on n'a pas résolu le problème avec son père, quand on n'a pas fait son deuil.

De fait, Noé piquait des crises de rage et de colère absolument disproportionnées, au point de devenir rouge écrevisse dans la rue, de s'asseoir et de hurler à la mort. Quant à moi, j'avais aussi des réactions très violentes, j'avais parfois envie de le frapper – ce que bien heureusement je ne faisais pas ! Mais j'avais peur de moi. Je craignais d'abîmer mon petit garçon, avec mes projections inconscientes. J'étais engluée, je ne pouvais pas m'en sortir seule. J'ai alors décidé de m'offrir une seconde tranche d'analyse, comme on dit. Mais cette fois, il fallait que j'aille voir quelqu'un d'autre. J'avais vraiment fait le tour avec Christiane L.

Un vieux monsieur de soixante-treize ans

Je suis allée voir, dans un premier temps, pour un simple conseil, un vieux monsieur, ancien président d'une société réputée de psychanalyse, qui devait simplement me donner une adresse. Je suis arrivée chez lui, je me suis assise, lui ai parlé de moi... et il m'a proposé de me garder. Nous avons convenu alors d'une sorte de contrat : j'allais venir six mois – tout au plus un an – pour une thérapie de soutien, mais pas plus. « Vous comprenez, m'a dit ce monsieur, j'ai soixante-treize ans et je refuse de prendre des patients pour de longues analyses. Je suis âgé, je ne prends pas le risque. » Il pensait à sa propre mort et aux ravages qu'elle aurait pu entraîner chez moi. En réalité, je suis restée trois ans ! C'était un freudien pur et dur, chez qui je me rendais, une fois par semaine, pour des séances de quarante-cinq minutes, ni plus ni moins. Il était très gentil, très soutenant, mais savait se montrer féroce et très dur ! Je suis venue chez lui avec le matériau lacanien que m'avait enseigné ma psy : jeux de mots, analyses rapides... et j'essayais de briller. Il me répondait, du tac au tac : « Si vous voulez qu'on prenne le thé ensemble, je n'y vois pas d'inconvénient. Mais nous sommes là pour l'analyse, vous voyez, alors vos jeux de mots, vous pouvez les remballer ! » Il ne me faisait pas de cadeau, me traitait de « mule » ! Ça ne m'a pas empêchée de faire un transfert sur lui. Je suis assez rapidement tombée totalement amoureuse de lui, je ne pensais qu'à lui. Quand j'arrivais en séance, je lui disais : « Vous êtes superbe, cette veste en lin vous va à ravir. » Je lui racontais mes fantasmes : avoir un enfant avec lui, ou devenir son assistante privilégiée, le suivre dans des congrès, écrire des livres ensemble sur la psychanalyse... Il se montrait intraitable dans la gestion de ce transfert, parfois durement. Il m'interrompait, me disait : « Mais regardez ! Je suis un vieil homme, j'ai soixante-seize ans. J'ai l'âge d'être votre père. » De fait, un rapide calcul nous l'avait confirmé : il avait l'âge que mon père aurait eu s'il ne s'était pas suicidé. Comme par hasard ! Mais le hasard n'existe pas, dès que vous êtes sur la scène de l'analyse. Ce psychanalyste a, je pense, géré ce transfert parfaitement bien, comme un père symbolique qui respecte la loi, qui proscrit l'inceste. Si j'étais tombée sur un psy ambigu, j'aurais pu devenir folle vu mon passé incestuel. Cette situation a perduré pendant trois ans. Mais elle m'a fait vraiment avancer. Il ne parlait pas énormément, mais intervenait de façon brillante, le plus souvent pour me ramener au réel. Une ou deux fois, je me suis décrite moi-même avec des mots d'une rare violence. Je me traitais de grosse, d'obèse, de fille horrible, pas belle. Il m'interrompait : « Non, c'est faux, je ne vous laisserai pas dire ça. » Ce n'était pas pour me flatter, mais pour me ramener à ma réalité.

Inclusion et anagramme

Avec ce second psy, je me suis enfin réconciliée avec mes émotions. J'ai pu reconnaître à quel point j'avais magnifié mon père. Oui, mon père n'était pas cet individu génial, brillantissime, surhumain. Il n'était qu'un homme, malade, atteint de psychose maniaco-dépressive. J'ai reconnu à quel point, pendant toutes ces années d'enfance et d'adolescence, j'avais été victime de cela. Et à quel point le fait de m'occuper de lui m'avait emmerdée ! Ç'avait été tellement lourd, pendant treize ans, ce rôle de petite infirmière ! Encore un cliché que je pulvérisais. Car c'est cela, l'analyse : pénétrer derrière le monde des apparences, s'apercevoir que vous vous êtes dupé vous-même. C'est à ce prix que l'on peut enfin avoir un rapport correct avec la réalité. Et pour moi, c'était difficile ! Mon père a toujours été partout, il m'avait hantée. Il avait été le rempart génial contre le réel. Vivre avec un fou a ses bons côtés, car il vous masque le grisé du réel. Mais si vous n'aimez que les extrêmes, cela finit par vous tuer, non ?

J'ai appris à beaucoup mieux gérer la relation avec mes enfants, à desserrer ces liens fusionnels qui nous unissaient. À les reconnaître comme des individus ! Un jour, il y a eu une séance étonnante. Je parlais du prénom de mes fils et j'ai alors réalisé, sur le divan, que les prénoms de mes deux fils étaient une anagramme et une inclusion de Jean-Noël, le prénom de mon père. Je découvrais ainsi que je n'avais pas été libre dans le choix de leurs noms – mais que le deuil subsistait à l'intérieur de mes fils ! La réalité suivait : Léo avait été un peu plus libre par rapport à l'image et au souvenir de mon père, Noé beaucoup moins. Ce sont des choses qu'on ne découvre qu'en analyse, tout simplement parce qu'on parle sous un regard qui vous couve, vous approuve, vous cadre. Mon psy en a pris acte. Certains penseront peut-être : « Bon, d'accord, c'est une jolie histoire, et alors ? » Mais il faut savoir que ce genre de révélations vous aide à desserrer le licol, à défusionner. Vous changez d'attitude de vous-même, sans même y penser. En prenant conscience de cette inclusion et de cette anagramme, je suis devenue plus légère. Sans l'analyse, j'aurais pu rendre fous mes enfants. Comme mon père l'était.

La gamme des gris et des beiges

Sans la psychanalyse, sans doute aurais-je eu également beaucoup de peine à aimer ce réel dans lequel il faut bien vivre ! Sans doute serais-je restée prisonnière du mythe, du noir et blanc. Or la réalité est faite de beige et de gris. Bah... Encore aujourd'hui, je n'aime pas ça ! Je n'aime ni les beiges ni les gris. Je m'ennuie très vite avec les gens qui n'ont pas un grain de folie ou qui ne sont pas exceptionnels. J'aime toujours autant l'ex – excès, expressionnisme, extrêmes, extase, exulter !

À l'époque de mon analyse, je prenais des cours de peinture avec un professeur qui me disait : « Tu es très douée. Mais tu m'agresses avec tes couleurs, je veux que tu travailles sur les camaïeux de beiges et de gris. » Ouh là là ! Ça ne me plaisait pas. Travailler sur les couleurs ternes, c'était accepter le réel, le banal, l'ennui... la mort, le vieillissement, et tout le toutim ! Mon psy, lui, avait la même attitude en séance. Il voulait me faire aimer toute la gamme des beiges et des gris. Il voulait me faire comprendre que l'on peut aussi vivre dans le moyen, le médium, sans en être mortifié. Il m'a fait pointer du doigt que, par moments, j'étais dans un déni total de la réalité, que je choisissais le conte contre le réel, que le réel subissait des effractions permanentes sous mon regard et que cette attitude était, disait-il, un moyen de défense psychotique. Cette réflexion m'a choquée. Au début, quand vous avez eu un père psychotique et suicidaire, entendre ces propos de la part d'un spécialiste, c'est effrayant. Mais n'était-ce pas un moyen, précisément, de me ramener à la réalité de ce que j'étais, pour que je fasse la part des choses et prenne conscience de mes faiblesses ? Donc un moyen de lutter contre la folie ?

Cette seconde tranche m'a été salutaire. Je suis entrée dans le réel. J'ai dénoué mon transfert au bout de trois ans et j'ai quitté mon psychanalyste, cette fois-ci en lui disant au revoir, proprement – encore un progrès par rapport à la première tranche.

Peu de temps après, j'ai rencontré Philippe. De fait, quand j'y pense, chaque tranche a débouché sur une rencontre importante, sur une histoire d'amour. Comme si, au fil des séances, vous parveniez à vous décoller de votre symptôme, que vous créiez un appel d'air, où le désir pouvait prendre place. En parlant, j'avais élagué et construit une place pour l'amour. Première tranche : rencontre de Kamel. Seconde tranche : Philippe !

Le mot de la faim

Aujourd'hui, tout n'est pas réglé, loin de là. Il me reste un symptôme : les crises de boulimie qui se sont déclenchées à la mort de mon père, qui me poursuivent et recommencent à chaque période de souffrance. Récemment, après deux tentatives et deux échecs de fécondation in vitro, je me suis remise à boulotter : pots de Nutella de mes fils que je termine le soir, jusqu'au dégoût. Ça ne m'arrive qu'entre 17 et 22 heures, la tranche horaire à risque pour moi, car c'est là que j'ai, à treize ans, découvert mon père. Il m'arrive de sortir de mon cabinet de consultation, d'aller au Franprix d'à côté et de manger dans la rue entre deux patients. Vous voyez, malgré l'analyse, ces crises de boulimie n'ont pas cédé. Et pourtant, je sais d'où viennent ces kilos en trop. Ils viennent de mon désir non assouvi d'avoir un troisième enfant. Cette fois encore, en subissant ces FIV, j'ai nié la réalité ; je suis restée dans le conte de fées – « ils se marièrent et eurent beaucoup d'enfants » – jusqu'au jour où un médecin m'a dit : « Vous savez, il est trop tard, pour vous. » Alors, cette réalité que j'avais déniée m'est revenue en pleine face. Et ces kilos sont revenus comme un boomerang. Vous cherchez à nier le problème ? À écarter le deuil ? Le corps le récupère, in petto ! Aujourd'hui je vais devoir trouver une solution – ou peut-être faire une troisième tranche – pour me délivrer de ces crises de boulimie. Vous voyez, tout n'est pas miraculeux. Mais une chose est sûre : je travaille, je vis, je suis entourée d'amis, j'ai une vie amoureuse qui me comble et surtout, surtout, mes deux fils vont très bien ! Or, avec la lourde hérédité que je transportais, sans l'analyse, j'aurais pu les rendre fous.

La question du deuil

Sophie Carquain : La psychanalyse peut-elle aider à enterrer les morts sans sépulture ?

Maryse Vaillant : Une enfance habitée par la présence invisible d'un petit mourant, puis d'un petit mort, peut en être totalement parasitée, envahie. Elle peut s'en trouver vidée de toute joie, à cause du désarroi, du chagrin et du désespoir de la mère. Comme si le petit malade ou le petit mort captait toute l'attention maternelle ou parentale et que lui seul était digne d'être aimé. Comme s'il fallait être malade, mourant ou mort pour être aimé !

La psychanalyse peut permettre de vivre ce qui n'a pas été vécu, de pleurer ce qui n'a pas été pleuré, d'ouvrir ce qui s'était refermé et de s'autoriser à vivre. Autrement dit de faire le deuil : enterrer les morts, leur permettre de partir et s'autoriser à être vivant.

La psychanalyse aide donc à faire son deuil ?

Totalement. Très profondément, la psychanalyse aide à vivre en paix avec ses morts. Le travail analytique peut du reste s'apparenter au travail du deuil. Il s'agit du travail psychique fondamental qui permet d'accepter une réalité pénible, violente, bouleversante, insoutenable – notre réalité, dans ses aspects autant matériels que psychiques. Pour chacun de nous, il est essentiel et douloureux de prendre la mesure des pertes ou des absences qui nous minent, des douleurs que la vie nous impose, mais aussi, plus radicalement, du manque qui nous creuse tous, afin de trouver en nous les forces de vivre quand même. Passer par la colère, ressentir la culpabilité, trouver des aménagements avec l'intolérable, cela peut jalonner le chemin du deuil qui suit une perte, comme le chemin d'une cure.

Le frère d'Agathe, le petit Henri, était comme un fantôme dans sa vie ?

Le mort qui n'a ni visage ni corps est effectivement un fantôme. Un fantasme incarné. Ce petit frère n'est pas un enfant avec qui jouer, avec qui partager, à qui on peut se mesurer, qu'on peut envier ou jalouser. Le petit malade, voire le petit mourant, n'existe que dans l'absence : c'est une présence ailleurs. Indéfinie, infinie. Cause continue de souci et de larmes pour la mère, c'est une ombre qui pèse sur la vie d'Agathe bien avant que d'être un petit mort. Il n'a, pour elle, jamais été tout à fait vivant, et n'est jamais tout à fait mort.

Sur le divan ou dans les cabinets des psychothérapeutes et des analystes, on parle beaucoup des morts, et surtout de ces morts qui restent très présents, trop vivants dans nos vies, faute d'avoir été suffisamment nommés, parlés, pleurés. Seuls les morts enterrés peuvent passer dans le registre du souvenir, seul véritable accès à l'éternité de la mémoire. Lorsque quelque chose reste indicible, comme la mort d'un enfant, pour les parents comme pour le reste de la famille, le travail psychique d'acceptation et de reprise de la vie est très difficile. C'est là que la psychanalyse apporte une dimension précieuse, celle du transfert. La relation transférentielle permet de pleurer et de dépasser, pendant la cure, ce qui n'avait pu se penser dans la vie.

Dans l'histoire d'Agathe, le fantôme de son frère venait hanter sa vie entière – et ses nuits. La parole l'a donc aidée à le remettre à sa juste place ?

Le discours va aider, certes, c'est-à-dire la parole dans le transfert. Vous savez qu'il ne suffit pas de dire les choses pour qu'elles évoluent. Si les mots font avancer dans la cure analytique, c'est grâce au transfert et aux conditions de celui-ci : le cadre et la règle de la cure.

Tout ce que dit Agathe sur la salle d'attente et sur le qui-vive montre bien sa difficulté à avoir une place et une vie pour elle-même. Pour qui a vécu cette forme d'attente, sans oser savoir ce qu'on attend, se demandant qui est vivant, qui a le droit de vivre, il est nécessaire de trouver un lieu fiable et assuré et une écoute adaptée pour pouvoir élaborer ce qui n'a pu être pensé. La psychanalyse permet d'avoir un lieu sécurisé pour parler. Un lieu, un rendez-vous, une place et une personne qui écoute. Régulières et assurées, les séances sont des garanties, des marques de reconnaissance. Vous voyez, une fois encore, l'importance du cadre et de la règle. Lorsque des fantômes hantent l'enfance, quand les frontières entre la vie et la mort sont floues, au point que la vigilance soit toujours requise, l'espace de la cure analytique offre un lieu psychique pour remettre les choses en place, les penser, les souffrir, les élaborer, sans être menacé de chaos.

Hélène, elle, n'a pas vécu avec un fantôme. Elle a trouvé le corps de son père dans le salon. Cela aurait dû l'aider à faire son deuil ?

Non, pas du tout. La découverte du cadavre de son père, surtout dans le contexte singulier de leur relation, est un de ces traumatismes graves qui peuvent faire éclater la réalité d'un enfant. Face à une réalité impossible à intégrer, notre esprit peut chercher à s'en protéger en la niant. Il peut nier soit l'événement, soit son impact. Ce déni peut être provisoire et laisser place à l'horreur de la réalité, au chagrin et au deuil. Il peut aussi s'installer durablement et déséquilibrer l'existence de celui qui fuit la souffrance, insupportable.

Le déni protège de la souffrance ?

Il protège de la souffrance en l'isolant des mécanismes psychiques qui pourraient permettre de l'affronter et de la surmonter. S'opère ainsi un clivage entre ce qui continue à vivre, donc à faire mal, et ce qui est refusé pour ne pas souffrir. Par exemple, une fillette qui n'a ni la maturité psychique ni le soutien familial adapté ne peut se protéger que par le clivage. Elle se protège de l'événement impensable, lui ôte tout caractère douloureux et peut ainsi reprendre le cours de sa vie. Du moins le croit-elle. Jusqu'au jour où une autre situation, analogue ou proche, viendra lui rappeler les émotions qu'elle n'avait pu ressentir et elle s'effondrera.

Ce clivage peut-il rendre fou ?

Le clivage et le déni de souffrance ou de réalité qu'il opère sont des moyens de survivre à la violence d'un traumatisme. Cela peut permettre de survivre mais en en payant le prix, qui peut être terrible au niveau de l'équilibre et de la richesse psychiques. S'il se bétonne et se rigidifie, surtout dans le contexte d'une famille déséquilibrée ou déstabilisée, le clivage est un mécanisme dangereux qui peut effectivement conduire à une organisation délirante. Au contraire, s'il est souple, assez poreux pour laisser passer des sensations et des émotions qu'un travail thérapeutique peut aider à élaborer, il est une aide, un soutien provisoire. Certains traumatismes sont tels qu'on ne peut les affronter sans clivage – qui permet de vivre avec une fraction de la réalité insupportable – et déni – qui permet de nier l'autre partie.

Comment en sort-on ?

Tout est là : il faut en sortir. Il faut pouvoir souffrir. Accepter, élaborer, surmonter et dépasser la souffrance. On ne peut faire l'économie de ce processus. En déniant ce qu'on n'est pas en mesure de supporter, on s'épargne une partie de la douleur et des chagrins qu'on n'est pas en mesure d'éprouver. Mais les émotions et les pensées déniées restent intactes, en attente. Comme elles ne sont pas travaillées par nos rêves et nos associations, elles peuvent longtemps rester en l'état et exploser si une situation nous les fait revivre. On ne s'en sort qu'en vidant l'abcès. Accepter de revivre l'événement insupportable, accepter les pensées et les émotions inconciliables, accepter la morsure du chagrin, de la culpabilité et de la perte. Plus le clivage est ancien, plus il peut s'être rigidifié, solidifié, enkysté. Certes, il nous protège de ce que nous ne pouvons supporter, mais en le gardant intact, telle une vraie bombe à retardement.

Le deuil reste toujours à faire, même longtemps après ?

Oui. Même dix, vingt ou soixante ans plus tard, il faut faire le travail d'acceptation de la réalité. Faire le travail : penser, pleurer, manquer et affronter ce qui semblait insurmontable. Encore faut-il être dans des conditions favorables. Seuls le transfert avec un psychanalyste et le cadre protecteur d'une cure analytique peuvent permettre de faire ce travail sur lequel se heurtent bien souvent les psychothérapies non analytiques.

Mort, pas mort... Il est intéressant de voir que le père d'Hélène est parvenu à se glisser dans le prénom de ses enfants ! Le choix du prénom n'est pas toujours conscient.

Hélène découvre le prénom de son père comme dissimulé dans les prénoms qu'elle a choisis pour ses fils sans le savoir. Anagrammes, inclusions, prénoms qui se répondent comme en écho : c'est toujours un moment de grande sidération, lorsqu'on prend conscience d'un choix inconscient. Nombre de Juliette ignorent tout du Roméo qui hantait leur mère et des raisons qui ont poussé leurs parents, derrière la mode ou la tradition, à les doter d'un prénom original ou même classique. L'inconscient s'exprime. Il parle de notre désir. Il maintient vif notre désir. En l'occurrence, il s'agit du désir de faire vivre son père.

Retrouver ses parents dans ses enfants, rien de plus classique pourtant !

Un tel désir est présent dans beaucoup de familles où l'on donne le prénom d'un grand-parent ou d'un parent décédé. Transmission du nom, comme patrimoine, volonté de garder contact avec la tradition, le passé, les ancêtres... Tout cela est positif et plutôt honorable. Hélène n'a aucune raison de se dissimuler ce genre de désir, n'est-ce pas ? Sauf si la question s'est chargée de pensées parasites, inconscientes, insupportables, qui rendent le prénom dangereux. Il est alors à la fois désiré et craint. Un tel conflit intime peut conduire à donner sans le savoir le prénom du père adoré aux fils aimés. Quelque chose de négatif peut être resté associé au prénom du père (sa maladie, sa mort) et rendre impensable la transmission. Comme elle est néanmoins désirée, elle se glisse à l'insu d'Hélène qui ne pouvait s'en donner le droit.

À propos de transmission, d'inné, et d'acquis, qu'est-ce qui est en cause chez Hélène (et chez tout enfant de psychotique) : le fait d'avoir supporté un père malade ou bien le fait d'avoir le gène ?

On ne connaît pas les gènes qui prédisposent aux maladies mentales. Peut-être sont-ils transmissibles. Mais tous les enfants de psychotiques ne le deviennent pas. Loin de là. Beaucoup deviennent psychologues, éducateurs ou médecins ! En revanche, tous les enfants qui vivent au quotidien avec un parent psychiquement instable, qu'ils aient avec lui des liens de sang ou pas, en sont profondément et durablement marqués. Lorsque la sécurité de base que le parent est supposé donner à son enfant est défaillante, ce dernier ne peut profiter pleinement de son enfance pour rêver, jouer et grandir comme un enfant. Beaucoup sont parentalisés, ils occupent avant l'âge des positions responsables, prenant en charge la violence ou la détresse de celui qui aurait dû les protéger.

Vivre avec un parent malade psychotique est donc toujours déstabilisant ?

Pour qu'un parent psychiquement malade ne soit pas trop toxique pour ses enfants, il faudrait que l'autre parent réussisse à maintenir l'équilibre de la famille. Protéger l'enfance et les jeux, les temps d'apprentissage et les étapes de développement, sans que l'enfant soit amené à participer au drame personnel et conjugal qu'est la psychose. Mission difficile, presque impossible. Vivre au rythme des alternances de joie et d'abattement, être convié à participer aux délires et aux déraisons de son père ou de sa mère, se sentir invité à les protéger ou à s'en méfier ne participent pas d'une enfance sereine.

On ne peut en guérir que par la psychanalyse ?

Les enfances bousculées par des parents déséquilibrés, prisonniers de leurs angoisses et de leurs démons, sont souvent lourdes à porter et laissent des traces. Malgré la cure. Certes, la psychanalyse permet de fouiller le passé, de revivre et d'affronter, d'élaborer et de dépasser les traumatismes infantiles, dont ceux qui sont causés par la douleur psychique des parents malades mentaux. Mais elle ne suffit pas toujours pour vivre avec soi-même.

La psychanalyse ne suffit pas : vous semblez formuler là une forme de désaveu !

Je dis simplement que ça ne suffit pas... On guérit par la cure et par le métier qu'on se choisit, par ce qu'on fait de sa vie. On guérit en soignant, en créant, en donnant, en pardonnant. La psychanalyse permet de vivre et ensuite on se guérit par la vie qu'on se construit. Heureusement que les modes de guérison sont riches et singuliers ! La norme n'est pas toujours une garantie d'épanouissement. Ceux qui ont vécu avec des parents hors norme le savent. Il leur faut trouver le mode de vie qui leur laissera la part de liberté qui leur est nécessaire. La maladie du père a-t-elle pu déterminer le métier de pédiatre d'Hélène ? On peut le supposer. Elle choisit de devenir pédiatre, autrement dit le médecin qui soigne les enfants – alors qu'elle considérait son père comme un enfant –, plutôt que psychiatre, ce qui aurait pu la renvoyer à la psychose de son père.

La mort

Agathe craint, en s'allongeant, de n'être plus qu'un corps gisant...

La position allongée s'articule toujours à la problématique de chacun, à ses fantasmes, au type de transfert qui se joue avec l'analyste. Agathe parle du corps gisant du petit malade, gisant bien avant de mourir. Pour beaucoup de ceux qui ont eu à faire avec la maladie et la mort, le lit renvoie à la vulnérabilité et à l'abandon. Abandonné aux soins. Abandonné à la souffrance. Du lit de soins au lit de mort, la position reste la même, c'est celle du mort. Le gisant est aussi la sculpture représentant le mort figé pour l'éternité qui marquait la tombe. Sculpture extérieure contre cadavre intérieur. Néanmoins, même ceux qui ne sont pas hantés par la mort peuvent craindre la position allongée dans le cabinet de leur thérapeute. C'est une position médicale, celle du patient, de celui qui ne sait pas et ne parle pas. Étrange, donc, pour celui qui est invité à dire.

S'allonger sur le divan place donc le patient dans un état de vulnérabilité extrême ?

Il est d'ailleurs très fréquent que les patients qui hésitent à s'allonger soient très effrayés de ne plus voir ce que fait le thérapeute. Comme si, en acceptant de s'étendre, on perdait toute maîtrise de la situation. Ne plus voir le psy, c'est le laisser hors contrôle, ne plus du tout savoir ce qu'il fait. Ainsi certains peuvent-ils craindre que leur analyste continue de vivre, pendant qu'ils seraient abandonnés à la mort (voir l'exemple d'Agathe)... Il est intéressant de voir le corps gisant de l'une s'opposer à la féminité coquette et vivante de l'autre, supposée se faire les ongles !

Qu'est-ce que l'on peut découvrir, dans le passé, dans la toute petite enfance, qui soit si effrayant ? Déjà un sentiment de mort, de rupture ?

Tant de peurs hantent nos enfances ! L'angoisse vient avec la vie. L'angoisse est notre lot commun. Crainte de disparaître, d'éclater, de se disperser, de perdre son unité, de tomber infiniment, d'être déchiré, dépecé, violenté de toutes les manières possibles : voici des craintes et des angoisses qui peuvent habiter les nuits, les cauchemars et les insomnies de beaucoup d'enfants. Ce sont les peurs premières, associées aux angoisses initiales que tout le monde traverse au début de l'existence et que l'amour parental permet d'apprivoiser.

Comment dépasser ce sentiment d'abandon ?

La crainte d'être abandonné par ceux dont on dépend tant, les parents, est absolument fréquente. Lorsque les parents sont présents et qu'ils lui donnent des mots pour vivre ses peurs, l'enfant réussit à faire face aux divers manques et accidents de la vie. Ses fantasmes de réparation l'aident à se représenter un monde aimant malgré les nécessaires frustrations et privations d'une existence normale. Pour peu que l'enfant soit dans un environnement porteur, rassurant, aimant et qu'il lui soit possible de rêver, de jouer, de créer, il transformera la violence de ses angoisses en créativité et parviendra à vivre avec ses peurs. Mais si les parents sont défaillants, quelles que soient les raisons de leur faiblesse, l'enfant se voit confronté sans recours à un bombardement de peurs. S'il est abandonné à lui-même, il lui faudra du temps pour apprivoiser les tourments de ses premières années.

Agathe dit qu'elle est sur le qui-vive en permanence mais qu'elle ne vit pas pleinement. L'opposition est intéressante...

Le qui-vive, c'est de la vigilance, autrement dit un des mécanismes de protection contre l'angoisse. On en connaît les effets dans l'insomnie et les migraines, par exemple. C'est aussi la question de savoir qui va vivre. Nous touchons là une question des plus fondamentales pour tous ceux dont l'enfance a été hantée par la mort d'un proche. Qui va vivre ? Qui va mourir ? Qui a le droit de vivre ? Il s'agit pour eux de savoir s'ils ont le droit de vivre et de goûter la vie. Tout leur parcours analytique peut être traversé par cette question : comment donner à la vie plus de poids qu'à la mort, aux vivants plus d'importance qu'aux morts.

L'analyse aide-t-elle à se sentir plus vivant – tout en permettant ce lâcher-prise ?

La notion de lâcher-prise n'est pas un concept psychanalytique. Mais elle peut tout à fait faire partie du projet thérapeutique d'une cure. Prendre de la distance avec son passé sans le rejeter, sans trop en souffrir, garder le contact avec soi-même sans s'enfermer et s'enferrer dans ses symptômes, accepter la réalité et s'autoriser à la transformer : c'est proche pour moi du travail de deuil et du travail d'acceptation de la réalité qui font tous deux partie des processus analytiques. Tout processus de changement demande de lâcher ce qui nous fait mal mais qui nous tient lieu de vie.

Agathe cherche une harmonie entre le corps et le psychisme, une façon de faire un avec le monde. La psychanalyse permet-elle d'aboutir à cela ?

Chacun met ses propres mots sur sa perception et sa représentation du bien-être. Si le rapport au monde est troublé, conflictuel, incohérent, flou ou violent, on peut rechercher une sensation d'harmonie, une impression d'équilibre. La psychanalyse peut aider à atteindre cet objectif. Comme elle aiderait à atteindre un autre but pour qui aurait besoin au contraire de se différencier, de se défusionner. La psychanalyse ne change ni le monde ni le patient, mais elle donne au patient la possibilité de vivre dans le monde.

Et ça nous amène à un profond sentiment de paix, n'est-ce pas ?

Lorsque toute l'existence est vécue comme un combat, la paix qui peut être recherchée s'apparente souvent à un besoin de pacification interne : on accepte alors de sortir de la classique et lancinante culpabilité du survivant pour accéder à la gratitude du survivant. L'harmonie en question me semble très proche d'une pacification du rapport à soi. Il ne s'agit pas de mettre un terme à toutes nos tensions, ce qui s'apparenterait à une forme de mort intime, mais de nous mettre en cohérence avec nous-même, y compris pour faire face à nos désirs et à nos conflits psychiques.

À propos de mort : le psychanalyste d'Hélène est âgé. Comment ne pas penser à sa disparition possible ?

Indépendamment de son âge, le psychanalyste peut mourir. Par définition, son humanité fait de lui quelqu'un de mortel. On n'y pense pas souvent lorsqu'on commence une cure, sauf lorsqu'on est déjà habité par la mort. La mort de l'analyste ou sa disparition viennent parfois hanter ceux qui se débattent avec de vieilles angoisses de mort que le transfert est venu réactiver. En les projetant sur l'analyste, le patient peut les revivre, les vivre, les affronter. Il se familiarise et surmonte ses propres peurs, sa mort personnelle et celle de ses proches, en les projetant sur son analyste, support transférentiel privilégié.

Que se passe-t-il lorsque le psy meurt ?

Le drame survient en effet lorsque la mort arrive dans la réalité de la vie de celui dont on s'appropriait l'existence dans les fantasmes. Cruelle expérience que de voir mourir celui qu'on joue gentiment à tuer, ou celui qui nous rassure sur la mort de ceux qu'on a perdus. Détresse, culpabilité, panique... le monde s'effrite et risque de se désagréger. C'est un moment terrible qui réactive les angoisses et les symptômes de celui qui perd tous ses repères en perdant la personne qui donnait un sens à sa vie.

Que faire alors ?

Selon le stade d'avancée de l'analyse, la période transférentielle traversée par le patient, celui-ci peut s'effondrer et peiner à retrouver un nouveau lieu d'écoute. La plupart du temps, la nécessité de renouer un lien transférentiel se fait jour avec urgence. Et la mort de l'analyste vient rapidement trouver sa place dans les épreuves, deuils, frustrations et manques que le travail analytique permet d'élaborer. Le patient qui resterait sur la mort de son analyste sans prendre rapidement contact avec un autre psy – ne serait-ce que pour en parler – prendrait le risque d'un effondrement ultérieur durable.

Transfert et technique

Le mutisme et la neutralité du psy : Agathe dit avoir suffoqué pendant les premières séances, devant une psychanalyste froide et muette !

Elle affirme aussi qu'un comportement de compassion l'aurait fait fuir. C'est dire que l'empathie et la compassion ne permettent pas toujours un vrai travail psychique. En psychanalyse, on parle de neutralité bienveillante. C'est une position d'écoute tolérante qui donne à celui qui souffre le droit et le temps d'exprimer sa souffrance. L'analyste ne prend pas parti, il ne donne pas son avis sur ce qui est exprimé pendant la séance car il entend la parole du patient comme l'expression de ses conflits psychiques. L'empathie, l'élan amical ou chaleureux du thérapeute pourrait effrayer celui qui se bat contre lui-même et qui a pris l'habitude de se protéger de sa propre souffrance par le déni ou la maîtrise.

Est-ce normal que la psy ne bronche pas et la laisse souffrir ? Et dans quel but ?

Le transfert, ne l'oublions pas, réactualise de nombreuses émotions passées et réveille d'anciennes douleurs enfouies. Si elles sont si profondément enfouies, c'est justement parce qu'elles ne peuvent aisément être vécues, exprimées, ou consolées. Un thérapeute empreint de compassion, qui comprend et qui console, apporte certes un réconfort immédiat, mais ne permet pas que se vive l'impossible, l'insoutenable, l'indicible qui couve sous le symptôme. Le psychanalyste n'a pas l'objectif d'apaiser la souffrance. Il veut l'entendre. Il permet qu'elle se dise. Il est là pour que le travail psychique reprenne sa vigueur et que le patient lui-même trouve les moyens d'affronter ses terreurs. Une consolation prématurée ferait taire la douleur au lieu de la transformer en souffrance, en parole, en force.

Tout cela nous amène aux thérapies brèves... et ultra-brèves ! Certains psys reçoivent cinq à dix minutes !

Difficile en effet de comprendre et de défendre la pratique des séances ultracourtes dont témoignent certains analysants. Sauf à la pratiquer soi-même ! Personnellement, j'attache beaucoup d'importance au cadre de la cure. Comme je considère que la règle et le travail sur le cadre contribuent au travail de l'analyse, j'ai du mal avec les séances systématiquement courtes. Toutefois, de nombreux analysants attestent que les séances brèves les ont fait travailler avec vivacité. Comme si la fugacité de la rencontre venait secouer leurs résistances et que le sentiment d'urgence aiguisait en eux un travail psychique que le confort des rituels aurait endormi. Ceux qui ont pratiqué ces séances après les cures classiques de quarante-cinq minutes expliquent parfois combien le confort de la longue séance préprogrammée pouvait les endormir. La brièveté de la séance les réveille, surtout si l'analyste, très vigilant, sait l'interrompre sur une question cruciale, ou rendre cruciale la question sous-jacente aux mots prononcés lorsqu'il met fin à la séance.

Les séances courtes ont donc un intérêt pour le patient ?

Au lieu de donner au patient un temps déterminé à l'avance, le psychanalyste, qui connaît les ruses de l'inconscient et sa capacité de résistance, décide de couper la séance dès qu'une phrase ou un mot importants sont prononcés. L'analysant sait que son temps de parole sera bref, il y pense beaucoup avant, s'y prépare. Un sentiment d'urgence rend précieux son rendez-vous. Il repart creusé de frustration. Tous ces éléments peuvent être favorables au travail psychique. Là où un psy plus traditionnel aurait relancé, il interrompt. Il laisse ainsi l'analysant aux prises avec ses propres associations, hors du cabinet, jusqu'à la prochaine rencontre. Le travail psychique se poursuit hors séance, et chacune d'elles, éminemment frustrante, stimule celui qui ne peut trouver refuge dans l'écoute paisible et réconfortante de son psy. On ne peut nier le potentiel d'une telle gestion du temps de la cure, du moins pour certains patients que l'angoisse ne ravagerait pas trop. À condition que le psychanalyste soit capable de gérer le risque transférentiel et contre-transférentiel de son omnipotence.

N'est-ce pas une imposture ?

On comprend que cela y fasse penser. C'est une technique qui s'accompagne d'une gestion du temps et du cadre très particulière. Plusieurs rendez-vous en même temps, cohue dans la salle d'attente, bouleversement des rituels... Une telle conception de la cure demande que l'analyste ne se perde pas et tienne fermement le cadre qu'il se permet de déséquilibrer. Serait en position d'imposture celui qui s'y risquerait sans en avoir la capacité. Il embarquerait ses analysants dans un rapport de force et de séduction particulièrement difficile à élaborer. En effet, tout ce qui s'apparente au bon vouloir de l'analyste demande une gestion du transfert assez épineuse. Difficile de ne pas être vécu comme un gourou, un maître à penser, un Maître...

Soyons directe : accumuler les rendez-vous, multiplier les séances courtes, n'est-ce pas pour gagner des sous ?

C'est une hypothèse qu'on ne peut exclure ! Les psychanalystes ne sont pas libres de tout symptôme résiduel, et l'appât du gain fait parfois partie de ces symptômes qui semblent résister à leur propre travail. Égocentrisme, volonté de pouvoir, narcissisme, l'analyse n'a pas fait d'eux des anges et la pratique de la cure ne fait pas d'eux des saints. Là n'est pas l'importance. Le psychanalyste peut avoir conservé des angoisses, des inhibitions et des symptômes, c'est humain. La pratique de la psychanalyse n'exige pas de lui qu'il soit aseptisé. Il peut être cupide et faire un bon analyste. Ce que la pratique de la cure exige de lui, en revanche, c'est que ses propres ombres ne viennent pas assombrir son travail. Sinon, son rapport avec l'argent (cupidité, avidité, analité) n'est pas compatible avec l'éthique nécessaire à la pratique de la psychanalyse.

Hélène va voir un membre d'une société de psychanalyse. Est-il bon de changer d'école ?

Lorsqu'on a déjà fait un vrai travail avec un psy, surtout si cela a duré un certain temps, on commence à connaître la profession, ses techniques, sa formation, ses écoles. Il est alors tout à fait sage de se renseigner et de changer de modèle. Le deuxième thérapeute ne reproduira probablement pas les impasses dans lesquelles nous a conduit le premier.

Même avec des techniques et une éthique différentes, son travail s'appuiera sur la cure précédente et en prolongera les bénéfices.

Le second ne risque-t-il pas de porter préjudice à l'image qu'on avait du premier ?

Quand une cure s'arrête du fait du patient, le transfert sur le psy tombe de lui-même. C'est souvent le signe que la tranche est finie. Le souvenir peut rester fabuleux, mais la vie l'emporte sur le transfert et remet le psy à sa place. Les bénéfices acquis sont intégrés à la vie, mis à l'épreuve des expériences quotidiennes. Une fois le transfert éteint, le psychanalyste perd son auréole. Dans le meilleur des cas, il est renvoyé à son métier, son savoir-faire. Le nouveau transfert va mobiliser d'autres passions, la nouvelle cure va apporter autre chose. De la régularité et du rituel, par exemple, là où la première apportait de la magie, du fabuleux, de la surprise. Ou alors c'est le contraire. Ce qui compte, c'est que le patient se sente à nouveau en condition pour avancer. À son rythme. Dans le cadre qui lui est proposé. Aussi loin que son psychanalyste pourra l'accompagner.

La guérison et la fin de la cure

Claire y a passé sept ans, Agathe onze... et c'est loin d'être fini, d'après elle. C'est plus long chez certains que chez d'autres ?

Oui, la cure analytique peut être longue. Dix ans, ce n'est pas rare. Il faut du temps pour se retrouver, se trouver, exister en dehors des carcans que la douleur impose. Certaines cures sont plus courtes, mais peuvent aussi se déployer sur plusieurs tranches, avec le même, ou plus souvent avec plusieurs analystes.

On ne sait jamais combien de temps la cure durera. Ce qu'on sait, c'est que sa longueur ne sera jamais imposée de l'extérieur. Seul l'analysant, c'est-à-dire le patient lui-même, en décide. Le jour où il a le désir et la volonté de s'arrêter marque la fin de son analyse ou de sa tranche d'analyse. Il en parlera avec son analyste, celui-ci entendra son désir mais ne répondra pas nécessairement à sa demande. La question de la fin ou de l'arrêt sera au centre d'un certain nombre de séances et donnera lieu à de nouvelles découvertes, mais le patient sera toujours libre de revenir ou de partir.

Freud, lui, pouvait recevoir ses patients quotidiennement, pendant une petite heure, durant plusieurs mois, voire deux ou trois ans. Un travail concentré. Déjà à son époque, les cures s'allongeaient. Au fil des années, les cures semblent effectivement devenir de plus en plus longues.

Est-ce une question de résistance ?

Très probablement. Les résistances sont toujours présentes, elles nous protègent et nous empêchent aussi de guérir. Résistances au changement, résistances à la guérison, peur de quitter l'analyste. Tout est possible. Pour survivre, nous développons des mécanismes de défense, nous construisons des barrières contre la douleur, nous édifions des murs pour nous isoler, des protections pour nous endurcir ou nous éloigner de ce qui nous menace. Au fil des années se manifestent les symptômes qui nous permettent de vivre. Certes, ils nous font souffrir, ils sont même parfois tout à fait invalidants, mais souvent ils nous préservent de plonger dans une angoisse trop violente.

Nous tenons donc mordicus à nos symptômes ?

Avec nos symptômes, nous vivons. C'est pourquoi nous tenons à eux. Même en nous en plaignant, nous y tenons. Tout le travail de la cure analytique consiste à nous permettre de trouver et d'accepter d'autres moyens de vivre avec nous-même. Cela prend du temps. Car nous tenons à ce que nous connaissons, à ce qui nous a permis de tenir, même si cela nous coûte. Les résistances sont des blocages, des absences, des silences, des murs, toutes sortes de mécanismes psychiques qui viennent nous assurer que nous pouvons ne pas changer. Le changement effraie. Nul ne sait vraiment ce qu'il apporte derrière ce qu'il promet.

Hélène continue à souffrir de crises de boulimie après deux tranches importantes. Ce symptôme semble résister parmi d'autres... Y a-t-il une fin possible ?

La fin de la cure, c'est quand elle s'arrête. Cela ne veut pas dire que tout est fini mais que la séquence est terminée. Il nous reste une foule de petits ou de gros symptômes plus ou moins invalidants, qu'on appelle parfois symptômes résiduels. J'ai tendance à penser qu'un gros symptôme, comme la boulimie, peut persister à la fin de l'analyse. À lui seul, il condense et exprime toutes les failles passées et c'est son maintien qui permet à tout le reste de rester vivant. Il est comme un rappel de l'enfer que serait la vie si tout fonctionnait à son image.

À votre avis, Hélène doit-elle faire une troisième tranche ?

Les rapports avec l'alimentation portent bien souvent la trace de la toxicité familiale. C'est pourquoi ils sont si difficiles à comprendre et à faire bouger. Une nouvelle séquence analytique peut, en effet, être bénéfique à qui en ressent la nécessité et le désir. Il faut pour cela se sentir capable d'un transfert sur un nouveau thérapeute.

La thérapie comportementale et cognitive n'est-elle pas plus efficace ? N'est-ce pas utile pour soigner les troubles alimentaires ?

Autant les thérapies non analytiques sont impuissantes à traiter le fond de nos histoires et la cause de nos symptômes, autant elles peuvent nous aider à gérer nos troubles comportementaux une fois le travail de fond réalisé. Les thérapies qui visent un changement dans nos habitudes et l'apprivoisement technique de nos peurs travaillent dans la didactique, dans l'apprentissage, émotionnel ou comportemental. Ce sont des méthodes qui n'agissent pas sur des bases psychiques, historiques, culturelles et symboliques de notre histoire, mais qui peuvent être efficaces pour rééduquer les habitudes comportementales de celui qui a appris à affronter ses propres démons intérieurs.

Le psy peut-il mettre au jour tous les démons intérieurs de son patient ?

Certainement pas ! D'ailleurs ce n'est pas au psy de le faire, c'est au patient lui-même ! C'est pourquoi je n'aime pas l'expression « être analysé » par quelqu'un. Le terme d'« analysant » qu'utilisent les lacaniens est parlant. L'analysant, ce n'est pas le psychanalyste qui écoute, c'est le patient, celui qui parle, qui associe, qui se coltine son histoire, ses rêves et ses résistances. Celui qu'il est vraiment difficile d'appeler le patient : il n'a rien à voir avec le patient de la médecine, celui qui subit un traitement ou qui en bénéficie, il est celui qui change, celui qui se réveille, celui qui vit sa cure, de rêve en rêve, d'association en association.

Quant à savoir si une analyse peut être un jour totalement terminée ou si elle est plutôt interminable par définition, infinie comme tout processus vivant et actif, c'est une des questions qui fait travailler les psychanalystes. Même eux, alors qu'une grande part de leur métier repose sur un profond travail analytique personnel, restent confrontés à des pans entiers de leur inconscient. C'est notre part d'infini.

Christine Orban

« Je suis plus jeune qu'il y a vingt ans »

Elle est brune aux cheveux courts, les yeux verts, ravissante. À la brasserie du Lutetia où nous nous rencontrons, elle déguste ses gorgées de thé Earl Grey lentement, se réchauffe les mains sur la tasse brûlante, parle avec hésitation, parfois timidité. Bref, quand on veut bien l'écouter, derrière la femme du monde, celle que l'on tient pour une des plus élégantes Parisiennes, il y a celle qui a souffert. Et qui souffre certainement encore parfois.

J'étais une morte vivante

À vingt ans, je me suis mariée pour apprendre, six mois après, que Louis, mon mari, était condamné par un cancer. Le secret étant trop lourd à porter, je me suis fait aider par un psychiatre-psychanalyste, deux fois par semaine, pour des séances de quarante-cinq minutes, pendant… dix ans. Je ne sais pas si je ne serais venue en analyse que pour moi, malgré mon immense mal de vivre. Je suis venue pour m'aider à aider. Tout cela était complexe parce que je voulais guérir et, en même temps, j'avais peur de la normalité, c'est-à-dire peur de ressentir normalement la vie – le bien et le mal, par exemple. Mais il arrive un moment où le mal vous submerge et pèse plus lourd dans la balance. En étant anesthésiée du cœur – car je m'étais coupée de mes émotions –, j'étais peut-être plus protégée de l'indicible, malgré l'évidente souffrance que cela me procurait. La partie n'était pas facile. Le premier ennemi à combattre est à l'intérieur de soi.

Mon psy consultait en plein Paris, dans un appartement qui avait tout d'une ferme en Normandie, avec des poutres apparentes, un plafond bas et une odeur tenace d'encens ! J'avais beaucoup de mal à parler, et même à pleurer, car j'étais comme anesthésiée émotionnellement. J'étais ce que l'on appelle clivée. Je ne voulais pas me dévoiler, c'était la principale difficulté. Une morte vivante, privée de toute vie. J'avais vingt ans, je n'avais pas connu l'insouciance.

Tout fait signe, dans cet espace théâtral qu'est le cabinet du psy ! Un jour, il a insisté sur ma jupe sur laquelle je tirais, comme si c'était un moyen de lui échapper... La relation de séduction est inséparable de la relation psychanalytique. Il n'est pas anormal d'imaginer que si le psy vous aime bien, il vous sauvera. Alors on se donne du mal, on peut même pousser l'absurde jusqu'à soigner ses tenues, alors que l'on a envie de mourir. J'ai toujours pensé qu'un certain désespoir se cache chez celles qui en font trop. Comme si celles qu'elles sont sans artifices ne pouvaient pas être aimées.

Parfois s'installaient de longs silences... J'ai appris à décrypter le silence, à être attentive aux infimes petits signes, qui sont aussi un langage. C'était difficile. Un cancérologue avait permuté les rôles entre mon mari et moi, une façon de me dire : « À partir de maintenant, c'est toi la forte et lui le faible. » Comme ça, du jour au lendemain, il a modifié le cours des choses. C'est aussi ça, la maladie : le changement des rôles. Obliger les faibles à devenir forts, et les forts à devenir faibles. Inverser l'équilibre des couples.

Lit de camp

Le jour où il m'a indiqué le divan d'une simple phrase – « Allongez-vous » – et que j'ai vu ce lit de camp, ce lit de garnison austère recouvert d'une couverture ethnique, j'ai eu très peur. J'ai lentement plié les genoux, je me suis affalée. La peur m'a dévastée, j'ai eu l'impression d'être une petite souris de laboratoire, je me sentais comme à l'école, au piquet, avec l'interdiction de me retourner. Derrière moi, d'ailleurs, c'était le monde interdit, qui ne me parvenait que par bribes. J'entendais les crissements de son fauteuil en cuir, les semelles en crêpe sur le parquet, la lime à ongles, le chuintement du taille-crayon. Tous ces petits bruits qui, dans ce grand silence, me prouvaient qu'il était là. Mais à compter de ce jour, j'ai beaucoup progressé, car la position allongée vous aide à aller plus loin. Il me l'avait dit, du reste : « Le travail sera plus efficace si vous êtes allongée. Cela s'appelle une analyse. » J'aurais aimé qu'il intervienne plus, mais c'était un freudien pur et dur, qui, lâchait des « Hum », des « Bon », de temps en temps lançait de petites phrases, comme des bombes à retardement. Je me souviens de cette phrase, sortie du silence, qu'il a prononcée subitement, lui qui ne disait rien : « Mais qui vous aime malheureuse ? » Elle m'a fait réfléchir. On ne gagne rien à être malheureux. Et mon malheur n'aidait personne.

Transfert freudien

Curieusement, j'ai fait mon transfert avec Freud ! Et cela devait l'amuser que je pense lui échapper par ce biais : pendant mon analyse, j'ai effectué de nombreux voyages à Vienne ; je traînais autour de la Berggasse, la rue où habitait le psychanalyste viennois, je m'imprégnais de ce quartier, de sa maison...

Le jour de la mort de mon mari, je suis arrivée chez lui, un matin de très bonne heure, bien avant l'heure de ses consultations. Il était 8 heures, une odeur de tartines grillées flottait dans l'appartement. Il m'a ouvert lui-même, étonné de me trouver là, il a vu la chemise de nuit dépasser de mon manteau. Il m'a conduite jusqu'à son cabinet, où j'ai vu, comme une somnambule, qu'une tasse de café fumait entre ses feuilles. Je lui ai dit, entre deux sanglots, que mon mari était mort. Et lui qui avait été si froid, si neutre, m'a prise dans ses bras et il a pleuré. Il m'a dit « Mon petit », je crois. Il n'était pas très grand, je devais plier les genoux pour que mon visage touche son épaule. J'ai arrêté peu de temps après car cela signait bel et bien la fin de l'analyse. Nous avions rompu le pacte de neutralité.

Cette thérapie a fait l'effet d'une bombe à retardement. Il était impossible d'en tirer un quelconque profit à l'époque, la vie était trop cruelle. Mais aujourd'hui j'en sens les effets dans ma vie de tous les jours. C'est étrange, mais j'ai parfois l'impression qu'il m'a donné la permission d'être heureuse, qu'il m'a montré le ridicule des barrières inconscientes qui m'en empêchaient. Et ce n'est pas un petit cadeau !

Il y a une citation de Mao qui me fait penser au travail du psy. « Si tu veux aider un pauvre, inutile de lui donner du poisson, apprends-lui à pêcher. » C'est cela, le travail du psy. Ce n'est pas de délivrer des conseils précis, un mode d'emploi de la vie. C'est de vous apprendre à pêcher. Et c'est ce qu'il a parfaitement réussi à faire.

Quand j'avais vingt ans, j'avais cent ans dans ma tête. J'ai commencé ma vie par la fin. Aujourd'hui, je ne peux être que plus jeune. L'âge n'est pas qu'un chiffre. Je suis capable de rire de moi, de m'autoréparer. Je ne fuis pas la solitude, je l'aime énormément. Et, enfin, je suis capable d'aider les autres. J'ai des antennes sur la tête, j'ai l'impression parfois de capter, de les comprendre. J'ai eu envie d'être psychanalyste, vers la fin de ma cure. Mais, au fond, je n'aurais pas pu être psy, car j'attrape les états d'âme comme d'autres attrapent la grippe. Aujourd'hui, grâce à l'écriture et aux romans, je me contente de psychanalyser mes personnages, ce qui peut être aussi dangereux. Mais ça l'est différemment. La psychanalyse exige de vous d'avoir une case en plus.

Moi qui pensais ne plus pouvoir aimer

J'ignore si, sans la psychanalyse, j'aurais pu aimer à nouveau, construire une famille. J'étais traumatisée, je pensais : « À quoi bon aimer puisque les gens meurent ? » Ma famille, c'est ma plus belle victoire sur la déprime : j'ai deux fils aujourd'hui, âgés de quinze et seize ans, dont je suis très fière.

Freud avait raison de dire que l'analyse est « terminée et interminable ». Maintenant, je continue sans lui, mais avec lui ; il est là, quelque part... Mais je ne suis jamais retournée le voir.

Une analyse réussie, c'est pouvoir faire le travail toute seule. J'ai écrit ce livre[1] pour Louis, parce qu'on continue

1. *Deux fois par semaine*, Paris, Albin Michel, 2005.

de faire vivre ceux qui sont partis trop jeunes en parlant d'eux. J'ai attendu d'avoir le courage de refaire le chemin à l'envers. Quand mon livre est sorti, l'an dernier, je l'ai bien sûr envoyé à mon psy. J'ai tourné cinquante fois mon stylo entre mes mains. Je n'ai jamais eu autant de mal à écrire une dédicace !

V

Le poids de la famille

Clara, 58 ans, comédienne

« La psychanalyse vous aide à faire le meilleur usage de vous-même »

Une grande gueule. Elle m'excusera de la définir ainsi, mais avec ses cent soixante-quinze centimètres, sa tignasse blonde, son port de reine et sa voix un peu rauque, Clara dégage, comme on dit. Et puis, un sourire plus tendre, un regard, une réflexion désabusée, des yeux qui s'embuent... On pense alors que, derrière ce tempérament, couvent beaucoup de fragilités. Clara a un art consommé de la stylistique, de la formule, et c'est savoureux à déguster. « En guise de famille, dit-elle, j'ai écopé d'une bassine en plastique plutôt que de couverts en étain. » On rit à l'écouter. « Normal, si je suis drôle, dit-elle. J'en fais des tonnes pour être aimée. Au lit aussi, je sais faire un nombre incroyable de trucs de professionnelle. Rien que pour plaire ! » Quand elle parle de ses parents – son père, un tyran qui la terrorisait, sa mère, « sublimissime, mondaine », morte il y a un an à peine –, les larmes coulent en silence : « C'est l'irréparable. C'est ça, le manque absolu, dit-elle. Parfois, il vous arrive d'avoir envie d'appeler votre mère, vous attrapez le combiné. Et puis vous le reposez. »

Mise en quarantaine

À vingt-cinq ans, je suis partie à Dallas, pour épouser Steven, un cow-boy pur sucre, pétri de hamburgers et de guacamole, portant Stetson et santiags. Mais mon cow-boy du Kansas, ivre de grands espaces, s'est mis à virer alcoolo. Et c'est notre relation qui a sombré, à mesure qu'il s'enfonçait dans l'alcool. Après quinze ans à vivre ainsi, immergée dans les grands espaces texans, à faire des castings, des petits jobs dans les magasins de mode, je suis rentrée en France, à Paris. J'avais quarante ans pile, mon rêve américain tournait court. Le choc ! Aux États-Unis, la vastitude des trottoirs, des avenues, des maisons, des plages... – l'espace dissolvait mon identité, mes problèmes. La distance avait allégé le poids de mon héritage familial. Je m'étais plu à croire aux sourires, à l'éternel soleil. J'évoluais dans une autre langue, échappant ainsi à la langue maternelle. Bref, lorsque je me suis retrouvée à Paris, concentrée sur moi-même dans un petit studio de vingt mètres carrés, mon passé m'est retombé sur les épaules. Comment y échapper ? La valise familiale m'est retombée dessus. Chute de bagage dans l'allée, en plein vol ! J'ai tout repris en pleine gueule : échecs sentimentaux, stérilité, père tyrannique, ultra-puissant, mère mondaine et absente... Vous savez, il n'y a que dans les aéroports où les sacs abandonnés sont détruits par les services de déminage. Les souvenirs ne sont pas des valises ! On n'a pas encore inventé de brigade antiterroriste pour les dissoudre... Ils reviennent donc comme des bombes vous sauter au visage.

Rencontre avec Mme Worms

J'étais déprimée, paumée. Je me sentais mal, à l'étroit dans cette ville étriquée, mais je ne voulais plus vivre aux

États-Unis. Qui étais-je ? Française, américaine ? Une amie m'a alors parlé de Mme Worms, psychiatre-psychanalyste : « Va la voir, elle te correspondra tout à fait. Vous avez le même humour et elle connaît bien la culture anglo-saxonne. » C'était vrai ! Mme Worms vivait – et vit toujours – non loin de chez moi, place d'Italie. Chez elle, pas de salle d'attente, on attend en bas, dans le hall, sur un petit banc de pierre. Quand elle a ouvert la porte, la première fois, elle ne m'a pas fait une impression bœuf : petite, ronde, un peu baba, des mains d'enfant... pas mon genre du tout ! Un âge indéfinissable : quarante-six, quarante-huit ? Difficile de donner un âge précis à un psy ! Mais cette femme était dotée d'une paire d'yeux bleus redoutablement perçants qui semblaient scruter le fond de votre âme. Une vraie intelligence à fleur de regard. J'ai senti instantanément qu'avec ces yeux-là, je n'étais pas dans le bavardage, mais dans une autre parole, une parole vraie. Son regard m'intimait de ne dire « rien que la vérité ». Pour moi, la comédienne, pas question de jouer un rôle : j'étais aspirée par le vrai.

Elle m'a indiqué de la main un fauteuil en cuir, je m'y suis assise. « Mon problème, lui ai-je dit d'entrée de jeu, c'est ma famille. » Et je lui ai raconté : un père, chirurgien tout-puissant qui avait pour patients César, Matisse, des comédiens de renom... Bref, quelqu'un d'exceptionnel. Une mère mondaine, sublimissime, très belle, pleine de charme, qui se faisait courtiser. C'étaient deux êtres brillants, charmeurs, mondains, parfaits. Sauf qu'ils ne nous ont pas élevés, mon frère et moi. Trop occupés à vaquer à leurs propres occupations ! De temps en temps, devant mes confidences, Mme Worms me regardait, levait les yeux au ciel, soupirait et m'adressait de petits signes d'empathie, histoire de dire : « Eh bien, quelle famille ! Qu'est-ce que vous me racontez là ! »

Les fleurs de Mme Worms

Le cabinet de Mme Worms est rempli de plantes : roses, cactus, yuccas, impatiens... Il y en a partout qui dégringolent, sur les étagères, sur la table basse, à même le parquet. Une vraie serre ! À chacune de mes séances, au tout début, j'en faisais l'inventaire : « Tiens, celle-là ! Vous ne l'aviez pas, la dernière fois ? », « Je vous avais dit de ne pas trop l'arroser, celle-ci », « Et ces roses ? Toujours vivantes ? Tiens, c'est étonnant, avec la façon que vous avez de les traiter. Vous les arrosez, au moins ? Je pensais que vous les auriez fait crever ». Chaque plante me renvoie à moi-même, c'est une métaphore de mon état psychique. « Celle-ci, je ne l'aime pas, elle est foutrac. Quel bordel, cette plante ! » Parfois, je m'excite sur ces foutues graminées. Mme Worms se tait.

Dans son bureau, outre les plantes, il y a des reproductions sous forme de cartes postales de *L'homme qui rit*, de Messerschmidt. Ça me plaît beaucoup. Persuadée qu'elle aimait les sculptures, je lui ai offert une fois une petite sculpture en bronze, un couple enlacé ; je me suis acheté le même, ainsi ça fait le lien entre sa maison et la mienne. Le jour où je la lui ai donnée, j'ai dit : « Vous voyez, ils s'aiment, eux ! » Elle m'a répondu : « Ils se consolent. » Ça, c'était la réflexion psy à 200 % ! Un peu déprimant, non, comme conception de l'amour ? Depuis, cette sculpture me déprime, je ne la regarde plus.

Mme Worms m'a proposé de venir deux fois par semaine : le lundi soir à 19 heures et le mardi matin à 8 heures. Il n'y a qu'une nuit qui sépare les deux séances. Je m'en suis inquiétée mais elle m'a réconfortée : « C'est bien. Vous avancerez bien le travail. » Je la paie en liquide, 50 euros, même quand je pars en vacances. Au début, ça m'horripilait. Maintenant, je m'y suis faite – et je suis contente d'avoir ma place, dussé-je payer pour cela. Moi qui n'ai jamais eu ma mère ou mon père que quelques instants, à l'arraché, entre deux voyages d'affaires, entre deux rendez-vous, c'est une sacrée sécurité affective que d'avoir, au fil des semaines, sa petite place au chaud.

Peau d'Âne

Je n'ai jamais eu aucun problème pour parler. Dès le début, j'étais dans l'extraversion totale. Mon métier de comédienne m'y a bien sûr aidée. Quant à savoir si j'ai joué un jeu chez elle, un rôle... certainement pas. Curieusement, alors qu'avec mes amies il m'arrivait de tricher, de frimer et de jouer, avec elle je sors de ma carapace et je dis vrai. Tout simplement. « Autant le dire tout de suite, ai-je d'emblée dit à Mme Worms, mon père ne m'a jamais touchée ni violée, mais ne m'a jamais non plus considérée comme sa fille. Plutôt comme une petite copine. » J'étais sa petite femme. Il lui est arrivé de dire, en plein dîner, devant une assemblée de gens : « C'est elle que j'aurais dû épouser, pas sa mère ! » Du *Peau d'Âne* tout craché, non ? Dès que j'ai eu des petits amis, ce tyran les expulsait. Un jour, Charles, un jeune homme, très riche, beau, courtois, bref, le gendre parfait, a demandé ma main. Mon père a répondu : « Celui-ci, jamais ! Qu'il aille se faire voir ! » Aucun garçon ne trouvait grâce à ses yeux. Et, le plus incroyable, c'est que je lui obéissais au doigt et à l'œil – je rompais sans autre forme de procès. Puisque papa, n'est-ce pas, avait toujours raison ! Le jour de mon mariage avec Steven, l'Américain de Dallas, mon père est passé trois minutes à la mairie. Avant de partir, il m'a lancé : « Oh, tu sais, ça ne marchera jamais. Tu vas revenir nous voir très vite, ma fille ! » Et il est parti.

Les hommes de ma vie... Répétition du père

J'ai compris chez ma psy à quel point j'avais cherché mon père chez les garçons dont je m'étais entourée. Tous étaient des hommes riches, puissants, toxiques et qui continuaient à m'en faire baver affectivement. C'est tout de même curieux, ce phénomène de la répétition ! Pourquoi diable cherche-t-on à continuer à souffrir, alors qu'on a souffert tout petit ? Pourquoi répète-t-on ? Aujourd'hui encore je n'ai pas trouvé la réponse. Charles était l'archétype du type pas fiable, du beau séducteur qui vous prend et vous jette. J'étais folle amoureuse de lui, mais il ne cessait de me tromper. Il avait tout le temps la tête ailleurs, était tout le temps planqué chez d'autres. Qu'est-ce qu'il m'a fait souffrir ! Avec lui je continuais à subir l'insécurité affective qui m'avait torturée pendant mon enfance. Et pourtant, j'attendais énormément de lui ; j'attendais qu'il répare tout ce dont je n'avais pu jouir pendant mon enfance – l'amour des parents. Plus j'exigeais cet amour, plus il fuyait, bien entendu. Les mecs, ça, ça les fait fuir.

La petite fille dans la malle

Chez ma psy, en ouvrant la valise Maman, que j'avais fermée à double tour, je m'attendais bien sûr à souffrir. Mais pas autant que ça. Qu'est-ce que j'ai pleuré, en parlant de ma mère ! Beaucoup plus qu'en évoquant Papa. Je me suis rappelée, sur le divan, le nombre de fois où elle s'en allait.

Je n'arrêtais pas de la voir partir – à des soirées, à des cocktails... Et puis, un jour, elle est tombée folle amoureuse d'un Américain et elle a pris le bateau pour le rejoindre. Je l'ai accompagnée, ce jour-là, sur le quai, en tenant la main de ma grand-mère. Et j'ai vu cette femme, sublime, que j'admirais tant, si grande dans mon souvenir, partir au loin. Ai-je pleuré, ce jour-là ? Je me souviens juste d'avoir serré très fort la main de ma grand-mère. Quand vous êtes petit, vous allez vers la lumière, vous fuyez l'ombre. Vous allez vers celui qui vous donne le plus d'amour. Quand vous êtes petit, vous vous adaptez.

Ce jour-là, sur le divan, la souffrance m'a rattrapée. Une douleur nauséeuse, faite de mal de cœur. « Vous savez, ai-je dit à Mme Worms, j'ai mal au cœur en bateau. » Sur le divan, je retrouvais cette sensation nauséeuse du bateau secoué par les vagues. Les vagues se succédaient les unes aux autres. Je revoyais ces malles, fermées, ces grandes malles dans lesquelles la petite fille de cinq ans aurait aimé se cacher et sans doute, à ce moment-là, mourir. Je parlais de la petite fille de cinq ans à Mme Worms. Je ne disais pas « je » mais « cette petite fille de cinq ans ».

Éternelle patiente

J'ai compris qu'avec nous, mon père n'agissait pas du tout comme un père. Il continuait à se comporter comme un brillant chirurgien, nous « mettant à poil », posant un diagnostic définitif, nous coupant les ailes, avec ce regard scalpel qui faisait froid dans le dos. Il me disait : « J'ai à te parler, viens dans mon cabinet. » J'étais considérée comme une patiente ! Une malade. Je me la bouclais. J'obéissais, tremblante.

Un jour, enfin, j'ai osé lui répondre. Vous ne pouvez pas décemment vous rendre deux fois par semaine chez votre psy sans modifier votre attitude le reste de la semaine. Le travail se poursuit les autres jours ! Ce jour-là, nous avions une réunion de famille à Paris. J'ai parlé à mon père d'une façon telle qu'il a compris que j'allais voir une psychanalyste. Il m'a lancé : « Le jour où tu arrêteras de claquer ton fric chez les psys, tu iras sans doute mieux ! » Je lui ai répondu : « Des millions de dollars ne parviendront pas à réparer l'enfance que je n'ai pas eue. » Ensuite, je lui ai balancé ce que j'avais sur le cœur. Vous imaginez ! À cinquante ans, j'osais pour la première fois de ma vie lui parler ! Je me suis sentie dans un état de bien-être peu commun... Je n'en revenais pas de pouvoir le faire.

Le lundi d'après, j'ai offert une orchidée à Mme Worms, pour sa fameuse bibliothèque de fleurs. Je lui ai dit : « Merci, madame. » Je crois que, ce jour-là, elle était contente. En n'ayant plus peur de lui, j'entrais enfin dans l'âge adulte. Ça, c'était la fin de ma première tranche avec Mme Worms.

J'ai déposé le flingue à côté de moi

C'est curieux, je ne me suis jamais mise en colère contre mes parents. Ni contre leur immaturité. J'ai simplement essayé de comprendre. Je dirais que l'analyse m'a permis de déposer le flingue à côté de moi. J'aurais pu devenir coléreuse, rageuse, hyperviolente. J'avais un fonds de violence énorme en moi, dont vous n'avez pas idée. Mais à la différence de mon frère, qui l'a logée au-dessus d'un placard pour l'oublier, j'ai ouvert cette valise familiale. Et j'ai entrepris de ranger tout ce joyeux bordel. Ce travail m'a apaisée et rendue plus douce. Je crois que même les traits de mon visage ont changé. Quand je regarde des photos de moi d'avant l'analyse, je me trouve dure, le regard sombre. Quand vous saisissez la force de la répétition, dans laquelle vous, mais aussi vos parents, avez été englués, alors la violence s'apaise. Ce que j'ai découvert alors, c'est que mes parents avaient, l'un et l'autre, été privés de leurs propres parents. Mon père, élevé par son oncle – comme moi –, et ma mère, elle aussi privée quasi totalement d'amour. Alors, je me suis dit : « Ils ne pouvaient pas faire autrement. » Et j'ai accepté. La psychanalyse vous aide à deux choses : à devenir tolérant et à éviter de répéter – même si, pour ne pas répéter cette infernale chaîne, j'ai fait le sacrifice, conscient ou inconscient, de la maternité, puisque j'ai subi une hystérectomie...

Décès de ma mère

Il y a un an, ma mère est morte. Je suis retournée chez Mme Worms. Ma psy m'a très vite suggéré de m'allonger, ce qui n'avait pas été le cas pendant la première tranche. Nous avions fait un travail d'élagage important mais, m'a-t-elle dit, il fallait explorer plus en profondeur. Je lui ai répondu : « D'accord, on va essayer une fois. » À partir de ce jour, privée de son regard bleu qui happait cette parole en moi, je sentais néanmoins sa présence. Le silence était plus épais, je divaguais sans doute plus. C'est vrai, allongé, on voyage plus ! Elle ne s'exprime plus par le regard, ne montre plus de compassion. Elle relance la conversation par un petit beuglement – « Hein ? » – et m'avertit par une légère toux que c'est fini. Voilà pour les codes de langage.

J'ai beaucoup, beaucoup pleuré la mort de ma mère sur le divan. Ça peut paraître curieux, pour quelqu'un qui n'a pas vécu avec elle. On pourrait croire, rationnellement, que le manque est moins cruel quand vous n'avez pas vécu avec votre mère. En réalité, c'est l'inverse qui se produit. Vous n'avez pas eu votre content d'amour maternel. Le deuil est plus terrible à vivre quand vous avez manqué de votre maman, car vous savez alors que rien ne pourra jamais rattraper et réparer ce manque. Et tout cela réactive, en plus, les séparations et les absences vécues à l'âge tendre. Ce qui vient aussi vous gifler, violemment, quand vous perdez vos parents, c'est la crainte qu'ils n'aient pas su que vous les aimiez. Dans mon cas, c'était pire encore car je n'avais pas épargné ma mère. Ne lui avais-je pas dit, au moment où elle vieillissait : « Arrête de me coller. Je ne veux pas être ta fille, puisque tu n'as pas été capable d'être ma mère. » Ah, cette phrase-là, combien l'ai-je répétée à Mme Worms ! Je pleurais : « Elle est morte sans savoir que je l'aimais. – Votre mère savait que vous l'aimiez, c'est une évidence. Vous l'aimiez et vous l'admiriez », me disait-elle. Je retournais aussi la proposition : « Ma mère ne m'a jamais aimée. » Et Mme Worms, si silencieuse d'habitude, me répondait : « Je ne suis pas d'accord avec vous. Votre mère gardait tous vos cadeaux, n'est-ce pas ? Vous souvenez-vous de ce jour où, ouvrant un placard, vous avez retrouvé tous les présents que vous lui aviez offerts ? » Oui, c'était vrai. Seulement, je l'avais oublié. J'avais même oublié que je le lui avais dit ! Elle, Mme Worms, était ma mémoire. Une mémoire à cinq cents giga-octets !

Les petites pépites de Mme Worms

Mme Worms a toujours procédé par petites phrases un peu à côté de la plaque qui, sans être des manifestes philosophiques, me faisaient cogiter. Ce que j'appellerais des pépites. Des petites phrases un peu décalées, riches de sens. Là aussi, vous voyez, nous étions dans l'anti-bavardage et dans le discours vrai. Ces pépites prenaient d'autant plus d'importance qu'elles émergeaient d'un silence.

C'est ça, tout l'art d'un psychanalyste. Très loin du coaching ! Les phrases de Mme Worms sont plutôt du domaine du vers, de la rime, de la citation. C'est une sculpture, avec laquelle vous repartez – et qui a été faite sur mesure, au burin, pour vous.

Quand ma mère est morte, j'ai pleuré, pleuré, bavé, dégouliné. J'ai eu très peur de perdre le contrôle de moi-même. Sur le divan, je sanglotais : « Je suis mal, madame Worms, n'est-ce pas ? Je ne sais pas si je m'en remettrai. » Elle me répondait : « Je sais que ça va aller. » Mais quand mon père est mort, il y a deux mois, je suis arrivée en disant : « C'est drôle, je ne pleure pas. C'est bien, non ? » Elle a alors rétorqué : « Pour l'instant les conflits masquent le deuil. » Quelle phrase percutante. C'est ce qui s'est passé : après la phase de conflits avec la famille autour de l'héritage, me voilà maintenant confrontée au manque et à la tristesse. À croire qu'elle me connaît mieux que moi !

Aujourd'hui, seule chez moi, j'écris à ma mère morte tous les soirs. Je lui raconte ma vie, je lui dis que je l'aime. Un jour, en séance, j'ai raconté toutes ces lettres qui ne passeraient jamais par la Poste. Je m'inquiétais : « Vous pensez que c'est grave ? Je ne suis pas en train de devenir folle ? » Elle m'a répondu, du tac au tac : « Tant que vous ne lui mettez pas le couvert le soir, tout va bien. » Il m'arrive d'éclater de rire chez elle. Nous avons résolument le même type d'humour.

Madame Worms, vous dormez ou quoi ?

Parfois, quand je tourne autour du pot et qu'elle me laisse mariner dans le silence, je m'énerve : « Alors, madame Worms, vous dormez ou quoi ? C'est quoi, ce bazar ? Vous me laissez seule, maintenant ? » Parfois elle rigole, parfois elle sourit, mais c'est tout ! C'est quelqu'un qui me donne l'impression de m'aimer beaucoup. Moi, je la respecte et il n'y a aucune relation perso entre nous. Je l'appelle « madame ». Un jour, en septembre, je lui ai demandé, avec désinvolture : « Alors, vos vacances, c'était bien ? » Elle ne m'a pas répondu. Je n'ai plus jamais recommencé ! Parfois, quand elle me fait attendre un petit peu, je me demande si je ne l'ai pas fâchée.

En fait, elle est formidablement rassurante sur ma propre singularité. À cinquante-huit ans, j'ai un petit ami, mais je n'ai ni enfants ni petits-enfants. Et maintenant, je n'ai plus de parents ! Je lui dis : « C'est fou, tout de même, je suis seule, sans famille aucune ! » Elle me répond : « Et alors ? Vous ne cessez de dire que vous ne supporteriez jamais le poids d'une famille. Vous avez des amis, non ? Ces amis sont votre famille. »

À certains moments, en effet, Mme Worms intervient un tout petit peu plus. En ce moment, elle m'incite à me manifester auprès des miens. Car, après le décès de mon père, la famille a été laminée par une querelle d'héritage. On veut m'exclure de l'affaire, j'ai envie de baisser les bras. « Je ne veux plus voir leurs tronches, ça me gave », lui ai-je dit. Et là, bizarrement, elle ouvre la bouche : « Vous n'allez pas vous laisser faire. » Et elle ajoute, comme pour expliquer : « C'est votre père. Vous devez être reconnue comme sa fille. » Je comprends parfaitement ce qu'elle veut dire. Si je continue, comme ça, à me laisser faire, à me laisser exclure de l'héritage, je vais rester, fantasmatiquement, dans cette dimension incestuelle avec mon père – je vais rester la petite fiancée qui n'a droit à rien ! Or, pour m'affirmer comme individu, comme fille de, je dois restaurer symboliquement ce lien de sang, donc faire intervenir la justice. Tout cela est d'une logique imparable. La psychanalyse vous fait comprendre qu'aucun geste, aucun acte n'est vraiment gratuit ni anodin.

Amours plus light

Il y a quelques mois, je suis tombée amoureuse de mon voisin, Alberto, un bel Italien aux yeux verts. Dès que je l'ai vu emménager dans mon immeuble, je me suis dit : « Allez, vas-y, fonce ! Celui-ci, tu le veux, tu l'auras. Ton père n'est plus là pour te censurer. » Et aussitôt, je me suis reprise : « Méfiance, Clara ! Si tu ne fais pas gaffe, tu vas encore te casser la gueule. » J'avais bousillé tant d'histoires d'amour en obéissant à la loi paternelle ou en traquant l'amour dont ma mère m'avait privée. J'exigeais trop de réparation, trop d'affection. Mes demandes amoureuses étaient surdimensionnées pour un cœur d'homme ! En déposant mes souffrances dans un lieu bien défini, deux fois par semaine, j'apprends à être plus légère. Mes demandes de réparation, c'est là-bas que je les formule. J'ai libéré les hommes – et moi, surtout – de cela ! Pendant des années, quand un garçon ne me rappelait pas, je balisais. Je restais près du téléphone en me rongeant les sangs. Ou je l'incendiais ! Quand Alberto tarde à me donner de ses nouvelles, je ne me précipite pas. Je me dis : « Calme-toi, ma grande. La souffrance va venir, n'y cède pas. Regarde-la, examine-la, mais n'y cède pas ! » Je la domestique, je la sens approcher et je peux l'éloigner, comme un miroir, à deux centimètres de moi, cinq, quinze centimètres... À cinquante-huit ans, je n'ai plus peur.

Madame Worms, cessez d'être obsédée, SVP !

En ce moment, Mme Worms cherche à me faire parler de ma sexualité. Ça me fait bougonner. Je lui dis : « Ouh là, madame Worms, je sais où vous voulez m'emmener, mais je ne veux pas y aller. » Ou bien : « Dites donc, madame Worms, vous ne seriez pas un peu obsédée, par hasard ? » Je vois ce qu'elle a derrière la tête. Elle veut me faire accéder franchement à mon propre plaisir, mon propre désir. À moi-même. Pour l'instant, ma sexualité, c'est un peu la préhistoire. Je ne suis là que pour l'autre ! Et, pour être aimée, j'en fais des tonnes. C'est comme l'humour : j'ai toujours eu besoin de faire rire les autres. Un jour je lui ai dit que, franchement, la sexualité n'avait pas une importance capitale pour moi. Elle m'a répondu, toujours avec ses petites phrases dont elle a le secret : « Vous payez les frasques de votre père. » Comme si les excès de mon père m'avaient amenée à une inhibition totale, à une autocensure. Je pense qu'elle souhaite que je sorte de l'obsession du plaisir de l'autre. Dernièrement, je lui ai lancé : « Je me suis toujours ennuyée au lit. » Je lui ai raconté que, parfois, j'avais si peu envie de faire l'amour avec Charles, mon ex, que, quand il venait vers moi, je me retournais et je lui disais : « Sers-toi, moi je dors » ! Un autre jour, je lui ai dit : « Vous savez, je me demande si j'ai vraiment connu l'orgasme. – Mais si, m'a-t-elle rappelé. Avec Orso, votre copain corse. » Ça, ça m'a épatée, ça m'a scotchée ! J'avais presque oublié ce beau mec corse, et elle, elle était capable de me le ressortir, comme ça, d'un bloc ! Sa fameuse mémoire de cinq cents giga-octets.

Dieu... et ma psy !

Je l'admire et j'attends énormément d'elle. Je dirais qu'aujourd'hui, seule comme je suis, j'ai deux piliers dans ma vie : Dieu (je suis croyante) et ma psy. Du coup, je ne lui pardonne rien. De temps en temps, devant une réflexion un peu mollassonne, pas super-pointue, ou bien face à son silence, je lui dis : « Franchement, payer 50 euros pour ça, c'est une pitié » ou « J'aurais pu le trouver toute seule, madame Worms, vous vous foutez de ma gueule, ou quoi ? » Récemment, je lui parlais de mon petit copain : Alberto m'avait offert un livre sur les relations hommes-femmes, que je trouvais très symbolique. Un vrai message. Je le lui ai dit : « Il ne m'a pas offert ce livre pour rien ; il veut me dire quelque chose. » Elle m'a répondu : « Là, vous interprétez. » Je suis partie au quart de tour, je me suis fâchée ! Je lui ai dit : « Mais oui, c'est ça, dites-le, je suis une conne ! Je pense que j'ai assez bossé comme ça, je vais arrêter cette analyse de nulle », etc. Elle m'a laissée parler. Mais la séance suivante, elle m'a dit, calmement : « Clara, il faut que nous parlions d'un point précis. Je ne détiens pas l'unique vérité, vous savez ? » Je me suis retournée sur le divan et j'ai planté mes yeux dans les siens. « Bien sûr que si ! lui ai-je répondu. Vous êtes médecin. Vous avez fait des études pour ça, non ? » Elle a hoché la tête, pour dire : « Non, non, vous vous trompez. » Elle veut me faire comprendre qu'elle n'est qu'un être humain. Probablement veut-elle m'inciter à dénouer ce lien très fort que j'ai avec elle. Tout ce qu'elle dit, c'est parole d'Évangile ! C'est la reviviscence de mon enfance, aux côtés d'un père qui, lui, se prenait pour Dieu ! Mais personne ne la possède, cette vérité, il va bien falloir que je m'y fasse. Je sais que l'objectif de Mme Worms est, maintenant, comme une bonne mère, de me voir faire mes premiers pas toute seule. Après m'avoir tenu la main pendant tant de temps, il va falloir qu'elle me lâche. Il va falloir que je cesse de la considérer comme une déesse vivante, et ce n'est pas la partie la plus facile du travail.

Un beau Stradivarius

Aujourd'hui, je dirais que… je me ressemble. La vie, la souffrance m'avaient éloignée de moi-même et j'y retourne petit à petit. On ne peut pas être heureux quand on est loin de soi, ça, j'en suis sûre ! Je suis bien plus heureuse qu'à Dallas, quand je me fuyais moi-même.

Vous savez, je suis très croyante. Je prie Dieu tous les jours. La psychanalyse fait partie intégrante de ma foi et elle l'a boostée. C'est pour moi un exercice très moral, très religieux ! Car l'objectif est de me rendre plus belle, de retrouver la créature de Dieu : on est au plus près de soi, de ses possibilités, de sa perfection. Au plus près de ce que Dieu a voulu pour nous.

Je fais aujourd'hui le meilleur usage de moi-même. Quand on vous donne un Stradivarius et que vous jouez du crin crin, ce n'est pas logique. Je ne me prends pas pour un violon cinq étoiles. N'empêche que je suis née dans une famille géniale, avec des gens brillants, doués. On aurait composé un sublime orchestre. Aujourd'hui, je suis seule et j'ai appris à les aimer, enfin, maintenant ! Je sais jouer le mieux possible de cet instrument qui s'appelle moi.

Karin, 38 ans, traductrice

« J'ai revécu mes colères d'enfant »

Elle est enthousiaste, passionnée, passe de la joie à la colère en un tournemain. Karin, selon sa propre définition, est « baroque ». Comme la déco qu'elle chérit. Je l'avais déjà interviewée au téléphone. Elle avait un ton décidé, tonique. Alors j'imaginais une jeune femme brune, aux cheveux courts, aux lèvres rouges, à qui il ne manquait plus que l'accent italien ! Trahison du téléphone : c'est une très jolie blonde romantique aux yeux verts, à la bouche pulpeuse, habillée en jupe longue, que je vois arriver au Père-Tranquille ; une jolie blonde qui dit avoir une « image merdique et catastrophique » de son corps. « Mais il n'y a pas que cela qui m'ait amenée à l'analyse. Oh, non ! » lance Karin. Nous nous asseyons près de la fenêtre qui donne sur la rue piétonne Pierre-Lescot. Karin parle spontanément, s'emporte souvent, et griffonne tout en parlant. Des dessins rageurs, qui ressemblent à des colères d'enfant...

Incapable de rester seule

Jusqu'à vingt-quatre ans, j'ai souffert de phobie de la solitude. Incapable de rester seule, même quelques minutes.

Même adolescente, je vivais un cauchemar quand on me laissait seule à la maison. Seule, j'étais envahie d'un froid glacial, je claquais des dents. À quinze ans, les soirs où les parents allaient au cinéma, il m'arrivait de passer la soirée derrière la fenêtre, à les guetter. Vous comprendrez pourquoi, alors, j'ai toujours préféré être mal accompagnée plutôt que seule... Dès l'adolescence, j'ai enchaîné flirts, fiancés platoniques, puis petits amis. Sans beaucoup de désir, je le confesse. Je passais de l'un à l'autre, sans conviction. Jusqu'au jour où, à l'âge de vingt-quatre ans, j'ai rencontré l'homme de ma vie, Virgil, génial compositeur de musique argentin. Il avait trente-deux ans. Je l'aimais passionnément, mais il ne m'a pas épargnée. Il ne cessait de pointer du doigt le fait que j'étais infantile, incapable de prendre des décisions, d'assumer mes responsabilités. Son laïus ? « Il faut être le protagoniste de sa propre vie », « Tu n'es pas actrice de ta propre vie », martelait-il. Dieu sait que je ne l'étais pas ! J'avais vingt-quatre ans, j'étais sous influence, dépendante, très gamine. La preuve ? Tombée enceinte de lui, je l'avais écouté : il m'avait persuadée d'avorter, en me disant que notre relation était condamnée. Je me souviens encore de cet après-midi de printemps, dans mon petit studio d'étudiante. J'étais assise sur le lit, légèrement nauséeuse, je regardais le tapis, à mes pieds, et lui me parlait, avec toute la franchise dont il avait toujours été capable : « Je ne peux rien te promettre, et tu le sais. Notre relation peut capoter dans six mois : que feras-tu d'un bébé à charge ? C'est pour toi que je parle, tu sais... » Alors... eh bien, j'ai suivi son conseil. J'ai avorté, à la grande époque de la pilule RU 486. Nous sommes ensuite partis au Mexique, pour des vacances qui furent inoubliables sur le plan culturel, mais pas sur le plan conjugal ! De fait, peu après notre retour en France, notre relation a cessé – et, rentrée à Paris, je me suis retrouvée seule pour la première fois de ma vie. C'est alors que tout est parti en vrille. Pour échapper à cette solitude honnie, j'avais décidé d'habiter en colocation. Mais quand ma coloc partait, ce qui lui arrivait souvent, je retrouvais ma solitude, mes mains glacées, ce grelottement intérieur. J'étais super-mal. Pour celle qui n'était qu'une petite fille fusionnelle, l'épreuve était insupportable et je ne voyais aucune autre solution qu'aller consulter.

Défusionner pour mieux s'aimer

J'ai fait une première tentative chez une psy, une pure et dure, Marie-Paule M., qui avait écrit un livre au titre éloquent, *Défusionner pour mieux s'aimer*. Elle y expliquait pourquoi la séparation et l'indifférenciation sont nécessaires pour aimer l'autre et devenir adulte soi-même. Ce titre avait fait tilt et m'avait décidée à la consulter.

Je me souviens de cet immeuble, en plein cœur du XVIe arrondissement. La salle d'attente était petite... comme des chiottes ! Si, je vous assure. D'ailleurs, je me demande, moi qui me suis toujours beaucoup intéressée à la déco et aux aménagements intérieurs, si ce n'étaient pas des WC réhabilités. Mais ce qui m'a surtout frappée, c'est de voir à quel point cette psy était rigide. Froide comme un glaçon, sèche. Elle ne dégageait vraiment aucune espèce de chaleur ou d'amour. Elle ressemblait à ma mère : mince et même menue, la peau mate, les cheveux bruns au carré et la bouche charnue. D'ailleurs, je la détestais comme ma mère et j'ai fait un vrai transfert négatif sur elle. Qu'est-ce que j'ai pleuré, alors ! Qu'est-ce que j'ai souffert !

Et ce n'était certainement pas la façon dont je voulais aborder la thérapie. Comment accepter de souffrir, quand vous cherchez à voir un psy pour aller mieux ? Elle touchait du doigt ce qui me faisait mal, mon côté petite fille qui veut être prise en charge par ses parents. Elle avait pointé ça, un jour, parce que j'avais souligné qu'ils refusaient de participer à mon loyer, de 3 000 francs à l'époque. Ah là là, elle ne me faisait pas de cadeau !

Un jour de novembre, ça a craqué. Je n'ai pas pu me rendre à ma séance, car j'avais 40 °C de fièvre. J'étais vraiment malade, une grippe carabinée, et je suis restée au lit. Je lui ai téléphoné immédiatement pour annuler, je me suis excusée platement, mais elle m'a rétorqué : « Je comprends, mais vous me paierez cette séance la prochaine fois. » Payer alors qu'on est grippé, avec 40 °C de fièvre ? Je connais un peu les règles du jeu de la psychanalyse – payer quand on ne vient pas – mais j'ai trouvé ça limite, d'autant plus que j'étais étudiante à l'époque, et sans le sou. C'en était trop, j'ai décidé d'arrêter. J'avais passé quatre mois chez elle.

Figuratif abstrait

Et puis j'ai rencontré Frédérique G. Nous étions en 1995, j'avais vingt-sept ans. C'était en avril, au printemps. Elle m'a été recommandée par le psy d'un ami, que j'étais allée voir spécialement dans le but d'obtenir un nom. Je lui avais donné en quelque sorte un cahier des charges : « Trouvez-moi une femme, psychiatre, car, avec mon statut d'étudiante, j'ai besoin d'être remboursée intégralement. » Il m'a répondu : « Mme G. sera parfaite pour vous. »

Mme G., quarante-cinq ans environ, consultait rue Monsieur-le-Prince, près du Quartier latin. Pile chez les bobos ! Mais elle n'était pas une mondaine. Je savais qu'elle travaillait avec des enfants psychotiques et qu'elle œuvrait aussi pour Médecins du monde. Tout ça me plaisait. La première fois que je l'ai vue, je l'ai trouvée chaleureuse, mince, brune, belle... Tout le contraire de Marie-Paule M. Et elle me parlait ! Difficile d'expliquer pourquoi – parce que c'était elle, parce que c'était moi ? –, je me suis sentie immédiatement en confiance, bien. Même sa salle d'attente me rassurait. Pas d'impression de chiottes, cette fois, mais un endroit soigné où on se sent bien. Aux murs, il n'y avait pas des monochromes ou de l'art contemporain froid, mais des reproductions de Paul Klee, un Matisse, un Rothko. J'ai toujours prêté beaucoup d'importance aux salles d'attente : elles reflètent peu ou prou la personnalité du psy ou du médecin. Ces artistes lui ressemblaient beaucoup : elle était elle aussi dans du figuratif abstrait : à la fois très analytique, sachant repérer les concepts et les symboles, mais aussi présente, chaleureuse, attentive au réel. Et à moi.

Ni mondaine ni dogmatique

Dès notre premier rendez-vous, elle m'a conseillé de venir deux fois par semaine, car j'étais, à cette époque, vraiment très mal. J'ai le souvenir de quelqu'un de vraiment attentif. Quand, en séance, il m'arrivait de m'effondrer en sanglots, elle me demandait s'il m'arrivait aussi de pleurer dans la rue ; ou bien si, chez moi, je pleurais aussi en mangeant. Je me souviens de lui avoir dit : « Je me réveille à 5 heures, le matin, avec des barbelés dans le ventre. » Elle se souciait de moi. Quand j'arrivais, j'attendais un peu dans la salle d'attente, et il m'arrivait – il m'arrive encore – de voir du monde, puisque Frédérique G. partage sa salle d'attente avec un autre psy. Tout ça me va très bien car je déteste tout ce qui est dogmatique. J'aborde les gens spontanément. Je me souviens de ce jour où j'ai rencontré un jeune Anglais d'une trentaine d'années. Je lui ai demandé s'il consultait aussi Frédérique G. et il m'a répondu qu'il était suivi en binôme : par elle, mais aussi par un autre psychiatre qui renouvelait sa prescription d'antidépresseurs. Ça ne me dérange pas de parler avec d'autres : je déteste les ambiances lourdes et les secrets !

Frédérique G. a tôt fait d'arriver. Elle ouvre la porte, elle me regarde, elle me sourit. Ses yeux noirs diffusent une douce chaleur, qui m'envahit. Quand je la vois, je m'enquiers toujours de son état. « Comment allez-vous ? » Elle me répond : « Très bien » ou reste silencieuse. Qu'importe : elle est ma psy, je n'attends pas plus de confidences de sa part. Mais c'est ma façon à moi de la saluer comme un individu, avant d'entrer en travail. C'est notre rituel.

Face à moi, il y avait un divan, trop petit pour que l'on puisse s'allonger dessus. J'aurais débordé de toutes parts ! D'ailleurs, sur ce petit divan à deux places, elle pose son manteau, comme s'il ne fallait pas compter s'installer dessus. Et moi, je m'assieds sur la chaise en cuir, face à elle.

Mère adolescente

Mme G. est très présente. Elle approuve, cligne des yeux, rebondit sur certains termes. Au début de cette thérapie, j'ai parlé de ce qui m'avait amenée chez un psy : mon rapport désastreux avec la solitude. Pourquoi elle me faisait horreur, pourquoi je ne pouvais rester seule avec moi-même. Cette impression d'être gelée, quand je me retrouvais seule. Et je me suis mise à parler très vite de ma non-enfance. « Je vais tout de suite vous dire : quand ma mère a accouché, elle avait tout juste vingt ans, mon père vingt-quatre. Maman s'est mariée enceinte de moi. Je suis l'aînée, je suis née trop tôt dans leur vie et je crois que je les encombrais, moi, bébé rouge et vagissant, qui les empêchait de vivre leur jeunesse. C'est vrai ! m'emportai-je alors devant Mme G. Qui est-on à vingt ans ? À vingt ans, on a encore des couettes dans le cœur, on ne pense qu'à aller faire le mur et à voir des copains ! Je le sais bien, j'en ai vingt-sept ! »

En pension chez grand-mère

Alors, quand ma grand-mère a proposé de me prendre en pension, à quelques mois à peine, ma mère a été ravie. C'était d'accord : elle me confiait pendant la semaine à ma grand-mère, en Alsace, et viendrait me voir tous les week-ends. Ma grand-mère elle aussi était contente, contente de pouvoir enfin trouver une occupation ! Car elle était seule, et déprimée, et pour cause : sa propre fille – ma tante, la sœur de ma mère – s'était suicidée, quelques mois auparavant, à l'âge de vingt-six ans, angoissée, déprimée. Une tante qui, ajoutai-je, ne supportait pas la solitude. C'est pourquoi ma grand-mère a trouvé en ma personne un bel antidépresseur. Elle avait à nouveau quelqu'un à chérir... et à nourrir. « À nourrir ? – Oui, expliquai-je à Frédérique G., là est l'un des nœuds de mon problème : pendant deux ans, j'ai été surnourrie ! Ma grand-mère confondait amour et nourriture. Craignant sans doute de me voir dépérir, elle me gavait comme une oie : biberon six fois par jour, céréales, eau sucrée le soir, biscuits, madeleines, etc. Je pense qu'elle ne devait pas supporter de me voir pleurer et qu'elle m'emplissait la bouche dès que je me mettais à l'ouvrir.

Éponge sans essorage

J'ai grandi, donc, remplie à la fois par la nourriture et par la douleur de ma grand-mère. « Vous savez, ai-je dit à ma psy, je me suis toujours vue comme une enfant-éponge, qui n'aurait pas appris à s'essorer et qui gonflerait, gonflerait, gonflerait, emplie du malheur et du souci des autres ! » Ajoutez à cela le fait qu'on m'a toujours dit que j'étais le portrait craché de cette tante maternelle : « Tu as tout d'Olga ! Intellectuelle, un peu stressée, ne supportant pas la solitude. » Difficile, après cela, de ne pas échapper à la place de l'enfant de remplacement dans le cœur de ma grand-mère et à la projection inconsciente que l'on faisait sur moi ! « Comment se passaient vos week-ends ? » a demandé ma psy. « Les week-ends ? » J'avais beaucoup de mal à me souvenir. Je réfléchissais de toutes mes forces, mais rien ne venait. « Je suis gênée pour vous répondre, lui ai-je dit. Je suis frappée d'amnésie concernant ces week-ends en particulier et ma petite enfance en général. D'ailleurs, je n'ai que deux ou trois photos de mon enfance. Une, en particulier, sur laquelle je joue, sur une terrasse, encombrée de seaux et de tricycles. » Je savais néanmoins, pour avoir interrogé ma grand-mère, que mes parents, sans le sou (mon père était étudiant en maths sup, ma mère modiste dans un petit atelier), faisaient du stop pour se rendre à Thann, en Alsace, pour venir me voir. « Comment vous comportiez-vous, quand ils arrivaient ? » a demandé ma psy. « On m'a toujours dit que j'étais une enfant capricieuse, que je pleurais beaucoup. À mon avis, je devais pleurer quand ils arrivaient et quand ils repartaient. Ça faisait tout de même deux ruptures dans le week-end. Et les enfants n'aiment pas les ruptures ! »

À deux ans et demi, changement de cap : tout est rentré dans l'ordre, car mes parents m'ont reprise avec eux. Une image me reste de ces retrouvailles, celle de mes parents qui m'emmenaient au resto U et me calaient dans un Baby Relax à côté d'eux. Encore un souvenir de bouffe, en somme ! Ça changeait, soudain, du gavage grand-maternel. Je trouve ça plutôt sympa : c'était les années 70, les années baba cool !

Un souvenir, comme une gifle

Au fond, je suis passée sans aucune transition du nourrissage grand-maternel à une désinvolture que je qualifierais d'adolescente. Car ma mère, qui devait avoir vingt-deux ans alors – qui aurait pu être ma grande sœur –, poursuivait sa propre adolescence tout en s'occupant de moi, du moins quand elle en avait envie ! Elle préférait souvent rester jouer avec ses copines – surtout une amie allemande, qui habitait dans l'immeuble à côté – plutôt que de me changer la couche. En séance, certaines scènes me sont revenues, comme autant de gifles cuisantes. Certaines scènes que mon inconscient avait enterrées scrupuleusement... Un jour, en rentrant de l'école, j'ai sonné, comme d'habitude. Elle était à la maison avec sa copine allemande. J'ai sonné, sonné... Personne n'a répondu. Et j'ai dû me résoudre à penser l'inimaginable : ma mère faisait la sourde oreille. Je sais pertinemment qu'elle a entendu ces longues sonneries insistantes, comme des appels d'enfant. Mais elle préférait rigoler avec sa copine ! Et moi, je restais dehors, glacée. Je découvrais, dans le fauteuil, que j'étais pétrie de tous ces souvenirs. Ces scènes avaient été gravées à jamais dans mon corps, sur le disque dur de ma mémoire. Je les avais simplement refoulées, assez loin, assez profondément, pour ne plus les voir. Mais, au fil de ces séances, elles revenaient, comme un boomerang.

Des quasi-hallucinations

Autre jour, autre séance chez ma psy, autre souvenir. J'avais huit ans – huit ans seulement ! Mes parents étaient partis au cinéma, comme à leur habitude. « Tu es grande, maintenant, m'avaient-ils dit. Tu vas pouvoir garder ta petite sœur. » Et ils m'avaient confié la garde de ma sœur de quatre ans, Ingrid. Vous imaginez ? Laisser une petite fille de huit ans jouer les baby-sitters ! C'est énorme, non ? Quand ils m'ont dit, très gentiment, mais si légèrement : « Tu t'occupes bien de ta sœur, n'est-ce pas ? Tu ne la laisses pas pleurer ? » et que j'ai entendu la porte claquer, un silence glacial m'a envahie. J'étais là, raidie, derrière cette porte cossue, tendue de lourds rideaux de velours grenat. Je regardais le parquet, le tapis, je regardais par terre, osant à peine bouger, la tête dans les épaules, osant à peine respirer. Le silence a pesé sur moi d'un seul coup. J'étais terrorisée. J'avais envie de hurler, je ne le pouvais pas. N'étais-je pas l'adulte, dans cette histoire ? Une petite adulte de huit ans qui devait prendre en charge sa sœur ? « Alors, qu'ai-je fait ? Je vous le donne en mille ! dis-je à ma psy. Je suis sortie dans la rue en laissant ma petite sœur et j'ai voulu traverser la ville pour retrouver mon oncle. Il faisait noir, il faisait froid et j'étais un peu Boucle d'Or perdue dans la forêt. Ou Hansel et Gretel... Je cherchais une lumière dans la forêt, une réassurance, un adulte ! » Je vous assure que revivre ça en analyse, dans le fauteuil, face à la psy, ça fait un choc. C'est presque une hallucination. J'étais cette petite fille courant, haletant dans les rues de Strasbourg, cette terreur sur pattes ! Cette petite fille terrorisée de huit ans, moi, dans le fauteuil, je la regardais courir, suffoquer, mais aussi s'échapper de moi. C'était une forme d'accouchement. Je revivais ce sentiment d'angoisse... mais ce n'était plus de l'angoisse. Avec le temps, l'angoisse s'était transformée en colère. Comme si la distance, opérée par la présence de la psy également, avait modifié la composition chimique de l'émotion. Enfin j'avais le droit d'être en colère ! Vous ne pouvez imaginer la violence qui montait de moi, à ces moments-là, dans le fauteuil. C'était un torrent bouillonnant, un orage qui grondait et qui submergeait tout ! Littéralement, je voyais rouge.

Cette colère était purement physique, elle ne passait pas par le truchement du cerveau. Tout ce que je n'avais pas vécu dans mon corps revenait de façon différée, dans ce fauteuil. « Le pire, disais-je à ma psy, le pire, c'est que quand mes parents sont rentrés et ont su que j'avais déguerpi, j'ai reçu la plus grosse fessée de ma vie. Une fessée qui m'a brûlée pendant deux jours. Quelle injustice ! » J'éructais de colère. Pendant ces séances de remémoration, quand Frédérique G. me voyait sortir de mes gonds, elle tentait de me contenir, de me ramener à la réalité. Ma psy était comme une mère qui prend un enfant en colère dans ses bras. Elle murmurait, doucement : « Il n'y a pas de parents idéaux », « Ne cherchez pas l'idéal », « Je comprends votre colère. » C'étaient plutôt des paroles qui cherchaient, d'après moi, à me contenir pour éviter que je n'explose en mille morceaux.

Enfance confisquée

J'ai compris avec ma psy à quel point on m'avait volé mon enfance. On avait brûlé les étapes. Quand le pédiatre Donald Winnicott prétend que l'enfant, pour apprivoiser sa solitude, doit apprendre à être seul en présence de sa mère, ça me parle beaucoup ! Car, moi, je n'ai jamais bénéficié de cela – d'une mère « suffisamment bonne », comme il le dit, pour me faire grandir progressivement, sans phase de rupture. J'ai été projetée directement de la fusion à la solitude totale, sans passer par l'accompagnement. Et c'est terriblement déstabilisant. Mais quand vous êtes enfant, vous n'en voulez pas à vos parents. Vous vous adaptez, vous trinquez en silence. N'empêche que je comprenais pourquoi, depuis l'âge de quinze ans, j'avais tout le temps cherché à fuir cette solitude. Je comprenais aussi ce que je recherchais chez Mme G. Je quêtais peut-être, auprès d'elle, de sa présence chaleureuse, un accompagnement maternel que l'ancienne psy ne m'avait pas prodigué.

Confidente de mes parents

Dans le fauteuil, devant ma psy, je dévidais la bobine du passé. Un souvenir en amenait un autre. Je me rappelais que non seulement on m'avait fait jouer le rôle de baby-sitter, mais, un peu plus tard, celui de confidente de mes parents : quand j'ai eu dix, onze ans, mon père s'est mis à tromper ma mère, à multiplier les conquêtes ; et mon rôle, à moi, à peine sortie de l'enfance, était, après l'école, de récupérer ma mère en larmes et de la consoler ! « J'étais... Oui, là encore, j'étais une médiatrice, disais-je à Mme G. Et qu'est-ce qu'une médiatrice ? C'est quelqu'un qui n'existe pas en tant qu'individu ; c'est une épongeuse de pleurs. »

Je comprenais soudain que nous avions vécu dans une inversion de générations. N'étais-je pas, en consolant ma mère, devenue sa thérapeute ? Bien sûr, à l'âge de onze ans, vous n'intellectualisez pas de cette façon – vous ne faites que subir. Mais cette tâche était si lourde que je ne voulais plus rentrer à la maison le soir. Je ne voulais plus bouffer le chagrin des autres, le boire, en grossir. Ça, non ! Alors, je traînais, le plus souvent et le plus longtemps possible, dehors. À l'école, je ne faisais rien... Et, moi, l'enfant si brillante et promise à un riche avenir, j'ai redoublé ma seconde, comme ça ! Face à ma psy, je m'encolérais, j'exprimais aussi ce profond sentiment d'injustice. Pourquoi ne m'avait-on pas respectée comme enfant ? Pourquoi mon père s'était-il autorisé à me dire, si souvent : « Tu sais, j'en ai assez de ta mère. Si je m'écoutais, je divorcerais bien. » Je ne voulais pas l'entendre ! Les enfants ne veulent pas entendre cela. Pourquoi ne m'avait-on pas laissée rêver au prince charmant, comme les autres petites filles ? Au lieu d'idéaliser mon papa, de le transformer en Superman ou en Zorro, j'avais dû supporter l'image d'un père faible, un père lâche et couilles molles – pardon, mais c'est ça, au fond. « Les hommes, pour moi, disais-je à ma psy, c'est ça : lâcheté et couilles molles ! »

Rapport au corps désastreux

Pendant les premières années de mon analyse, j'ai aussi beaucoup parlé de mon symptôme numéro deux, ce rapport au corps, qui a toujours été catastrophique. Autour de moi, on a beau me trouver jolie, je n'y crois pas. Je réponds :

« Tu plaisantes ? Mais tu es dingue ! » Ou bien, pour plaisanter, je fais mine de me retourner : « Tu parles de qui, là ? » Mon miroir me renvoie l'image de quelqu'un de gros, laid, difforme. Est-ce le reflet distordu que me renvoyaient les autres, cette manière qu'ils avaient eue de ne pas respecter mon statut d'enfant ? Est-ce le manque de contenant maternel ? Mon miroir me persécute. « Je me souviens de ces heures passées devant le miroir à scruter mon corps, disais-je à ma psy. À me demander si j'étais difforme, si laide que ça, si grosse que ça. Je me souviens, dans la rue, d'avoir traqué les surfaces réfléchissantes, les vitrines des magasins, les rétroviseurs, les miroirs des cafés et des restaurants, obsédée par mon image. » Et je repartais sur l'enfance. « Il faut dire que j'étais un gros bébé, poursuivais-je. Une petite fille boulotte. Toute petite, j'étais affublée de genoux enrobés de graisse. Plus tard, mes rondeurs m'ont persécutée, quand il s'agissait d'affronter le regard des autres adolescents. J'aurais pu vivre avec, j'étais pourtant jolie, disait-on... Mais ma mère se moquait de moi. – Elle se moquait de vous ? » Frédérique G. m'interrogeait du regard. Soudain, je me suis souvenue de ce jour... Oui, elle s'était moquée de moi ! Selon mon habitude, je m'étais mise à danser devant le miroir, à gesticuler sur une musique des Bee Gees. Ma mère m'a surprise et m'a dit : « On dirait un éléphant ! Qu'est-ce que tu manques de grâce ! » La gifle ! Ce mot a été comme une gifle !

Ça aussi, j'ai trouvé ça injuste. Je m'arrangeais toujours pour être discrète, faire le moins de bruit possible. Je marchais à pas de loup. Et voilà qu'on me traitait d'éléphant, moi qui avais passé mon enfance tapie comme une souris. Mais finalement, de l'éponge, qui absorbe l'autre jusqu'à enfler, à l'éléphant, nous n'avions fait que filer la métaphore... Allez savoir, après cela, si mon inconscient n'avait pas associé éléphant avec Elephant Man, cet homme difforme, monstrueux ? Les mots ont un pouvoir... énorme. Oui, moi qui suis traductrice, je voudrais souligner le pouvoir d'un mot, comme un sort jeté presque négligemment sur les enfants. Être traité d'éléphant, même pour rire ? Ça peut passer comme un coup de vent. Mais lancé au bon moment, si je puis dire, sur une enfant persécutée par son miroir, une enfant-éponge qui n'a pas été respectée dans son identité d'enfant, cela peut s'engrammer sur le disque dur et provoquer des dégâts. Alors la jolie princesse se met à se transformer en crapaud à ses propres yeux.

Du rouge aux joues

Étais-je éléphant, souris ou crapaud ? Étais-je jolie ou très moche ? Étais-je un monstre ou une princesse ? Pour ma mère j'étais gracieuse comme un éléphant, mais mon père me trouvait très jolie. « Oui, dis-je à ma psy. Finalement, pour mon père, j'étais une déesse. » Frédérique G. m'intima de poursuivre du regard. « Mon père, lui, a toujours proclamé que j'étais belle et intelligente. J'étais l'intello de la famille, celle qui lui ressemblait le plus. Je me souviens : à table, il s'adressait parfois exclusivement à moi, dès qu'il s'agissait de discuter de choses importantes, d'art ou de culture. J'étais son interlocutrice privilégiée. Il me traitait d'égal à égale, comme si nous étions de la même génération. » Ce jour-là, un autre souvenir m'est alors revenu en mémoire, un flash. J'étais dans l'ascenseur, face à mon père. J'avais quinze ans et nous devions nous rendre ensemble à une soirée. Mais je me souviens encore de son regard dans cet ascenseur surchauffé, doublé d'une porte métallique ; je me souviens de la force de ses yeux, brillants, sur mon visage, de ces deux secondes silencieuses, interminables, suivies de cette phrase : « Tu aurais pu te mettre un peu de rose aux joues. » Cette formule s'adresse plutôt à une femme, n'est-ce pas ? Dans mon cas, elle faisait mouche. Car, quand vous êtes élevée comme une petite femme, comme je l'avais été, quand vous êtes parentalisée, alors le moindre mot a une résonance malsaine, ambiguë. Mettre du rose aux joues revêt de multiples significations en fonction du contexte. Cela pouvait signifier aussi : « J'ai envie de te donner du rose aux joues. » Et c'est cela que je comprenais, avec l'analyse : les mots les plus anodins peuvent vous toucher au cœur.

Ma première cellulite

Adolescente, je scrutais sans fin mon image dans le miroir de ma chambre. Et ces longues et minutieuses séances, devant ces miroirs déformants, ne faisaient que m'enfoncer un peu plus : j'étais perdue, je ne me saisissais pas. Aujourd'hui encore, je me souviens de cette souffrance muette et honteuse ; je me souviens de mes genoux énormes à l'âge de huit ans, de ma première cellulite, à l'âge de treize ans, quand, en pressant ma chair entre le pouce et l'index, je pouvais voir la fameuse peau d'orange – celle qui fait des trous dans l'épiderme, tiens, un peu comme la chair de l'éponge... Et j'examinais jusqu'à la nausée toutes les rondeurs nouvellement acquises.

Chez Mme G., j'ai reparlé de ces interminables séances matinales, entre douze et dix-sept ans, quand je me plantais devant le miroir, le cœur battant la chamade, et que j'éparpillais, sur le lit, devant le miroir, tous les vêtements de mon armoire, les sweats, les jeans, les jupes longues, les cache-misère, les essayant les uns à la suite des autres, au bord des larmes, les jetant rageusement les uns sur les autres, ne trouvant rien qui puisse masquer suffisamment ce que j'estimais être un corps monstrueux. Oui, tout ça, je m'en souvenais, et j'en parlais pendant des séances entières. « Je me trouve, encore aujourd'hui, si souvent horrible, disais-je à ma psy. Je m'en veux de ne pas savoir maigrir. Je m'en veux d'être hyperphage, de manger, encore et encore, sans avoir faim, simplement parce qu'il est l'heure. Je m'en veux d'être si sensible aux remarques sur mon physique ! Il m'est arrivé de tomber sur des garçons qui, pressentant inconsciemment que j'étais torturée par cette image de mon corps, m'ont lancé : "Tu as de petits seins et de grosses fesses." » Vous vous rendez compte ! Comment pouvaient-ils s'autoriser à parler ainsi de moi ? » Ce corps, que j'avais laissé aux mains, aux yeux des autres (depuis que, tout bébé, ma grand-mère me gavait), je comprenais alors – du moins mon inconscient le comprenait-il – que je devais me le réapproprier. Pour reprendre les mots de Virgil, je devais non seulement redevenir protagoniste de ma propre vie, mais d'abord de mon propre corps ! Alors, je me suis mise à reprendre le sport, le stretching, la gymnastique, le yoga. Mon corps commençait à m'appartenir. Je ne le laissais plus en pâture aux autres.

Jalouse d'une petite fille

Ma psychanalyse évoluait en fonction de ma vie. En 2003, j'ai rencontré par Internet Jean-François, mon homme, avec qui je suis depuis trois ans. Il m'a immédiatement annoncé qu'il avait une petite fille, Fiona, âgée de cinq ans. Loin de me faire fuir, cette révélation m'a attendrie. Un papa ? Je trouvais ça charmant. Mais aussitôt je me suis heurtée à un problème particulièrement épineux : j'éprouvais de la jalousie pour la petite fille de mon mari ! J'estimais qu'il passait beaucoup trop de temps avec elle, pas assez avec moi. Au lieu de le comprendre – après tout, une gamine de cinq ans, ça vous prend du temps ! –, ça me rendait dingue. Et puis, chose difficile à dire, j'enviais profondément la vie de Fiona. Elle avait une maman poule qui la maternait... Tout ce qui m'avait manqué. Cet événement a changé la teneur de mes séances d'analyse, bien sûr. Je replongeais dans l'enfance, l'infantile, la colère. Je me souviens d'une séance où je racontai, folle de rage, les heures que son père passait avec elle au moment du coucher. Fiona réclamait une histoire, et une autre, encore une autre... *Boucle d'Or, Cendrillon, La Petite Sirène*... Pendant ce temps, je boudais dans le salon, scotchée devant la télé. J'attendais le retour de Jean-François, mais il ne revenait vers moi qu'à 21 h 30, dans le meilleur des cas, après avoir lu une, deux, trois histoires à sa fille. J'étais rouge de colère...

Quand je parlais de cette « petite belle-fille », ma psy plantait ses yeux dans les miens et me disait en souriant, très doucement : « À vous entendre, je me demande qui est l'enfant » ou : « C'est elle, la petite fille, ce n'est pas vous » ou bien : « Essayez de la voir comme un individu à part entière et non pas comme la fille de sa mère. Elle n'est qu'une enfant ! » Je pense qu'à ce moment-là, elle pointait du doigt l'inversion de générations, ce réflexe que j'avais de me situer comme une petite fille et de la considérer comme une adulte – bref, ce que mes parents m'avaient fait subir quand j'étais enfant ! Je répétais, ainsi, malgré moi...

Quelques infidélités à ma psy

J'ai l'air de lui tresser des lauriers, à ma psy, mais elle n'est pas parfaite, loin de là ! Il lui est arrivé de s'endormir devant moi : oui, je l'ai vue piquer du nez sur son fauteuil ! Il lui arrive aussi très souvent de répondre au téléphone en séance. Elle s'excuse, bien sûr, elle ne s'éternise pas. Moi, je déteste ça, mais après tout, n'est-ce pas ça, la réalité ? Je ne suis pas le nombril du monde, il y a d'autres personnes qui, à un moment, souffrent plus que moi et ont besoin d'aide. Je suis obligée de l'accepter.

Je l'adore et pourtant, je l'avoue, j'ai fait des infidélités à ma psy. Peut-être parce que j'estimais qu'elle me connaissait trop, qu'elle n'avait plus du tout ce regard objectif posé sur moi. Et puis, il y avait aussi ce divan, qui me narguait, chez elle. Curieusement, je ne lui en parlais pas. Jamais. Je pensais – et je pense toujours – que le divan ne fait pas partie de sa méthode, de sa façon d'aborder la thérapie. C'est une « psy de fauteuil ». Alors je suis allée voir ailleurs, sur d'autres divans !

Le premier que j'ai tenté d'aller voir était un homme. J'avais pensé à l'époque qu'en allant consulter un homme, je fouillerais plus du côté du père. Mais quand il m'a serré la main, à l'issue de la séance, elle était molle. Je me suis enfuie et ne suis plus jamais revenue. Ça me faisait penser à la lâcheté masculine, la lâcheté de mon père qui abandonnait ma mère… Bref, Monsieur Couilles Molles !

La seconde psychanalyste, que j'ai trouvée à l'époque dans les petites annonces de *Psychologies*, consultait dans le XIVe, et était, comme un fait exprès, privée de main droite. C'est bizarre, n'est-ce pas ? Je ne pouvais pas non plus lui serrer la main. Curieusement, chez elle je me suis allongée sur le divan. Je trouvais ça, d'ailleurs, profondément ridicule : parler dans le vide, ne s'accrocher à aucun regard, parler seule, dans le vague... J'ai cessé de la voir après une dizaine de séances.

Et je suis retournée voir Frédérique G. Je lui disais les petites incartades que je faisais ailleurs. Je lui disais : « Vous savez, je vous ai fait une petite infidélité ! » Elle ne m'en voulait pas. Mais cette petite incursion sur le divan d'une autre m'a fait, chaque fois, l'effet d'un déclic qui m'a poussée à explorer d'autres scènes du passé. Comme s'il m'avait fallu aller chercher ailleurs.

Et si on allait plus loin ?

Avec Mme G., il m'arrive de penser que le travail est trop superficiel. Certaines de mes amies, au moment où j'allais mal, me l'ont d'ailleurs dit : « C'est pas un peu léger, avec ta psy ? C'est la facilité, ce que tu fais. » Par moments, je me dis : « On pourrait tout de même y aller plus franco. On pourrait explorer plus loin... » J'aimerais qu'elle m'entraîne ailleurs, là où ça fait mal, peut-être. Peut-être serait-ce plus efficace ? Mais je ne le lui ai jamais dit. Sans doute pense-t-elle que je ne suis pas prête ? Elle ne cherche jamais à m'emmener sur un terrain qui pourrait me faire souffrir. Je lui fais confiance. Sur le chemin qui mène à son cabinet, ou bien dans la salle d'attente, il m'est arrivé de prendre une bonne résolution : « Cette fois, Karin, tu vas passer toute la séance à explorer les relations avec ton corps. Cette fois, on va y aller. » Et puis, à peine arrivée, je parle toujours d'autre chose. C'est le principe de la libre association, d'ailleurs. On saute d'un sujet à un autre. Et on avance plutôt à cloche-pied, au petit bonheur la chance. Quand je sors de chez elle, je suis super-allégée, j'ai déposé des kilos de doutes, de malaise et d'enfance non digérée.

Souvent, je pense à elle

Je pense sincèrement qu'elle a plaisir à me voir. J'essaie de la faire rire, parfois de l'apitoyer. On a une sacrée connivence. Je l'appelle « docteur », elle me donne du « Karin ». Je me sens suffisamment proche d'elle pour l'avoir comme amie. Mais attention ! Je ne souhaite pas avoir une relation d'amitié avec elle. J'ai la conscience très nette des limites et un grand respect pour le cadre analytique. Et je sais que si nous ne respectons pas cette distance, cette fameuse neutralité, je pourrais la perdre comme psy. Elle deviendrait alors quelqu'un de banal, et j'ai encore terriblement besoin d'elle !

Un jour, elle m'a donné son numéro de portable. Je l'ai jeté. J'ai celui de son cabinet, ce qui me suffit amplement. Il y a quelques mois, j'ai essayé d'en savoir plus sur elle. J'ai tapé son nom dans Google et j'ai vu qu'elle avait fait des missions pour Médecins du monde, que son mari aussi. Je le lui ai dit, un jour, en consultation. Elle a rougi – flattée, embêtée ? – et ne m'a rien répondu. Et puis, il y a peu, par un de ces curieux hasards de la vie, ma sœur est devenue amie avec quelqu'un qui connaissait très bien Mme G. J'ai alors appris, par cet ami, qu'elle habitait dans le XVIIIe arrondissement, qu'elle avait des enfants qu'elle élevait de façon hyperlibérale, un peu dingo. J'ai trouvé ça extrêmement violent. J'avais envie de boucher mes oreilles, j'ai dit : « Assez ! Je ne veux pas en savoir plus, tais-toi. »

J'aime ma solitude !

Je crois que j'ai fait un bon boulot depuis onze ans. Je suis devenue un peu plus adulte, un peu plus moi-même. Je tiens à distance la petite fille en moi. Et puis, tout de même, je peux passer de longues journées seule chez moi, dans la solitude la plus totale, puisque je suis traductrice de livres d'art. Non seulement je la supporte, mais je la revendique, cette solitude ! Il me faut mon bureau, mon espace à moi – gare à qui y pénètre.

J'ai repris le sport, je mange toujours beaucoup, sans avoir toujours faim, mais je contrôle mieux la situation. Je me suis également réapproprié mon intérieur. J'ai déménagé il y a peu de temps, quitté la grande banlieue qui me ressemblait si peu, pour habiter un appartement parisien que je décore à mon image : baroque ! Je prête une grande attention à la déco. La déco, c'est mon miroir, mon vrai miroir ! Avant je vivais dans une maison proprette et minimaliste qui m'angoissait. Je crois que j'étais super-mal à cause de ça et même que je n'étais pas moi-même. Ça me renvoyait une image qui n'était pas moi. Or vous avez vu à quel point je déteste les miroirs déformants ! Aujourd'hui, je peux le dire : je suis baroque et mon intérieur l'est aussi. Je la soigne, ma maison. Je la bichonne. J'ai passé des heures, des jours à chercher le bon tissu, la bonne couleur, les chaises ad hoc. J'ai fait poser de la moquette mordorée partout, du velours rouge grenat sur mon sofa. Mes fauteuils sont des copies Louis XV, j'ai des petits anges partout. J'aime le doré, j'aime le chaud, j'aime les volutes, j'aime les gens compliqués ! Chose assez nouvelle, j'éprouve un amour tout neuf pour ma belle-fille, Fiona. Aujourd'hui, elle a pile poil huit ans, l'âge que j'avais quand on me laissait seule avec ma sœur. Je fais très attention à l'habituer, tout doucement, à la solitude. Nous la laissons dix minutes seule, puis le temps de faire les courses et ensuite nous rentrons. Je l'habitue à ce que moi, je n'ai jamais connu, l'apprentissage progressif de la solitude, de l'autonomie, donc de l'âge adulte.

Traductrice, belle-mère : ni créatrice ni mère ?

Pourtant, quelque chose me chiffonne : j'ai trente-huit ans, je n'ai pas d'enfant à moi. Je ne sais même pas si j'en ai réellement envie. Il y a peu de temps, Jean-François m'a dit : « Si tu veux un enfant, je suis d'accord, c'est le moment. » J'en ai été plus embêtée qu'autre chose, je n'ai pas su quoi faire de ce désir d'enfant ! Je suis allée chez ma psy – ça sert aussi à ça ! Au moins, on est deux pour décortiquer ça, on ne se retrouve pas seule face à cette énorme question : « Mère : oui ou non ? » Nous n'avons bien sûr pas résolu le problème en une séance. J'ai compris néanmoins que mon désir était encore pollué par mes peurs d'enfant. Sera-t-il assaini et nettoyé un jour de toutes ces craintes archaïques ?

Comme dirait Virgil, mon ex, je ne suis pas encore assez protagoniste de ma vie. Sans doute aurait-il raison : je suis belle-mère, non pas mère, traductrice, pas écrivain. Traduire, c'est se cacher derrière un style, un individu, s'éloigner de soi-même. Vous savez, ce n'est pas un hasard si je parle cinq langues, si je suis aussi à l'aise dans les autres pays, chez les autres. Je suis très attentive aux autres. À peine arrivée dans un pays, j'attrape la langue au vol, c'est même assez troublant. C'est comme si mon identité se fondait totalement dans la langue de l'autre. Je suis dans une empathie totale et je pense que c'est encore mon côté éponge qui absorbe l'autre, le bouffe. C'est en cela, je pense, que je n'ai pas encore terminé ma psychanalyse.

À quand l'au revoir ?

Depuis quelque temps, Mme G. ne me fixe plus de rendez-vous précis. À l'issue de chaque séance, elle sourit, me dit : « Je trouve que vous allez bien. Quand voulez-vous revenir ? » Alors je reviens trois ou quatre semaines après, de loin en loin. Rien à voir avec les moments douloureux où j'y allais deux fois par semaine. Bon... Dernièrement, tout de même, j'ai eu un coup de blues et j'ai eu l'impression, très fugitive, en grimpant les escaliers, qu'elle ne parviendrait pas à me contenir – à contenir toute cette violence en moi, ce chagrin, cette colère d'enfant dont j'ai parlé. C'était très angoissant et, à peine entrée dans son cabinet, je le lui ai dit. Mais, au lieu de me rassurer ou de me préciser qu'elle serait toujours là pour moi, elle a eu une parole inattendue. Elle m'a dit : « C'est normal, Karin. C'est un signe de maturité, c'est parce que vous prenez conscience de la solitude essentielle de l'être humain. » Elle commençait, je pense, à me faire comprendre que je pouvais vivre sans elle ; qu'elle n'était pas cette déesse qui pouvait tout rattraper ; que je devais vivre aussi avec ces moments difficiles ; que la vie était constituée de grands bonheurs et de petits malheurs, et que c'était cela, la réalité !

Jusqu'à quand cette analyse durera-t-elle ? Nul ne le sait. J'imagine seulement la dernière séance comme une dernière scène de théâtre. Je lui tendrai la main, je lui dirai, avec un peu d'émotion : « Au revoir, docteur, merci pour tout », et elle me répondra : « Vous savez que vous pouvez toujours me joindre, je serai toujours là pour vous. » Alors, sera-ce un vrai au revoir ? Je sais que, pour l'instant, je dois continuer à nettoyer mon corps d'adulte de toutes les névroses d'enfant. À l'heure où je vous parle, je me demande si ce n'est pas le travail de toute une vie...

Sexualité

Sophie Carquain : Abordons la sexualité, si vous le voulez bien. Clara sent bien qu'elle doit en parler sur le divan mais elle n'a pas envie d'y aller : est-ce vraiment incontournable pendant une analyse et pourquoi ?

Maryse Vaillant : La psychanalyse est liée à la sexualité. Cette association rebute ou effraie ceux qui confondent psychanalyste et sexologue. En fait, à moins que ce ne soit un des problèmes qui aient poussé vers la thérapie, le sexe n'occupe pas toujours une place bien importante pendant la cure analytique. On ne passe pas nécessairement beaucoup de temps à évoquer les relations sexuelles. Ce qui ne veut pas dire que la sexualité soit absente, bien au contraire ; mais on peut parler de sexualité sans parler de sexe.

Car la sexualité n'est pas le sexe !

Eh oui. La sexualité n'est pas que le sexe ! C'est bien plus large et bien plus complexe. La sexualité, c'est le rapport à la vie, au désir, au plaisir, à l'amour, à la mort. Autrement dit à la jouissance. La sexualité, c'est le mouvement même de la vie, avec ses paradoxes, ses conflits, ses forces noires et ses élans fous.

Le sexe, c'est la génitalité au sens large, c'est-à-dire les relations sexuelles physiques ou imaginaires telles que les pratiquent ou les fantasment les adultes. Même sans évoquer nécessairement orgasmes, positions, pannes ou extases, on laisse parler de sa sexualité en évoquant son enfance, son rapport au désir, les amours généralement contrariées pour le père ou la mère, etc. Ainsi, par exemple, la sexualité infantile peut prendre une place importante pendant la cure.

Peut-on vraiment parler de sexualité infantile ?

C'est le grand scoop de Freud au début du siècle dernier ! Oser associer les mots « sexualité » et « enfance », quelle impudence ! Le sexe sentait le soufre. L'enfance la pureté ! S'il était courant d'accuser le sexe de mener le monde et de causer de nombreux troubles dans la vie et les couples, chacun s'accordait pour réserver à l'enfance l'auréole de l'innocence et de la pureté. Freud a postulé que la sexualité vivait en nous depuis notre plus jeune âge. Elle habite l'enfant avant qu'il ait conscience de l'aspect génital de la relation sexuelle. La sexualité infantile est l'élan qui habite l'enfant vers la vie, le plaisir et l'amour. Elle est nourrie de ses fantasmes et de ses représentations du corps et du désir, autant chez lui que chez l'autre. À partir de son désir de vivre, de connaître, de comprendre et d'explorer le monde, il explore ce qui lui permet d'en tirer le maximum de plaisir. Toute sa libido – sa pulsion de vie, son énergie vitale – est orientée vers la découverte de lui-même, son corps et ses amours, et vers le monde, les apprentissages et la vie.

Comment se manifeste la sexualité infantile ?

Pour l'enfant, dès les premiers temps, son corps tout entier est objet de plaisir – ou de déplaisir, d'ailleurs. Les zones les plus sensibles sont celles qui sont le plus souvent stimulées par les gestes tendres et aimants des soins quotidiens. Le corps ressent le plaisir des caresses en même temps que l'amour de celle qui donne les soins, la mère le plus souvent ou son substitut, que ce soit une nounou ou le père, en position maternelle et maternante. Sur l'ensemble du corps se distingueront ce qu'on appelle des zones érogènes, la bouche et l'anus, ainsi que les actions qui leur sont liées : se nourrir, téter ou sucer, mordre, parler et déféquer, se retenir, etc. La libido de l'enfant investit les organes et les fonctions qui lui procurent alors un plaisir immense.

Ces zones érogènes sont liées aux stades oral et anal ?

Oui, car leur investissement par l'enfant va correspondre à des phases de son développement. Les plaisirs oraux centrés sur la bouche et l'alimentation, le babil et l'apprentissage de la parole précèdent les plaisirs anaux, centrés, eux, sur l'apprentissage de la propreté. Lorsqu'il en arrive là, l'enfant a acquis la capacité d'aller et venir en apprenant à marcher et il peut jouer avec ses plaisirs, les différer, les dissimuler. En grandissant, il découvre non seulement les zones plaisantes de son corps mais aussi et surtout sa capacité à les exciter lui-même.

Toute cette aura de plaisirs diffus finira par être domestiquée par l'éducation familiale, l'apprentissage de la pudeur, des interdits sociaux et parentaux. En grandissant, l'enfant accordera moins d'importance à l'ensemble des plaisirs que son corps lui procure pour privilégier ceux que la zone qui entoure les organes sexuels lui donne. Il découvrira le plaisir et le réconfort que ses propres caresses peuvent lui apporter.

C'est le stade phallique ou encore génital ?

En effet, fille et garçon découvrent le plaisir de jouer avec leurs organes sexuels. Ce plaisir vient dominer ceux qui l'ont précédé, sans toutefois leur ôter tous leurs charmes. Arrivé à ce stade de maturation sexuelle, l'enfant se lance à fond dans les ineffables joies et angoisses de l'œdipe, puis il entre dans la période de latence censée lui libérer suffisamment l'esprit pour qu'il puisse investir à fond l'école et les apprentissages fondamentaux : lire, écrire, vivre avec les autres.

Il est arrivé au fameux âge de raison, moment tant attendu par les parents !

L'âge de raison, l'âge de l'école primaire, une période riche en apprentissages intellectuels et sociaux extra-familiaux. Pendant cette période, qu'on dit aussi période de latence, la plus grande partie des curiosités de l'enfant se ne tourne plus vers son corps mais s'oriente vers les savoirs, les apprentissages et les relations amicales.

Cela va durer jusqu'à la puberté. Première phase de l'adolescence, la puberté, en le rendant apte à la procréation, va bouleverser son rapport à son corps et à ses parents. Les questions œdipiennes, plus ou moins mises en veilleuse pendant la période de latence, reviendront en surface et seront, dans le meilleur des cas, à nouveau dépassées. L'adolescence, de remises en question en révoltes, d'apprentissages en transgressions, le conduira vers les relatives autonomies affectives et sociales du seuil de la vie adulte.

Tout cela est très schématique et concerne les grands traits d'un développement ordinaire de l'enfance vers la maturité. Un voyage à travers le monde, des plaisirs de son corps à la rencontre de l'autre en passant par la connaissance de l'univers, qui exige de la part des parents et des adultes sécurité, protection et respect.

Clara montre bien que la sexualité rencontrée dans l'enfance n'est pas toujours infantile.

En évoquant les propos de son père, qu'elle qualifie elle-même d'incestuels, Clara parle directement de la sexualité qui a encombré son enfance et l'a profondément marquée, celle de son père. Le fait d'avoir baigné dans la sexualité malade de l'un des parents provoque des troubles graves qui se manifestent largement dans tous les domaines de la vie. Et beaucoup de patients parlent de la sexualité ambiante de leur famille, sans avoir le sentiment de jamais parler de sexe. Le développement naturel de leur propre sexualité infantile, orale, anale ou génitale, a été entravé par la rencontre bien trop précoce avec le désir sexuel d'un adulte, souvent un de leurs parents.

Elle sent bien que c'est un de ses problèmes : avoir envie de faire plaisir à l'autre, toujours...

Bel exemple de sexualité qui se cache derrière un propos ordinaire. Faire plaisir à l'autre peut vouloir dire banalement lui être agréable, chercher à s'en faire aimer, par exemple. Nous sommes alors dans les relations sociales ou affectueuses de la vie quotidienne. Mais tendez l'oreille ! Écoutez les mots et vous entendrez autre chose. Faire plaisir à l'autre peut s'entendre comme lui faire le plaisir qu'il attend, lui donner du plaisir. On change de registre et tout bascule dans une dimension érotique de soumission, de complaisance, dans un registre passionnel, pulsionnel, qui déborde largement les relations ordinaires de la vie.

On flirte alors avec le tabou de l'inceste ?

Lorsque la structure familiale n'est pas équilibrée, l'affleurement du sexuel adulte peut faire effraction dans le monde de l'enfant. Par exemple, la connotation sexuelle de l'expression « faire plaisir » fait irruption dans le discours de Clara lorsqu'elle annonce qu'au lit, elle sait faire des « trucs de professionnelle ». On change de registre. Elle en est tout à fait consciente puisqu'elle évoque le climat incestuel de son enfance. L'intrusion du désir paternel dans le monde d'un enfant est chargée d'une telle séduction que l'enfant se voit contraint d'y répondre. Tout enfant veut faire plaisir à ses parents. Tout enfant devrait avoir le droit de vouloir faire plaisir à ses parents sans que la moindre ambiguïté ne s'immisce dans l'échange de plaisirs en question.

La sexualité peut venir s'exprimer jusque dans les expressions courantes ?

Beaucoup d'expressions de la vie quotidienne peuvent être entendues dans un registre parfois plus sexuel que relationnel. On connaît les bons mots et les jeux de mots scabreux qui jouent avec le double sens et rappellent la proximité des préoccupations sexuelles mêmes sous les dehors policés de la vie en société. Les mots sont imprégnés de nos fantasmes et de toute notre sexualité, autant infantile que génitale. Ils peuvent même garder longtemps la marque de l'organisation infantile qui leur a donné sens la première fois. C'est le règne des blagues genre pipi-caca qui ne font pas rire que les enfants ! Ce sont des soupapes qui permettent de libérer des pulsions infantiles que la morale ne laisse pas s'exprimer.

Rien de bien grave alors !

Il y a toujours un esprit chagrin pour dire que cela manque de distinction ! En effet, le retour de l'infantile refoulé n'est pas très civilisé, au sens où il n'a pas été bien domestiqué par la morale et l'éducation. Mais il est parfois salutaire de libérer un peu les pulsions que la morale réprime par des expressions que la bonne société réprouve. Tant que la structure symbolique, donc le tabou de l'inceste, n'est pas concernée, on peut jouer avec le sexuel, même prégénital, oral et anal, sans autre risque que de paraître assez mal élevé.

Corps et image de soi

Karin nous montre combien le rapport à l'image de soi peut être complexe.

Winnicott nous l'a montré : le premier miroir de l'enfant, c'est le visage de sa mère. Il se voit en elle avant de la prendre en lui. Avant de faire la différence entre lui et son environnement, l'enfant encore bébé découvre un visage penché sur lui qui va lui servir de guide pour découvrir le monde et surtout pour se découvrir lui-même. Le visage de sa mère et celui de son père, si celui-ci s'en occupe au quotidien, lui parlent du monde, le décryptent, le lui présentent et l'invitent à en faire partie, autant intellectuellement qu'émotionnellement. Dans les yeux, les expressions et les sourires qu'il voit le plus souvent, il lit le reflet de ce qu'il commence à ressentir, à découvrir et à décrypter à l'intérieur de lui-même. Ces visages lui parlent et lui parlent de lui. Ce sont les premiers miroirs émotifs et relationnels. Ainsi, bien avant que de reconnaître sa personne dans un miroir et de saisir son reflet comme étant une image de lui-même, l'enfant se construit dans le visage et le regard de ses parents, ou des substituts parentaux qui s'occupent de lui.

Comment se voit-on dans le miroir ?

L'image que l'enfant a de lui-même tient moins de son reflet dans le miroir que de la façon dont il s'est senti perçu, regardé, voire imaginé par ses parents au moment des étapes cruciales de son développement. La construction de son image tient donc compte des fantasmes parentaux qui ont accompagné les étapes de maturation que nous venons d'évoquer. C'est en se découvrant regardé par l'autre dans un miroir, et en saisissant que le regard de l'autre englobe alors toute sa personne, que l'enfant prendra conscience de l'unité de lui-même. Ce regard aimant, protecteur et englobant, lui donne son unité, lui permettant de sortir d'une vision morcelée de lui-même et de construire ainsi sa personnalité unique et singulière. Nous construisons une image de nous-même grâce à ce regard extérieur à nous, qui nous fonde comme une personne. Individuée, en lien, mais séparée.

Certains miroirs peuvent-ils être persécuteurs ?

Les miroirs sont toujours des regards ! La rencontre du miroir peut donc provoquer un grand malaise à celui qui traverse une passe difficile. C'est pourquoi il peut arriver qu'en période de grand bouleversement intérieur, comme pendant une analyse, on ne se reconnaisse pas dans les miroirs. Panique, sensation de morcellement, perte d'unité, perte d'identité... C'est une épreuve d'irréalité totale qui provoque une grande angoisse. Quelque chose de profond est en train de bouger. Un des miroirs déformés, déformants de l'enfance est mis à l'épreuve du transfert et quelque chose de l'image de soi peut avoir commencé à bouger.

Est-ce facile de reconstruire une bonne image de soi ?

Je pense que c'est très dur. Le décalage entre les sensations intimes, la perception de soi, les représentations fantasmatiques déformées et les images sociales normatives peut être énorme. Comme dans l'histoire de Dorian Gray, les miroirs nous renvoient parfois une image de nous-même qui vieillit bien plus rapidement qu'on ne le sent ou ne le croit. Surtout dans une société qui privilégie à outrance la forme, la jeunesse, la minceur et la vitalité. Si le miroir nous amène à nous comparer aux figures de conformité sociale, en relais des messages parentaux déformants, on ne se sent jamais totalement conforme !

Comment faire ?

Il est fréquent que la parure prenne le relais et vienne pallier le défaut de bonne image de soi. Pour certaines femmes, la coiffure, le maquillage, les robes et les bijoux sont les protections indispensables contre la sensation de n'être pas conforme. Ces accessoires de beauté sont les outils indispensables pour étayer la représentation douloureuse qu'elles ont d'elles-mêmes. Les victimes de la mode sont souvent des victimes de leur propre histoire et d'un investissement parental, souvent maternel, vacillant. Le miroir des boutiques leur promet ce que la mère n'a pas su leur dire : qu'elles sont belles !

En se regardant dans le miroir, notre regard peut être aussi parasité par d'autres regards au risque de déformer notre perception de nous-même, comme chez Karin. La psychanalyse permet-elle de briser les miroirs déformants ?

La psychanalyse permet de relativiser et d'inscrire les mots et les miroirs de l'enfance dans leur contexte. Les souvenirs de notre enfance ne sont tous que des reflets. Ils sont tous déformés par nos souvenirs et le travail de construction de notre mémoire. Nous n'avons que des souvenirs écrans. Chacun d'eux raconte une histoire. Chaque scène gardée en mémoire est un message de notre inconscient, elle porte en elle des messages essentiels pour nous, notre rapport avec nos parents, nous-même, nos désirs. Traumatisants ou merveilleux, les mots qu'on garde et les images dont on se souvient sont tous des condensés d'événements.

Pourtant, on a parfois des souvenirs très précis de notre enfance !

Il suffit de comparer ces souvenirs, avec toutes leurs précisions, à la mémoire de quelqu'un d'autre pour voir à quel point ils ont été remaniés. Cela ne leur ôte aucune valeur, bien au contraire. Nos souvenirs d'enfance sont comme nos rêves, des voies royales pour accéder à nos joies et nos blessures enfouies. Chacun d'eux raconte une histoire, la nôtre à un moment donné de notre histoire, lourde de désirs et de fantasmes.

La déco peut être également le reflet de soi-même ?

La maison est une projection du corps. Elle est à la fois le contenant, comme une robe ou un maquillage, et le contenu, souvenirs, bibelots, fantasmes... Il est alors facile de travailler sur la déco de sa maison : couleurs, espace, harmonie, meubles, murs, tentures, etc. C'est même parfois plus facile que de travailler sur l'image qu'on a de soi-même. On se regarde dans sa maison, dans son décor, et on maîtrise ce qu'on donne à voir.

D'où les remarques de Karin sur les salles d'attente des psys !

Il est évident que la salle d'attente d'un médecin ou d'un psy dit quelque chose sur ses goûts plus ou moins personnels. L'exiguïté d'une trop petite salle d'attente donne peut-être une impression d'inconfort alarmante, mais elle ne renseigne pas vraiment sur la valeur et les compétences du praticien ! On peut toutefois s'y sentir suffisamment mal pour ne pas avoir envie de revenir. Le transfert joue en plein dès le tout début de la rencontre ; avant même la rencontre, l'adresse, le nom du psy ont déjà de l'importance ! Quant à la déco des cabinets des psychanalystes et de leurs salles d'attente, elle en dit bien plus sur leur niveau social et sur leur souci de conformité sociale que sur quoi que ce soit d'analytique. Mais le transfert fait qu'on peut se reconnaître dans les goûts et les couleurs de quelqu'un, dans sa façon d'organiser et d'agencer les choses. La déco permet de savoir si on a envie d'aimer ce qu'aime le psy en question. Tout le transfert est déjà en œuvre.

On voit que les troubles alimentaires commencent très tôt, dès la petite enfance.

Tous les troubles alimentaires des nourrissons ne sont pas liés à des dysfonctionnements parentaux ! N'alourdissons pas la culpabilité qui pèse sur les parents dont les bébés mangent mal. Cette remarque essentielle étant faite, il s'avère que lorsqu'un enfant est pris dans les fantasmes des adultes qui occupent pour lui la position parentale, il ne manque pas de développer des troubles alimentaires. Le témoignage de Karin nous le montre parfaitement : si les soins et la tendresse qui sont prodigués à l'enfant sont habités par les angoisses et les désirs déplacés, tout son développement peut en être troublé. Son rapport à la nourriture, à son corps, à l'image qu'il en a et aux sensations qu'il en éprouve peut en être altéré. En particulier, lorsqu'un enfant est nourri pour être rempli, c'est tout le rapport entre le dedans et le dehors qui peut être brouillé.

Que se passe-t-il ?

Lorsqu'un adulte considère le corps de l'enfant comme un objet, un objet fantasmatique, que ce soit de désir ou de crainte, celui-ci ne peut grandir sans en payer le prix fort. Il sent qu'on le remplit ou qu'on le vide, qu'on l'anime pour fuir la mort, qu'on le gave pour le faire taire, qu'on ne peut l'écouter et qu'on ne veut pas l'entendre. Tout se passe comme s'il habitait un corps qui ne lui appartenait pas. Un corps envahi, agi et manipulé par des désirs qui ne sont pas les siens. Comment devenir lui-même dans ces conditions ? Comment franchir toutes les étapes qui mènent à la maturation ? L'enfant est comme annexé. Son désir de vivre est capté par quelqu'un d'autre ; sa libido, son énergie vitale, est utilisée par quelqu'un d'autre.

Vous en parlez comme d'un corps abusé – ce qui nous ramène aussi à l'histoire d'Agathe et de sa petite sœur...

C'est bien la différence entre sexe et sexualité. L'adulte qui s'approprie le corps de l'enfant pour y loger ses désirs l'abuse, même si ces désirs ne sont pas génitaux. Sa sexualité, au sens de la jouissance, envahit l'univers du petit, qui ne peut habiter son corps et y découvrir ses propres plaisirs. Ceux-ci sont confisqués par l'adulte. Ainsi, quand un adulte se sert de l'enfant pour vivre et qu'il l'imprègne de ses fantasmes, il l'abuse, même si ce n'est pas sur le plan érotique. On entre alors dans un jeu dangereux, qui va de l'incestuel à l'inceste.

Inceste et incestuel

Peut-on guérir de paroles aussi incongrues que celles du père de Clara : « C'est toi que j'aurais dû épouser et pas ta mère ! »

Si de nombreuses petites filles rêvent d'être la femme de leur papa et d'un jour l'épouser, rien ne peut leur arriver de pire que de le devenir ou de s'en approcher. Pour que le rêve des petites filles soit sans danger et leur permette de grandir et de découvrir leur féminité, il est absolument nécessaire que le père ne le partage pas. Les fantasmes amoureux de l'enfant ont besoin de rester dans son monde imaginaire. À son amour d'enfant doit répondre l'affection parentale mais jamais le désir érotique ! Quand un père envahit son enfant d'un amour érotisé, il brouille tous ses repères, l'empêchant de l'aimer en paix. Il fait effraction dans le monde imaginaire de son enfant. Ces paroles de désir donnent corps et réalité à ce qui devrait rester chez elle dans le registre du fantasme. En s'autorisant à formuler son désir pour sa fille, le père entache leur relation d'un poids érotique dont la fillette n'est pas consciente mais qui peut s'imprimer en elle, bouleversant son univers affectif et lui compliquant ou même lui interdisant l'accès à la sexualité génitale adulte.

N'est-ce pas l'histoire de Peau d'Âne ?

Oui, les contes populaires mettent en scène des histoires archétypales. Jalousies, rivalités, recompositions familiales, séparations, abandons, meurtres... : ils expriment toute la difficulté des hommes à traverser les épreuves que la vie et leurs pulsions leur font rencontrer. L'histoire de *Peau d'Âne* illustre la menace d'inceste paternel. Pour fuir le désir de son père, la fille cherche à se travestir, à se dissimuler, rien n'y fait. Elle ne peut s'échapper qu'avec l'aide d'une bonne fée. Une rencontre qui l'aide à devenir elle-même en en payant le prix.

N'est-ce pas un trajet quasi analytique ?

Sans aller trop loin dans l'analyse de ce conte, on peut effectivement voir qu'il ne sert à rien pour elle de vouloir changer d'apparence, il lui faut pouvoir modifier profondément la donne. Tant que la fille se pare de robes étincelantes, elle se vit et se voit comme un objet aimé. Autrement dit, elle se vit totalement dans l'amour merveilleux qui fait rêver les petites filles et qu'elles doivent dépasser pour grandir. Sortir de l'œdipe, c'est abandonner les belles robes du reve d'amour familial. C'est laisser tomber le désir de faire naître, d'éveiller et de rencontrer le désir de son père.

Un père qui ne respecte pas le pacte universel du tabou de l'inceste ne permet pas à sa fille de sortir indemne du passage œdipien. On l'a vu ailleurs, seul le respect de l'interdit de l'inceste permet à l'enfant de traverser le complexe d'Œdipe et de devenir adulte. Lorsque la structure familiale n'a pas permis à l'enfant de devenir autonome dans son désir, seule la psychanalyse peut lui permettre de trouver la liberté de désirer.

Que penser, justement, de cet inceste virtuel ou relation incestuelle dont tant de femmes m'ont parlé dans ces témoignages ?

C'est une totale réalité dont témoignent beaucoup d'hommes et de femmes, que connaissent tous les thérapeutes, mais que la société a du mal à accepter. On connaît bien les débordements de pères qui reluquent leur fille et expriment sans ambages ni retenue le désir qui naît en eux. Ils considèrent le corps de leur enfant comme un objet de désir. Pour des raisons qui appartiennent à leur propre histoire et à la place qu'ils occupaient eux-mêmes dans le désir ou l'amour de leurs parents, ces pères ne se soumettent pas à la loi commune, ils ne respectent pas l'interdit qui devrait protéger leurs enfants.

Encore une fois, vous rappelez que l'interdit de l'inceste et le complexe d'Œdipe sont liés.

L'œdipe, c'est le désir d'une petite fille qui rêve d'éveiller l'attention et l'intérêt de son père et qui reçoit de lui affection et protection. Si, en lieu et place de cet amour paternel et protecteur, elle rencontre la réalité d'un désir qui fait effraction dans son monde d'enfant, c'est terrible pour elle. Ce qu'elle ne sollicitait qu'en fantasme dans son désir de grandir et de devenir une femme lui tombe dessus et écrase son univers psychique. Son évolution œdipienne s'en trouve entravée, sa construction personnelle vacille. Je voudrais à ce propos rappeler quelque chose d'important. Lorsque l'enfant est mis par un de ses parents à une place amoureuse qui n'est pas la sienne, c'est parce que les deux parents sont défaillants. Est défaillant en tout cas le cadre nécessaire pour grandir : la famille, au sens de structure symbolique et généalogique.

Y a-t-il moins de mères incestuelles ?

Pas du tout. C'est moins visible mais très fréquent. Beaucoup de relations fusionnelles sont incestuelles. Pensez par exemple aux parents, père ou mère, qui aiment leur enfant sans aucune limite. Dans leur projet familial, dans leurs soucis, dans leurs préoccupations, leur enfant est tout pour eux. Ils vivent sa vie, pensent pour lui, choisissent pour lui... Aucun d'eux ne réalise qu'il empiète sans cesse sur l'univers psychique de son enfant. Si celui-ci devient leur seul souci, le risque de fantasme incestuel est très fort.

La mère trop possessive est donc à tous les coups incestuelle ?

Certaines mères très possessives ne se rendent pas compte qu'elles frôlent les dérives incestuelles. Si l'enfant a remplacé totalement l'amour ou le désir qu'elles ont eu pour le père, si son corps tendre reste le seul corps qu'elles aiment toucher, si ses émois et ses troubles sont les seuls émois et les seuls troubles qui peuvent les atteindre, elles dérivent sans le savoir de la passion à la dévoration, de l'amour parental à la relation incestuelle. Ce n'est pas rare, car certains parents ne peuvent pas comprendre que l'amour parental puisse être limité.

Vraiment, selon vous, l'amour parental sans limites serait incestuel ?

C'en est même la définition. Les limites de l'amour parental, c'est l'interdit de l'inceste, autrement dit le cadre qui retient le désir des parents à l'intérieur de l'échange génital entre adultes. Un amour sans limites, amour fou, amour passion, amour fusion, est un amour incestuel. L'enfant ne peut pas être tout pour ses parents ; il ne doit être ni objet de désir ni objet de possession. C'est d'ailleurs cette limitation de l'amour parental qui va permettre à l'enfant d'aimer, lui, ses parents sans limites et sans risques, de traverser le complexe d'Œdipe et de s'ouvrir à la vie.

Tous les parents ne sont pas abusifs !

Comprenons-nous : je ne veux pas dire que tous les parents sont des monstres et convoitent le corps de leurs enfants. Nous sommes loin de la réalisation ou de la consommation de l'inceste. Mais le fantasme de clôture sur l'enfant se rapproche de l'enfermement incestueux. La singularité de l'amour parental est qu'il ne peut être un amour jaloux, possessif ou passionné. Il ne doit pas se refermer sur l'enfant, mais au contraire lui ouvrir la vie.

L'amour absolu est donc très dangereux...

Oui, en famille, pas d'amour à deux ! C'est toujours un amour à trois, du moins au niveau fantasmatique. Même lorsque la réalité réduit le champ familial à l'un des deux parents, son amour pour l'enfant doit tenir compte de l'autre parent. Devenir père ou mère d'un enfant, devenir son parent, c'est le protéger pour qu'il grandisse ; le protéger des dangers du monde et de ses propres débordements passionnels. C'est lui permettre de se séparer de nous pour qu'il puisse aller aimer et désirer ailleurs.

La psychanalyse classique a-t-elle évoqué ces climats incestuels ?

À l'écoute des jeunes femmes qui venaient lui raconter leurs souffrances, Freud a réalisé que de nombreux adultes avaient des attentions assez louches à l'encontre de leurs enfants. Il a construit ainsi ses premières théories, sa « *Neurotica* », convaincu que le désir des pères bouleversait bien des jeunes filles. Et il ne parlait pas de climat fusionnel mais bien de gestes troubles et d'attentions ambiguës.

Au moment de la mort de son propre père, Freud a reculé devant une idée horrible : si tant de pères se comportaient ainsi, qu'en était-il du sien ? Le moment étant mal venu pour lui de déboulonner la statue paternelle qu'il avait déjà eu bien du mal à édifier, il a préféré classer le dossier.

Il a abandonné sa « Neurotica » ?

C'est ce qu'il a écrit dans sa correspondance avec son ami Fliess. Il a supposé dès lors que si les jeunes femmes accusaient leur père de les avoir séduites, c'était en raison de leur profond désir de solliciter l'attention paternelle. Le fantasme de séduction ne pouvait qu'être né dans l'esprit amoureux des fillettes, sans que les pères n'aient jamais rien provoqué.

C'est ainsi qu'est née l'idée du complexe d'Œdipe !

Oui. D'après Freud, les pères n'y sont pour rien, leur désir n'est pas en cause ; ce sont les enfants qui fantasment un amour impossible et interdit. Ainsi, une des clés de la psychanalyse repose peut-être sur un seuil que Freud ne pouvait franchir, faute d'analyste pour pouvoir traverser la question. Il n'a vu qu'une facette de l'étrange échange amoureux qui marque notre enfance. S'il avait pu penser que le désir des pères pouvait être en jeu tout autant que celui des enfants, la psychanalyse aurait peut-être évolué différemment. Cette supposition n'enlève rien à la validité du complexe en question, mais permet de regarder avec plus de lucidité la question des abus sexuels et des relations incestuelles dont on reparle tant actuellement.

Le générationnel

La psychanalyse aide à reprendre sa place dans la chaîne des générations ?

Retrouver sa place d'enfant, au sens de la filiation – fille de – c'est revisiter son enfance et reconstruire ce qui était bancal, une longue démarche qui ne peut se faire sans l'appui d'un analyste et le soutien du cadre de la cure. Surtout que, bien souvent, on se heurte à des schémas qui appartiennent à l'histoire des parents eux-mêmes. Quelque chose de leur enfance les a entravés dans leur capacité à aimer leur enfant sans le prendre comme objet de désir ou de fusion.

Clara, comme Hélène au chapitre II, était la mascotte de son père ; elle devait donc reprendre sa place de « fille de ».

Oui. Son drame est qu'elle était la fille d'un homme qui ne la considérait pas comme sa fille. Elle était « fille de » au sens généalogique mais pas au niveau fantasmatique. Clara n'a jamais douté d'être la fille de son père et c'est le cœur même de sa tragédie intime. Même si ce dernier l'a fantasmé autrement, même si son univers d'enfant en a été bouleversé, elle reste bien fille de cet homme-là. Son monde s'est déformé, mais la structure symbolique de sa filiation n'a pas été touchée.

Comment le travail analytique peut-il faire changer les choses ?

Dans des situations de ce genre, l'élaboration psychique que permet la psychanalyse aide à rééquilibrer la perception du monde familial. Lorsqu'un enfant devenu adulte va faire une analyse, il apprend à se séparer de ses parents. Il apprend à réorganiser son monde en tenant compte de leur réalité mais en s'efforçant de travailler sur la représentation qu'il s'est faite d'eux. C'est un long et douloureux voyage qui remet chacun des membres de la famille à sa place. La réalité des uns et des autres ne sera pas changée, mais la perception de l'analysant sera définitivement transformée.

En effet, les parents, eux, ne changent pas !

C'est certain ! Abandonner l'idée de changer ses parents est une étape fondamentale du processus de la cure. Il ne s'agit pas de changer ses parents réels, mais de modifier la représentation qu'on en a. Les rendre ainsi moins toxiques pour nous. Il s'agit de sortir de la fusion, ou du désir parental, de se démarquer des paroles paternelles ou maternelles, de retrouver ses propres fantasmes. Ainsi se regagne la liberté d'aimer et de désirer ailleurs. De reconstruire un univers fantasmatique œdipien et de pouvoir le dépasser.

Vous dites que les deux parents sont concernés, et pourtant, Clara parle de sa mère avec beaucoup d'émotion.

Les brouillages symboliques qui chamboulent la vie des familles n'empêchent pas les sentiments. Au contraire, bien souvent, ils les exacerbent. L'enfant peut être très profondément attaché à ses parents et néanmoins souffrir de leur fait. C'est lorsqu'il s'agit de recouvrer sa liberté, d'aller aimer ailleurs, de vivre d'après sa propre partition, que chacun va découvrir à quel point il est entravé dans des relations familiales bancales. En ce qui concerne Clara, il me semble qu'elle est encore dans la période qui suit le décès de sa mère. Une année ne s'est pas encore écoulée, elle n'a pas encore vécu le premier anniversaire de la mort de sa mère. Elle est donc sous le choc émotionnel. La perte est actuelle.

Le deuil est toujours un long travail, n'est-ce pas ?

Oui. Il faut du temps pour que le mort aimé trouve sa place en nous. Du temps pour tuer le mort, le faire passer du statut de perte douloureuse à celui de souvenir chéri. Reste que le récit de Clara montre que ses blessures sont bien antérieures au décès de sa mère. La mort de celle-ci cache ou réveille, selon les temps de l'analyse, les autres petites morts, tous les abandons qu'une femme « sublimissime » peut avoir fait subir à sa fillette. Son témoignage nous montre comment la famille peut détruire lorsqu'elle ne fonctionne pas comme une famille : chacun des parents, comme un électron libre, vit sa vie, ses amours et ses plaisirs, sans réaliser que l'aventure parentale est un réel engagement. Aucun enfant ne peut sortir indemne d'une telle désinvolture.

Les dégâts dans les familles mondaines qui n'éduquent pas leurs enfants sont réels ! On n'en parle pas assez, n'est-ce pas ?

On croit toujours que cela n'arrive qu'aux pauvres ! Or de grosses carences éducatives, des abandons affectifs, des situations de délaissement, voire des incestes se retrouvent dans tous les milieux. L'aisance financière et le statut social des parents cachent aux services sociaux et à la Protection de l'enfance ce que les thérapeutes découvrent plus tard. Les cabinets de psychanalystes connaissent bien ces grands enfants détruits par l'égoïsme et l'immaturité de parents aisés, mondains ou célèbres, qui ont été d'ailleurs souvent victimes du même abandon affectif pendant leur enfance. La désorganisation familiale, le non-respect du seuil générationnel, les transgressions incestuelles ou incestueuses, l'incapacité des parents à tenir leur place symbolique ne tiennent bien évidemment pas compte du niveau culturel, social ou économique de la famille.

La misère psychique ne tient pas compte du niveau de vie ?

Alcoolisme, maltraitance, toxicomanie, violences conjugales, inceste ne sont pas réservés aux classes laborieuses et aux banlieues. À l'instar de la bourgeoisie de toujours, les milieux aisés connaissent parfaitement l'art de dissimuler leurs failles et leurs blessures.

C'est le règne du secret, du silence...

On fait tout pour ne pas perdre la face, pour ne rien laisser paraître. La charge de silence et de respectabilité est d'ailleurs totalement insupportable à vivre par ceux qui en pâtissent. Leur souffrance est totalement déniée au prétexte qu'ils n'ont jamais manqué de rien ! Certaines familles sont tout à fait capables d'éduquer leurs enfants, c'est-à-dire de leur enseigner les bonnes manières et de leur transmettre les valeurs familiales, sans pour autant leur prodiguer l'amour tendre, les attentions et le cadre nécessaires à l'enfance.

Souffrances d'enfance

Karin a été parentalisée. Que se passe-t-il lorsque l'enfance est confisquée ?

Pour se structurer et grandir, les enfants ont besoin d'être protégés et respectés par des adultes en position parentale, c'est-à-dire des adultes conscients de leurs responsabilités éducatives dans le cadre de l'interdit de l'inceste et du seuil générationnel. Ce clivage, cette dissymétrie est fondamentale pour que l'enfant puisse s'identifier à ses parents, les aimer sans craindre leur amour et développer ses propres capacités d'autonomie et de créativité. Pour faire face aux épreuves de la vie, que ce soient les deuils ou les manques, tout enfant puise dans les trésors de confiance et de sécurité que son enfance lui a permis d'engranger. Il a absolument besoin pour cela d'avoir une enfance d'enfant !

Donc, pas d'égalité dans les positions infantile et parentale !

Aucune égalité. On n'est jamais en position symétrique avec ses parents. Jamais égaux. En fait, on peut être désireux de fraterniser avec le monde entier, sauf avec ses parents, sauf avec ses enfants. C'est la version soft de l'interdit de l'inceste !

Quelles sont les conséquences possibles ?

On ne peut autonomiser les enfants trop tôt sauf à les priver du bénéfice de leur enfance. On peut les rendre immatures en les poussant à prendre des décisions ou à assumer des responsabilités. On peut aussi les rendre terriblement vulnérables aux influences extérieures, dépendants, prêts à se soumettre à toute autorité, toute protection, même illusoire.

Que ce soit dans le témoignage de Karin ou, plus haut, de Carole, la petite sœur d'Agathe, on a rencontré deux fois la formule « enfant de remplacement ». Pouvez-vous préciser ?

Il arrive fréquemment qu'une naissance succède à une mort ou lui soit contemporaine. L'enfant ne remplacera pas pour autant le mort dans l'esprit de ses parents. Dans nos cultures, où chaque enfant se construit dans la singularité de son existence, il n'est pas d'usage de dédier chaque nouvelle naissance à un ancêtre disparu. Ce qu'on appelle alors l'enfant de remplacement, c'est l'enfant qui prend la place du mort au niveau des fantasmes de ses parents. Ce n'est pas simplement l'enfant qui succède à un enfant décédé, c'est tout enfant sur qui repose l'injonction de faire revivre une personne morte dont la famille ne peut faire le deuil. Dans l'histoire de Karin, c'est sa grand-mère qui le lui demande inconsciemment, mais celle-ci est en position maternelle.

En quoi est-ce préjudiciable à l'enfant ?

L'enfant va vivre la vie d'un autre. Il va s'identifier à l'image inconsciente que ses parents ont de lui. S'il remplace un mort qu'on n'a pas pu pleurer, un amour qui reste brûlant, un enfant ou un parent encore adoré, il va vouloir se rapprocher au maximum de celui qui a disparu. Il va se convaincre et s'efforcer de lui ressembler le plus possible sur le ou les points où il pourra le faire. Ainsi, il est fréquent qu'il s'en attribue les qualités ou les défauts et surtout les malheurs qu'il peut tout à fait imaginer vivre par procuration et par identification. Des phrases entières prononcées par la famille sur le défunt vont lui sembler s'adapter à lui. Son monde intime, inconscient et fantasmatique, va s'imprégner du monde qu'il prête au disparu. Ce genre de parasitage peut empêcher de vivre sa propre vie et surtout inscrire une répétition tout à fait désastreuse et donner l'impression d'une malédiction familiale.

La répétition inconsciente

Clara évoque le mécanisme de la répétition : « La psychanalyse vous encourage à ne pas répéter. » Est-ce une des grandes missions de la psy ?

En général, lorsqu'on va mal et qu'on décide de faire une psychothérapie, quelle qu'elle soit, c'est à la suite d'un constat de souffrance et dans un projet personnel d'amélioration. On cherche à aller mieux. C'est la base. Une base essentielle. On fait appel à un thérapeute pour nous aider à changer ce qui ne nous convient pas, ce qui nous fait souffrir et que nous nous sentons incapable de dépasser ou de transformer sans aide.

En gros, nous souhaitons être heureux ?

Bien sûr ! C'est pourquoi toutes les thérapies nous encouragent à comprendre et à changer ce qui nous déplaît, nous effraie ou ce qui nous nuit. Le projet thérapeutique est généralement d'éviter de renouveler les expériences négatives pour aller vers un mieux-être, pour se donner les conditions d'une vie meilleure. C'est ce à quoi chacun de nous aspire. Quitter la répétition des mauvais choix, éviter de reproduire ce qui nous a déjà tant fait souffrir.

Tout cela, on le sait bien, et pourtant ! Même celui qui désire changer finit par reproduire ses erreurs... sur ses propres enfants !

Oui. On peut désirer changer, ne plus souffrir, ne plus blesser les autres. Le problème, c'est que cela ne se fait pas aussi facilement. Malgré le souhait et le projet d'évoluer, malgré l'aspiration au bonheur, chacun découvre en lui des forces inconnues qui résistent à son désir d'aller mieux. Comme si une curieuse impulsion semblait nous pousser vers le malheur. À observer de près certains choix, certaines décisions, il semblerait en effet que le pire attire. Comme si une part de nous-même faisait un pacte avec le malheur. Nous l'avons vu précédemment, ce qui n'a pas été élaboré par le langage est amené à se répéter. L'inconscient est répétition...

Or la psychanalyse aide à ne pas répéter, n'est-ce pas ?

Reconnaître les pulsions inconscientes, les travailler, c'est l'originalité et la force de la psychanalyse. Il faut savoir que le désir et la volonté ne sont pas nos seuls moteurs. Qu'il ne suffit pas de vouloir changer pour pouvoir changer. Ni de s'introspecter pour se comprendre. En nous, d'autres forces sont en action, qui peuvent aller à l'encontre de nos choix volontaires et de nos choix conscients. Nous sommes habités par des pulsions contraires, que nous ignorons ou dont nous minorons la force et qui rament bien souvent à contre-courant de nos projets conscients. Seul le travail sur l'inconscient peut agir sur ces forces.

Freud s'est-il heurté à la question de la répétition ?

Freud a passé sa vie à chercher pourquoi nous créions nous-même notre malheur. À travers la sexualité, la culture, la religion, la mort, il a cherché à comprendre pourquoi nous étions si malheureux. Tout au long de sa pratique de la psychanalyse, il n'a cessé de se poser la question des résistances à la cure et des forces qui gênaient ou retardaient la guérison. Partant du principe reconnu que l'homme cherche à éviter le déplaisir et à trouver le plaisir, dans les limites que lui impose la réalité, il s'est posé la question de la fréquence des mauvais choix et des répétitions négatives. Pourquoi échouons-nous dans notre projet de bonheur ? Pourquoi n'allons-nous pas vers le plaisir et sommes-nous bien souvent l'artisan de notre propre malheur ? Pourquoi sommes-nous parfois comme attiré par le pire au lieu de nous en dégager ?

Dites-nous tout ! Pourquoi sommes-nous malheureux ?

Ah, bonne question ! Indépendamment de la définition personnelle que chacun donne au bonheur en question, reconnaissons que tous nos efforts ne nous en rapprochent pas toujours. Sa réponse est qu'au-delà du principe de plaisir se trouve la puissante force de la répétition. Une force qui provient de l'inconscient lui-même et qui s'enracine dans notre fonds pulsionnel : la pulsion de mort. En fait, nous ne nous voulons pas que du bien !

À la pulsion qui nous attire vers les multiples formes de la vie – plaisir, amour, bien-être, bonheur – et qui nous donne l'énergie de nous battre pour vivre, se lie ou s'oppose une autre pulsion qui tend à détruire la vie, à annuler le combat pour la vie. Éros s'oppose à Thanatos, la vie et la mort sont à l'œuvre en nous, au cœur même de chacune de nos pulsions. Tout comme Éros, la pulsion de vie, Thanatos, la pulsion de mort, est en nous. C'est une force qui nous tire vers la mort, et vers l'extinction de la vie. Elle nous conduit à détruire et à nous détruire, à nous jeter dans le vide et à cesser tout combat. Elle habite la dépression, la violence, le découragement, la rage.

Nous abritons donc Thanatos en nous... Difficile à accepter !

C'est assez facile à comprendre, plus difficile à accepter. Freud reçut d'ailleurs un accueil très mitigé avec sa nouvelle théorie des pulsions. Certains de ses disciples ne le suivirent pas. La sexualité infantile, c'était déjà beaucoup, la pulsion de mort, non ! Par exemple, c'est une notion peu répandue dans la psychanalyse américaine. Il me semble toutefois difficile de comprendre la notion même d'inconscient en lui ôtant son noyau d'ombre. Il me semble difficile de concevoir la psyché humaine sans cette donnée fondamentale qui éclaire de façon certes peu complaisante mais radicale beaucoup de nos souffrances.

La répétition familiale fonctionne donc sur le même schéma ?

Certaines de nos racines puisent dans le passé et reproduisent le pire de ce passé. Même d'un passé personnel depuis longtemps oublié ou d'une histoire familiale qu'on croit ignorer. La force inconsciente de la répétition familiale s'enracine dans les douleurs et les épreuves traversées par certains membres de la famille lors des générations précédentes. Certaines douleurs, certains malheurs qui n'ont pas été élaborés psychiquement restent vivants dans l'inconscient et sont ainsi transmis d'une génération à l'autre.

On le constate souvent dans les questions d'inceste, n'est-ce pas ?

Il arrive souvent qu'en découvrant un inceste, on apprenne que le parent concerné a été abusé lui-même et n'a jamais pu en parler. Le schéma est classique. Si aucune écoute n'a jamais pu donner du sens à ce qu'a vécu l'enfant, tout son édifice psychique s'est trouvé désorganisé par la désorganisation de sa structure familiale. Et c'est ainsi qu'il devient adulte. Un adulte qui ne peut pas prendre une vraie position parentale par exemple, respectueuse du tabou de l'inceste, car ses parents ne l'ont pas considéré comme un enfant qu'on aime en le respectant. Il en est de même pour les climats incestuels. Lorsqu'une ambiance de fusion ou de confusion flotte sur une famille, brouillant les identités, mélangeant la place des uns et celle des autres, le malaise familial prend son origine bien souvent dans la génération précédente.

Qu'a-t-il pu se passer à la génération précédente ?

On y trouvera probablement un grand déséquilibre au niveau parental. L'un des parents était peut-être dictatorial, tout-puissant, violent, alors que l'autre restait effacé, impuissant, étranger ou indifférent. Le parent tout-puissant n'acceptant pas l'interdit qui limite sa jouissance, les enfants grandissent dans un déséquilibre profond qu'ils peuvent chercher inconsciemment à retrouver. Ainsi la machine inconsciente pousse-t-elle à la reproduction interne des climats incestueux ou incestuels. Tout se passe dans le silence, le secret, le non-dit, à l'insu de tous, dans le flou et l'opacité de la vie de famille. Tant que le secret tient, la répétition se poursuit.

Cela semble un peu ésotérique, non ?

Aucune magie, aucune superstition dans cette répétition transgénérationnelle d'événements qu'on ignore ou plutôt qu'on croit ignorer. La transmission est inconsciente le plus souvent. Les choses passent dans l'imprégnation éducative, les habitudes familiales, les silences et les rituels spécifiques à chaque maisonnée. Ce sont des schémas mentaux, affectifs, culturels, qui nous imprègnent à notre insu ; ou des identifications à tel ou tel parent comme dans le cas des enfants de remplacement. Comme la petite musique singulière ou l'odeur unique qui provient de l'enfance constitue notre fonds culturel familial personnel, certains fantasmes inconscients prennent forme et nous constituent. On a d'autant moins de prise sur eux qu'ils nous ont construit et nous ont pétri depuis l'enfance. Ainsi peut-on se trouver engagé à reproduire une scène du passé douloureux de ses parents. Un drame, un malheur, une maladie, un scandale, un secret, quelque chose de douloureux peut être resté vivant et inconscient et nous avoir été transmis, à l'insu de tous, comme une invitation à recommencer, comme un destin.

Mais comment échapper à cette répétition ?

Ne l'oublions pas, Éros et Thanatos sont liés. La machine inconsciente qui nous pousse à reproduire le pire s'articule à la pulsion de vie, aux forces de vie sur lesquelles la thérapie peut s'appuyer. Pulsion de mort et pulsion de vie sont indissociables. Comme les forces de mort, les forces de vie et de guérison sont à l'œuvre en nous depuis toujours. Dans la toute petite enfance, elles permettent au bébé de survivre à l'angoisse. Nous sommes équipé psychiquement pour faire face à la force de répétition de la mort interne. Tout enfant joue, invente, rêve. Il crée, donne, exprime, transforme ses petits soucis et s'adapte à son existence en prenant appui sur sa famille et sur sa capacité à se guérir lui-même.

Le rêve, le jeu sont-ils des moteurs de guérison ?

Ils font partie de ces processus de guérison que nous pouvons développer. Rêver, créer et jouer permet de transformer bien des douleurs ordinaires de la vie. Chaque nuit, nous nous soignons un peu de la journée précédente et nous préparons à affronter la suivante. Les processus en œuvre sont ceux de la réparation, de la sublimation, du travail du deuil. Ils sont présents dans certains mécanismes de défense et agissent dans les rêves et dans le tissage inconscient de nos associations, même en dehors de l'espace thérapeutique.

Cela ne suffit pas toujours, loin s'en faut !

Il arrive souvent qu'on ait besoin d'avoir recours à une aide extérieure, thérapeutique par exemple, pour retrouver le fil de sa vie. La psychanalyse est une méthode singulière puisqu'elle permet de réveiller en nous ces capacités vives, elle s'appuie sur la pulsion de vie pour lutter contre la pulsion de mort. Elle permet de se guérir soi-même, en retrouvant la possibilité et la liberté de créer, de réparer, autrement dit de survivre à la mort. De s'en donner le droit et les moyens. Ainsi peut-on échapper à la machine de mort de la répétition transgénérationnelle en arrêtant le processus implacable de la reproduction du malheur familial. Sur le divan, la parole ouvre la boîte à malheurs et permet de dissiper son contenu.

C'est la résilience dont on parle tant ?

Oui, c'est du moins la définition que j'en donne. Pour moi, la résilience, c'est la capacité d'utiliser les processus de guérison et de survie créatrice qui sont en chacun de nous. Relisez le témoignage de Gabrielle (au chapitre I). Mettre en œuvre la résilience qui est en nous, c'est retrouver notre capacité à vivre, à survivre, à créer la vie, à combattre la mort. Rien de magique, il s'agit d'actionner les mécanismes de la sublimation, du rêve, du jeu, du don. Autant de processus psychiques qui permettent de vivre avec son histoire, de l'accepter, de la transformer.

Ce n'est pas un concept psychanalytique, pourtant ?

En effet, et beaucoup de psychanalystes n'ont pas trouvé cette notion utile. Son côté nord-américain ne la rendait de toute façon pas bien sympathique. Elle pouvait donner l'idée d'une sorte de sélection naturelle, du genre « Ce qui ne me tue pas me rend plus fort » assez suspect. Reconnaissons qu'elle n'a probablement rien apporté aux cures individuelles. En revanche, elle est précieuse pour les cliniciens et les thérapeutes qui travaillent dans les institutions avec les éducateurs et les autres professionnels engagés dans l'action sociale et thérapeutique.

La résilience est une notion utile dans le social ?

La prise en charge institutionnelle de la souffrance conduit à rencontrer des familles martelées par la reproduction du malheur depuis plusieurs générations. Difficile dans ces conditions de ne pas penser que le pire est garanti. Or la notion de résilience peut réorganiser le projet institutionnel. Elle invite à une réflexion sur les outils éducatifs, sociaux, thérapeutiques qui peuvent être des déclencheurs pour sortir de l'engrenage du malheur.

Concrètement, comment ça marche ?

En changeant de regard sur ceux que la vie a malmenés, en cherchant à valoriser leurs propres potentiels, leurs richesses, en misant sur leurs capacités de création, en les aidant à exprimer leurs malheurs mais aussi leurs espoirs, leurs réussites, les professionnels de l'enfance peuvent donner aux parents et aux familles la possibilité de retrouver ou de réveiller leurs propres potentiels de guérison. Groupes de parole pour parents de jeunes enfants ou d'adolescents, groupes de femmes soutenant d'autres femmes, réseaux d'échanges de savoir, rencontres et ateliers, création d'un journal... : il ne s'agit plus de faire à la place de ceux qui risquent de perdre pied, mais de leur donner les moyens de faire eux-mêmes, y compris pour les autres. Se faire l'allié d'Éros pour combattre Thanatos, même dans des situations sociales et économiques douloureuses, c'est possible.

Des indications de la psychanalyse

Vous parlez des institutions éducatives et sociales : la psychanalyse y a-t-elle sa place ?

Je le pense. La psychanalyse y a sa place, mais pas sous la forme de la cure analytique. En travaillant dans les diverses institutions éducatives et sociales qui prennent en charge les familles en difficulté, les enfants et les adolescents en panne de repères, en galère, en souffrance, j'ai pu apprécier la compétence des cliniciens formés à la psychanalyse. Sans pratiquer dans l'institution des cures stricto sensu, ils apportent un concours précieux au travail des équipes éducatives.

Pourquoi pas directement des psychothérapies ou des psychanalyses ?

Question de cadre et de déontologie. Les psys qui travaillent dans des institutions sociales et éducatives, qui ne sont pas des lieux de soins, ne peuvent aller au-delà du cadre institutionnel qui les légitime et les paie. Ainsi, psychiatres ou psychologues, même avec une formation analytique et une pratique d'analystes en cabinet, ont à adapter leur travail en fonction de l'institution qui les embauche. Un projet éducatif ou social n'est pas un projet thérapeutique : l'institution accompagne le changement, mais n'a pas pour mission directe de soigner les gens. L'approche clinique que permet la psychanalyse apporte toutefois un éclairage différent et une approche essentielle, tant aux usagers qu'aux professionnels.

Qu'entendez-vous par approche clinique ?

L'approche clinique est celle du psy qui n'utilise aucun autre outil que son écoute lorsqu'il reçoit quelqu'un. Le terme « clinique » renvoie à l'idée du lit (*clinè*) et à la pratique du médecin qui n'a d'autre outil que lui-même lorsqu'il est au chevet de quelqu'un.

Le psychologue clinicien a souvent une solide formation analytique : celle que lui a délivrée l'université et surtout celle que lui a donnée sa propre psychanalyse. Son travail permet à l'institution de tenir compte de la réalité psychique de ceux qu'elle prend en charge. En effet, la réalité apparente, objective ou factuelle, ne peut être la seule lecture de la souffrance. Le clinicien fait apparaître la dimension subjective de l'histoire de chacun et participe ainsi au travail des éducateurs, infirmières, assistants sociaux et autres praticiens du travail éducatif et social.

Et dans les lieux de soins ?

Hôpital psychiatrique, centres médico-psycho-pédagogiques, services de milieu ouvert ou ambulatoires de toutes sortes : il existe de nombreux lieux où se pratiquent des psychothérapies, éventuellement d'inspiration analytique, pour soigner la souffrance psychique. L'expérience de Maud Mannoni à Bonneuil, par exemple, illustre combien la psychanalyse peut s'adapter aux institutions et leur permettre de contenir et de soigner la douleur psychique. Le développement de certaines démarches d'ethnopsychiatrie et d'ethnopsychanalyse montre par ailleurs que les notions d'inconscient et de transfert sont présentes dans toutes les cultures et peuvent tout à fait donner lieu – une fois trouvé le cadre ad hoc – à un vrai travail thérapeutique.

Revenons à la cure personnelle. Tout le monde peut faire une psychanalyse ?

Oui. Tout le monde. Sans aucune distinction de milieu social ou culturel. Il faut seulement en avoir le désir, et l'opportunité. Mon point de vue n'est toutefois pas partagé par tous. Par exemple, la psychanalyse américaine, qui n'a pas grand-chose à voir avec ce que nous pratiquons en France, a fixé des critères pour définir qui était susceptible de faire une analyse. Il fallait être *yarvis* : jeune, séduisant et riche, avoir des capacités verbales, intellectuelles et sexuelles. C'est dire que la vision américaine de la psychanalyse ne pouvait concerner qu'une élite, les classes aisées, le petit monde des intellectuels, de la culture et des affaires.

Mais la psychanalyse peut encore faire peur !

On peut le regretter. J'ai la conviction que la cure analytique n'est pas réservée à une élite urbaine et aisée. Son prix peut parfois faire peur, mais quand on voit ce que peut coûter l'accumulation de médicaments, ou les multiples stages ou expériences de développement personnel, sans jamais arriver à rien changer, je pense qu'on paie parfois bien cher l'évitement de la psychanalyse. Par ailleurs, même si la psychanalyse elle-même, pour des raisons de réputation, de coût et de temps, n'est pas encore une démarche accessible à tout le monde, de nombreuses thérapies d'inspiration analytique sont mises en place, quotidiennement, dans tous les milieux.

Il n'y a pas d'âge pour commencer une psy. On peut s'y mettre à quatre-vingts ans ?

Il n'est jamais trop tard pour vivre sa vie, pour commencer un travail sur soi. Surtout s'il s'agit d'une analyse. Il suffit d'en avoir le désir, la curiosité, de vouloir ne plus souffrir et surtout d'être prêt à changer. C'est le point le plus délicat. En effet, en vieillissant, on peut prendre l'habitude de vivre avec ses symptômes. Certaines personnes vivent dans un univers déformé par leur perception du monde. Les mécanismes de défense qui leur ont permis de survivre à leur jeunesse et à leurs pulsions ont pris de la rigidité et ont organisé pour eux un monde plus ou moins bancal ou pathologique, mais qui leur va. Ils s'y sont faits, au point même qu'il peut leur sembler effrayant de le perdre.

Mais pour qui veut changer, qui accepte de lâcher ses protections symptomatiques, que ce soit pour faire une psychothérapie ou commencer une psychanalyse, l'âge ne fait rien à l'affaire. Certes, en vieillissant, certaines capacités intellectuelles faiblissent, mais la cure fait appel à bien d'autres processus. L'association libre, les rêves, la mémoire du passé, les souvenirs d'enfance... Même à quatre-vingts ans, pour mieux vivre sa vieillesse, pour vivre sa maladie, pour entrer plus sereinement dans la mort, pour pacifier son passé, la démarche n'est pas inutile. Je trouve même que c'est une bien jolie manière de prendre congé de sa vie.

Irène Frain, romancière

« J'ai appris à dormir, et à vivre ! »

Chez elle, c'est un gentil bazar, un joli grenier : des piles de livres un peu partout, au mur des gravures indiennes chinées pendant ses voyages. Un livre ouvert, une Pléiade : Alice au pays des merveilles, *de Lewis Carroll, son livre de référence. Et, dans le fond de la pièce, une méridienne, sur laquelle trône un chapeau que l'on croirait destiné au prix de Diane. Irène Frain porte un pantalon beige Issey Miyake, des mules bleu turquoise assorties à sa veste. Ce jour-là, elle est un peu plus pâle que d'habitude, avoue que ses parents sont très âgés. Elle s'inquiète. « Sous mes airs de clown, je suis une grande anxieuse », dit-elle. Stressée, ex-insomniaque : ça, c'est la face cachée et méconnue d'Irène Frain. Ce qui ne l'empêche pas d'être une vraie joyeuse. « C'est l'analyse qui m'a amenée à la joie, à la gaieté ! » Comme une petite fille, elle s'installe à califourchon sur une chaise et raconte...*

À la force du poignet

Pour vous expliquer pourquoi j'ai entrepris une psychanalyse, je dois remonter à mes racines. Je suis issue d'un milieu extrêmement modeste. Mon père était garçon de ferme et s'est élevé à la force du poignet. Dans le meilleur des cas, j'allais devenir prof ou instit. Oui, mais voilà, j'ai obtenu l'agrégation plutôt brillamment à vingt-deux ans. J'étais la plus jeune agrégée de France. Cette agrégation, c'était une première trahison par rapport à mon milieu d'origine. Trahison renforcée par le fait que j'ai coupé aussi très tôt avec mes parents, en épousant à dix-huit ans un jeune homme issu, lui, d'une famille de bourgeois enrichis dans la pharmacie. Mes beaux-parents m'ont très difficilement acceptée. Des deux côtés, j'ai ressenti une grande animosité : tout le monde me reprochait ce que j'étais. Quand j'ai publié *Le Nabab*, puis *Secrets de famille* (en 1989), ça a été le pompon. Je recevais des attaques pernicieuses, surtout de la part de ma belle-mère. Mais ma mère n'était pas en reste, et mes frères et sœurs non plus, je suppose. Cela me minait sans que je m'en aperçoive, d'autant plus que j'y prêtais le flanc : inconsciemment, je m'étais mise en position de coupable, donc de victime. Pendant des années et des années j'ai subi ça. Jusqu'au jour où je suis devenue insomniaque. J'avais déjà eu quelques crises, mais vers quarante, quarante et un ans, il m'est arrivé de ne plus dormir du tout – une heure par nuit, c'est tout. C'était devenu insupportable. Une amie m'a dit : « Il n'y a que la psychanalyse qui puisse te guérir. »

Le lapin blanc d'Alice

Ça s'est passé il y a maintenant quinze ans. J'étais très réticente, mais j'ai fini par prendre rendez-vous avec le praticien qu'elle m'avait indiqué. Il était aussi médecin.

Quand je suis arrivée dans son cabinet, j'ai immédiatement été saisie par un sentiment d'étrangeté. Il devait avoir environ cinquante-cinq ans à l'époque et ma première impression a été celle d'un doux dingue, conforme à ce que j'imaginais des psychanalystes. Il m'évoquait un être intermédiaire entre le Jedi de *La Guerre des étoiles* et le lapin blanc d'Alice. Moi qui suis une fan absolue de Lewis Carroll, je me retrouvais là sur une autre planète, dans l'univers d'*Alice au pays des merveilles* ! Il m'a dit : « Faites comme vous voulez. Allongez-vous, asseyez-vous, vous êtes libre. » J'ai choisi de m'asseoir sur le divan – une sorte d'intermédiaire entre la position assise et allongée –, de lui faire face.

Les séances duraient environ quarante-cinq minutes et le début a été fulgurant. Pourquoi ? Sans doute parce que c'était lui, parce que c'était moi, comme disait Montaigne. Nous nous sommes trouvés tout de suite. Je sais maintenant que j'ai eu beaucoup de chance. Mon insomnie a cédé en trois séances. Après la première, j'ai mieux dormi, après la seconde un peu plus. Enfin, après la troisième, j'ai fait une nuit complète. Cela a suffi, bien sûr, pour sceller la confiance et me faire retourner chez lui, d'autant qu'il me restait l'anxiété, bien sûr, avec tous ses symptômes : la boule au ventre, le nœud dans la gorge.

Le dernier lieu du secret

C'est un homme qui m'inspire beaucoup de confiance. J'éprouve aussi pour lui une grande reconnaissance et un infini respect. Cela dit, nous partageons le même regard ironique, rigolard sur la vie. Mais je n'irai pas plus loin : tout ce que je lui ai dit ne sortira jamais de son cabinet. La psychanalyse, c'est le lieu du secret, un endroit où, dans cette société d'exhibitionnisme, du spectacle, se maintient un espace pour l'intime. C'est le dernier et le seul endroit où vous avez encore le droit d'être vous-même, sans la moindre censure d'aucun ordre. Les lapsus, les actes manqués... Combien de fois ai-je oublié mes lunettes sur son divan ! Ça arrivait toujours, comme par hasard, à certains moments où je ne voulais pas voir quelque chose en face. Ensuite, je lui téléphonais en me moquant de moi-même : « J'ai honte ! J'ai encore oublié mes lunettes ! » La séance après ces actes manqués était parfois suivie de révélations. Je voyais clair, enfin. Et je n'oubliais plus mes lunettes jusqu'à ce qu'une nouvelle fois...

Parler avec mes mots à moi

Je n'ai jamais lu Lacan et, à part quelques textes de Freud, je n'avais pas du tout envie de me plonger dans ces savants ouvrages. J'avais bien d'autres chats à fouetter : écrire mes romans. Je vais être franche, même si je sais que ce n'est pas du tout politiquement correct chez une intellectuelle de formation : tout ça me barbait copieusement. Pour autant, au début, cette réticence m'embarrassait. Donc j'ai dit à mon psy : « Vous savez, je ne connais rien à l'analyse, je ne maîtrise pas le discours psy, je viendrai avec mes mots, je parlerai avec mes émotions. Je serai un peu la Mme Dugudu de la psychanalyse ! » Il m'a répondu qu'il n'y avait aucun problème et qu'au contraire c'était excellent de m'en remettre à ma seule vérité. Nous avons aussi conclu un autre pacte : cette analyse ne devrait en aucun cas détruire ni abîmer mon écriture. Autrement dit, il devait faire en sorte que cela ne m'empêche pas d'écrire.

Pari gagné. Non seulement ça ne m'a en rien empêchée d'écrire, mais j'ai développé grâce à cette analyse mon tempérament de romancière. Bien évidemment, tel n'était pas mon propos. Je ne me suis jamais dit : « Va chez ton psy pour trouver des sujets de romans. » Mais ce travail m'a profondément libérée, aidée à écrire. J'y ai puisé une force, une profondeur littéraire insoupçonnées. Je prenais peu à peu confiance en moi, donc j'allais plus loin, toujours plus loin dans l'exploration des mots. Je comprenais aussi que j'étais une hyperimaginative ; que l'imagination, tout au long de mon enfance, m'avait sauvée de certaines situations pénibles, car je suis aussi une hypersensible. Il y avait un lien étroit entre mon anxiété et l'imagination que j'avais entraînée depuis mes plus jeunes années. Et je comprenais que l'écriture était, de loin, le meilleur remède à cette anxiété.

Ça a décuplé ma créativité. J'étais dans une créativité verbale hallucinante. J'insiste sur un point : il ne s'agissait pas pour moi d'être mon propre matériau, de faire des « angoteries » à la manière d'une Christine Angot ! Non. La preuve : après ce que j'avais enduré, j'aurais pu en écrire, des romans. Mais ce narcissisme névrotique, je n'en ai jamais voulu.

La psychanalyse m'a aussi délivrée de ma culpabilité d'écrire dans un milieu qui vivait dans la peur de celui qui écrit. J'ai compris que la raison pour laquelle ces gens tentaient de faire du mal, c'était tout bonnement qu'ils crevaient de trouille ! J'ai saisi que l'écriture est un pouvoir. Et je l'ai assumé !

Le vilain petit canard...

Pour revenir au thème d'*Alice au pays des merveilles*, en poussant la porte de mon psy, je suis « tombée dans le puits ». (Elle attrape le livre de Lewis Carroll.) Lisez ça : « Il faut croire que le puits était très profond, car en tombant, elle avait tout le temps de regarder autour d'elle. En observant les parois du puits, elle voyait qu'elles étaient recouvertes d'étagères. » Vous voyez, en entrant en analyse, je me suis mise dans la peau d'Alice. J'ai compris, en inspectant une à une les étagères de mon inconscient, la façon que j'avais de déclencher ces salves d'agressivité, en prêtant le flanc aux attaques, en les provoquant inconsciemment. Il y a eu des séances très difficiles, où j'étais au bord des larmes et de la crise de nerfs. En partant chez le psy, je me disais : « Aujourd'hui, Irène, tiens bon, ne t'effondre pas. » Et, quand j'arrivais, je versais des torrents de larmes ! Il m'en a tendu, des mouchoirs en papier !

Peu à peu, j'ai ainsi appris à désamorcer les comportements négatifs des autres ; et peu à peu, aussi, ils ont disparu. Une révolution très profonde avait dû se produire en moi : spontanément, je n'y donnais plus prise. Entre les autres et moi, il y avait désormais comme un écran, une force, tout ce travail d'analyse. Les agresseurs continuaient à m'agresser, ils n'avaient pas changé, eux : lettres, coups de fil, attaques frontales ou anonymes... Mais devant cela, sans même y réfléchir, j'adoptais une autre attitude. La psychanalyse m'a aidée à maîtriser les attitudes, les gestes que l'on adopte parfois inconsciemment et qui déclenchent des foudres d'agressivité chez les autres – vous savez, ne serait-ce que la jolie robe que vous portez un soir, dans une réception, et qui fait que la femme charmante assise à côté de vous, dont vous n'imagineriez pas la vie secrète, tout en frustrations, se met à penser de vous : « Celle-là, je la hais, je vais la dégommer. » Les hommes, pour des raisons certes différentes, ne sont pas en reste dans ce genre de comportements pulsionnels ! Mais à mon insu, sans doute, je faisais moi aussi marcher le schmilblik...

J'ai identifié sur le divan tout ce qui me poussait à jouer le rôle du vilain petit canard. Enfant, ça avait été le rôle qu'on m'avait assigné dans ma famille. Par bonheur, mon père n'était jamais entré dans ce jeu-là, ce qui a corrigé les conséquences dramatiques que ce rôle imposé aurait pu entraîner. C'est pour lui que j'étais si brillante à l'école, si imaginative, gaie, drôle... Je le faisais mourir de rire ! Et puis, quand une partie de votre famille vous place dans un statut de vilain petit canard, c'est parce qu'elle sait, intuitivement, qu'un beau jour, vous allez vous transformer en cygne. Pour ne pas dire « signe » (voilà que je me fais lacanienne, j'ai tout de même un petit vernis...) ! J'insiste beaucoup sur ce mot « signe » car, je le répète, celui qui écrit, dans une famille, ou plus largement dans un groupe, fait toujours très peur.

... qui devient un beau cygne

Chez mon psy, j'analysais aussi le phénomène de la notoriété. J'ai peu à peu compris comment la médiatisation, qu'on ne contrôle jamais vraiment, quoi qu'on en dise, déclenche des réactions à la fois flatteuses (admiration, etc.) et hostiles et agressives (frustration, jalousie, envie). Quand on est connu, il faut admettre cette ambivalence, sinon c'est fatal. Mais c'est une démarche très difficile : la raison inconsciente qui vous conduit à être connu, la plupart du temps, c'est que vous voulez être aimé, éperdument aimé ! Malheureusement la notoriété, surtout si elle est subite et inattendue, crée dans les groupes humains une onde de choc égale à un deuil. Elle réactive des conflits archaïques inconscients. Le fait d'être connu, apprécié de centaines de milliers de gens, peut ranimer des frustrations chez des membres de la famille qui estiment n'avoir pas été suffisamment aimés de leurs parents. Pourquoi elle, pourquoi pas moi ? Nous avons eu la même éducation, les mêmes parents, mangé les mêmes choses, chanté les mêmes chansons, dormi dans le même lit ! Le public qui vous aime est vécu par le jaloux ou l'envieux comme la reviviscence de l'amour des parents dont il a été frustré. Pas une seconde il ne pense à votre somme de travail, à vos difficultés, vos douleurs. Dans sa souffrance, il vous perçoit uniquement comme une créature de sitcoms ou, au mieux, de contes de fées. C'est un générateur à fantasmes, la notoriété. Je ne gagne pas plus d'argent que cela, je ne suis pas non plus une star culte ! Mais que faire : vous n'avez aucune prise sur les fantasmes des autres. Il faut apprendre à laisser courir...

Je ne veux plus être un bouc émissaire

La dernière fois que j'y suis retournée, c'était il y a trois ans, au moment du décès de ma jeune sœur. J'ai pu, sans m'effondrer, prendre en charge nombre de démarches extrêmement pénibles, dont je vous épargnerai le détail. Et surtout ne pas me laisser piéger par ma famille : logique, quand c'est le plus jeune qui meurt le premier et tragiquement, d'essayer de désigner un bouc émissaire, pour évacuer la culpabilité qui suit inévitablement ce type de disparition... Pour ce rôle ingrat, l'ex-vilain petit canard était tout trouvé ! Seulement voilà, grâce à la psychanalyse, c'était un ex ! Je l'ai vu venir de loin, ce réflexe bouc émissaire. J'ai résisté. Offensive quand il le fallait. Silencieuse la plupart du temps. Après cette histoire terrible, vous voyez, j'aurais pu en écrire, des pages, des romans, sur les névroses familiales. Mais ça ne m'intéresse pas. Au contraire, preuve que je me suis distancée : aussitôt après la disparition dramatique de ma jeune sœur, j'ai écrit mon livre le plus gai, *Le bonheur de faire l'amour dans sa cuisine et vice-versa*[1]. Encore, sans doute, l'effet de l'analyse, qui vous aide à prendre une distance. Et j'ai immédiatement enclenché un grand roman, *Au royaume des femmes*[2], fondé sur une enquête qui, de Vienne à Édimbourg et de Washington à Boston, m'a menée au fin fond des montagnes de l'ouest de la Chine, où vous verrez passer l'ombre de Papa Freud ! Rien d'étonnant : mon héros, l'explorateur Joseph Rock, plus connu comme « l'homme qui sauva les livres et les plantes », était né à Vienne en 1884, à un jet de pierre de la Berggasse, où Freud avait son cabinet ; et il avait sans doute suivi ses cours car j'ai trouvé des documents qui attestent de très grandes connaissances en psychiatrie et psychologie des profondeurs. Et, comme Freud, il était passionné par les médiums et les phénomènes de transes.

1. Paris, Fayard, 2004.
2. Paris, Fayard, 2007.

Je suis restée Alice

Je me vois bien, finalement, devenir une vieille dame espiègle, totalement loufoque, comme Alice au pays des merveilles qui aurait cent ans ! Cette analyse m'a encouragée à développer une curiosité sans bornes pour les autres. Je veux écrire sur cette pâte humaine qui m'intéresse tant. Mon psy m'a d'ailleurs dit que les romanciers et les psychanalystes sont cousins : ils mettent à nu les vérités humaines ; d'après lui, seules les méthodes sont différentes. La mienne, c'est l'écoute plus l'imagination. Je suis aussi trépignante et impatiente de vivre qu'à l'âge de quatre ans mais, grâce à mon psy, je suis sortie de l'infantile pour regagner l'enfance, avec tout ce que cela suppose de curiosité, d'impatience à vivre. Si je n'avais pas fait d'analyse, aujourd'hui, vous auriez face à vous une vaincue bien installée dans son rôle de victime, bourrée de tranquillisants et qui n'écrirait plus une ligne. Bon. Je ne dis pas que j'ai complètement perdu mon côté animal sauvage. J'ai juste appris à le domestiquer. (Elle approche sa main droite de son visage, l'éloigne, la rapproche encore.) Vous voyez ? C'est ce mouvement : on apprend à identifier son anxiété, à lui donner son nom, à lui parler, à l'éloigner. C'est ainsi qu'on la domestique. C'est comme pour l'insomnie. Quand ça revient, exceptionnellement, ça ne m'angoisse plus du tout. Je me lève, je sirote une tisane. Je vis bien avec moi-même. Je ne suis pas devenue plus forte, mais j'ai appris simplement à identifier mes faiblesses. C'est cela, précisément, qui vous rend plus fort.

Terminus dans vingt gares ?

J'ai ainsi fait avec ce brillant thérapeute trois tranches de trois ans. Quand mon analyse finira-t-elle ? Je n'en sais rien. Récemment, j'ai fait un rêve. Je voyageais et le chef de gare annonçait qu'il y avait encore vingt arrêts. Je me souviens de ce chiffre 20. Je me suis réveillée en me disant : « Plus que vingt séances »...

VI

« Comment je suis devenu psychanalyste »

Catherine Mathelin-Vanier, 58 ans,
psychanalyste d'enfants et d'adultes,
membre de l'association Espace analytique

« On pilote son propre avion »

Devenir psychanalyste quand on est la fille des Branquignols : quel joli pied de nez au destin ! Catherine Mathelin, cinquante-huit ans, a des yeux malicieux et les dents du bonheur. Ce sourire éclatant est, parmi d'autres choses, ce qui la rend si sympathique, si éloignée de l'image docte et grise du cliché du psy. Elle revendique sa féminité, sa fantaisie, son humour. Pantalon beige plissé, sandales plates, chemise chocolat... elle resplendit. « Je me suis mariée il y a quelques semaines, confie-t-elle. Vous vous imaginez... à mon âge ! » Catherine Mathelin déborde de vitalité, d'humour, ce qui fait d'elle, dans l'inélégante terminologie journalistique, un « bon client » : quelqu'un de brillant qui sait parler intelligemment, sans démagogie et sans jargon, de choses complexes. Dans son cabinet du XVIe arrondissement de Paris, on peut voir une grande bibliothèque, un divan en cuir noir, une ou deux poupées Corolle, quelques cubes à jouer et des fauteuils transparents. Un symbole ? « Pas du tout ! C'est parce que, quand les enfants font de la pâte à modeler, après, il faut tout nettoyer. Comme ça, je passe un coup d'éponge et mon bureau est nickel », sourit-elle. Catherine a beau être très libre, elle est psychanalyste. Elle nous prévient : « Je ne peux pas tout dire. On ne dit jamais tout, même en étant le plus sincère possible. »

Derrière les apparences

J'ai eu très tôt le goût de l'introspection. Mes parents, Robert Dhéry et Colette Brosset, qui ont fondé la troupe des Branquignols, étaient des comédiens pour qui tout tournait autour du théâtre. Pendant leurs soirées, leurs dîners, leurs vacances, ils travaillaient leurs rôles et leurs personnages, essayaient d'explorer la psychologie du personnage pour pouvoir l'interpréter au mieux. Et moi, toute petite, j'entendais déjà ces réflexions sur les caractères : « Pourquoi il réagit comme ça ? Qu'est-ce qu'on pourrait ressentir et exprimer s'il nous arrivait cela ? » Bref, j'étais baignée là-dedans à longueur de journée ! En outre, être fille de comédiens vous incite à chercher et à comprendre ce qui se passe derrière les apparences – à déchirer le voile. C'est d'autant plus évident que les comédiens sont par nature des gens vulnérables, qui parlent beaucoup d'eux, qui souffrent, qui vivent dans l'insécurité totale. Chaque soir de générale, à cause du public, des critiques, une carrière peut basculer ! Je ne voyais pas que les paillettes, les strass et les brassées de fleurs. Les acteurs dépendent entièrement du désir de l'autre : celui du public, d'abord, et celui des gens qui vous font travailler. Et ça, même toute petite, je l'avais bien perçu !

Étape ultime, en terminale, j'ai découvert Freud en cours de philosophie. Mon professeur parlait beaucoup de la psychanalyse. C'est l'année où vous lisez *Introduction à la psychanalyse*, où vous apprenez les définitions du moi, du ça, du surmoi. J'étais littéralement passionnée et j'ai tout dévoré ! Cette prof de philo a été ma première initiatrice.

Un deuil difficile à vivre

Mais ce n'est pas cela qui vous fait débuter une analyse. J'y suis allée, comme tout le monde, avec un symptôme, parce que je souffrais. J'avais perdu ma grand-mère peu de temps avant. C'est elle qui m'avait élevée (elle était conviée sur tous les tournages pour pouvoir s'occuper de moi). Et puis, pour couronner le tout, je devais gérer un chagrin d'amour... Bref, je me sentais jetée dans le vide, je n'avais plus goût à rien. Je ne croyais plus en rien, je restais toute la journée chez moi à broyer du noir.

J'ai eu l'idée, un jour, de retéléphoner à ma prof de philo, Colette Misrahi, mon initiatrice, qui, comble de hasard, entre-temps, était devenue psychanalyste ! Elle m'a proposé de m'emmener avec elle suivre les séminaires de l'École freudienne de Paris. À dix-neuf ans, j'étais embarquée dans des réunions qui me passionnaient. Mais surtout, elle m'a conseillé d'aller faire un petit tour sur le divan. J'ai démarré mon analyse avec Maud Mannoni, qui m'avait favorablement impressionnée pendant les séminaires de l'École. À l'époque, elle avait fondé l'hôpital de Bonneuil pour les enfants autistes. Quand je l'ai vue, la première fois, je lui ai dit : « Vous me rappelez ma grand-mère ! » alors qu'elle avait l'âge de ma mère... Ça ne lui a peut-être pas fait très plaisir, mais c'était signe que le transfert marchait déjà.

Les rédactions de Pagnol

Avec Maud, que j'appelais « madame », les choses allaient vite. C'était quelqu'un de très soutenant, plein d'humour mais aussi d'une grande rigueur. J'ai commencé très vite à parler de mon enfance. Mon enfance, à la fois formidable, exceptionnelle, avec tous ces comédiens qui gravitaient autour de nous ; tous ces tontons d'adoption. Louis de Funès, Jean Richard, Prévert, Pagnol... je les appelais tous « tonton » ! Et ils s'occupaient de moi comme d'une nièce. Il nous arrivait d'être très nombreux autour d'une table – une vraie, grande famille. Un jour – je devais avoir huit ans –, je me plaignais d'une rédaction que je devais faire. Le sujet ? « Une journée à la campagne. » Pagnol m'a répondu, avec son accent du Midi : « Allez petite, donne ça, je vais te la faire, moi, cette rédaction ! » Il me l'a écrite... et il a obtenu 4/20 ! Quand j'ai rapporté la note à la maison, il était furieux ! « Je vais lui casser la figure, à cette prof ! » Il s'est même rendu à la sortie de l'école. « Mademoiselle, vous savez à qui vous avez mis un 4 ? Je suis Marcel Pagnol, de l'Académie française ! » L'institutrice était gênée... Et moi, donc ! Imaginez bien que je ne voulais plus retourner à l'école par crainte des représailles. Cette histoire me fait bien rire aujourd'hui, mais elle m'a permis d'avoir un autre regard sur l'échec scolaire et les enfants dits « en difficulté ». Simone Signoret me faisait faire mes devoirs d'histoire, Prévert m'accompagnait dans de grandes balades de campagne. Il était toujours attentif au petit détail, et sans doute aussi ai-je puisé dans cette discussion le plaisir de la communication. Et surtout celui d'écouter parler les autres !

Premier rapport à la folie

Quand vous êtes fille de comédiens, vous avez des « fous » à l'état expérimental, à la maison, sous la main ! Des gens capables de passer d'un état à un autre, comme les psychotiques. Fous ? Oui. Des gens qui, comme mon papa, sont très sérieux (mon père était sévère) et qui, soudain, se transforment en clowns ! Je me suis souvenue d'une scène, où, toute petite – avais-je cinq, six ans ? – j'ai vu mon papa en costume de clown se prendre des coups de pied aux fesses. Mon papa qui était mon héros, beaucoup plus grand que Superman ! J'avais eu peur, ce jour-là, et il m'avait dit : « N'aie pas peur, on fait semblant ! » C'était la même chose avec tous ceux que j'appelais mes tontons. Tonton Louis (de Funès) était très sérieux, tendre et sentimental dans la vie et il devenait le pitre que l'on connaît dans ses films. Bourvil aussi était quelqu'un de très triste parfois, dans la vie, et un comique de grande envergure. Alors, qui était le vrai ? J'étais déjà à ce moment-là en contact avec une forme de folie maîtrisée, la folie des acteurs. Il y avait déjà de quoi faire réfléchir ! Je crois que toutes ces scènes ont joué. Dans mon fantasme de devenir analyste, il y avait ce désir-là, celui d'« avoir les vrais », les vrais gens sous leur costume. Vous imaginez ? La psychanalyse me proposait cette chose formidable : aller creuser derrière le rôle pour débusquer la vérité.

Le cirque de Jean Richard

Entre sept et seize ans, j'étais toujours partie, à Londres, New York, à Los Angeles... J'ai dû fréquenter sept ou huit écoles, avec de longues périodes d'interruption scolaire.

Mais j'apprenais à la maison. Et hors de la maison ! Comme mes parents étaient tout le temps sur scène (sauf le lundi, jour de relâche), ils me confiaient pendant les vacances scolaires à Jean Richard, un autre tonton qui était pour moi comme un père. À la Toussaint, à Pâques, pendant les vacances d'été, je débarquais à l'aéroport d'Orly, où il venait me cueillir, et je suivais les tournées du cirque Pinder-Jean Richard ! J'ai appris à monter, démonter les chapiteaux. J'ai appris le sens du travail, la vie sans « gnagnasserie ». Le cirque est une école de rigueur. Il ne faut pas se laisser dévorer par le lion, vous devez être à chaque instant attentif. Là, nous étions dans le vrai, loin du brillant et des paillettes ! Toute cette vie aurait pu être déstabilisante, sans des parents cadrants et solides comme les miens – des parents attentifs, qui veillent sur leur enfant même de loin. Et puis, il y avait ma grand-mère... Cette grand-mère qui ne nous quittait jamais, et qui avait pour mission de s'occuper de moi. C'était quelqu'un de si exceptionnel que le deuil à faire a été extrêmement rude – pour tout le monde, du reste. Ma mère aussi s'en est trouvée déprimée, et c'est la raison pour laquelle je me sentais si seule, si peu soutenue. Je n'ai pu trouver en elle, à l'époque, le soutien qu'il me fallait.

Grâce à Maud Mannoni, j'ai pu explorer tout cela. Cette thérapie a duré deux ans. Elle m'a sortie d'affaire, psychiquement parlant. Deux ans après, j'avais retrouvé le désir de vivre.

Choix des études et formation

J'avais vingt ans, j'hésitais. Allais-je reprendre médecine ? Faire l'IDHEC pour entamer une carrière dans le spectacle ? J'aurais adoré être pédiatre ou médecin généraliste.

Mais j'étais tellement passionnée par la psycho que je me voyais mal faire dix ans d'études pour enfin aborder cette discipline. Je me suis donc inscrite en psycho à vingt ans, en mai 1968, à Nanterre, en même temps qu'un certain Cohn-Bendit. Vous imaginez ? Quel bonheur de découvrir la vie militante et d'avoir le sentiment de se battre pour une grande cause. C'était l'idéal pour moi qui avais été élevée par des parents subversifs, toujours prêts à se moquer des notables. Mon père venait me chercher chez les flics, en s'efforçant de ne pas rire et en cachant sa satisfaction. Son talent de comédien lui était d'un grand secours ! Il prenait l'air sérieux en parlant aux flics : « Ne vous inquiétez pas, je la reprends en main, cette petite, je m'en occupe. » Mais, après avoir quitté le commissariat, il me chuchotait dans l'oreille : « Mais enfin, cette manif, vous auriez pu la faire mieux que ça ! » Quelle époque ! N'empêche que c'est à ce moment-là, dans cette société qui pulvérisait les tabous et les interdits, que ma vocation s'est affirmée : je voulais être psychanalyste.

J'ai recontacté Maud Mannoni pour commencer vraiment une analyse – j'avais vingt et un ans. C'est alors que ma psychanalyse, stricto sensu, a démarré : trois fois par semaine, allongée. C'est incontournable quand vous voulez être psychanalyste. C'est la colonne vertébrale de toute la formation. Car si mon symptôme – la dépression – avait cédé au cours de la thérapie, il me fallait faire le tour de moi-même. C'est la seule façon de ne pas projeter sur vos patients vos propres désirs, votre propre subjectivité. Vous ne devez pas être encombré de vos propres fantasmes, de vos propres projections et de votre propre histoire. Vous ne devez pas balancer ça sur l'autre !

Ce travail analytique, je l'ai fait sans relâche. Je me suis mariée sur le divan (mon premier mari était un homme d'affaires), j'ai été enceinte, j'ai eu mes enfants sur le divan... Je suis restée là jusqu'à trente-cinq ans, trois fois par semaine.

Vous faites erreur, je ne suis pas psychanalyste

Tout en poursuivant mon analyse, après mon DESS, j'ai travaillé dans un service de psychiatrie pour adultes à l'hôpital du Havre, puis dans un service pour enfants, avant de venir à Paris. Un jour, je reçois un coup de fil à la maison. Une femme me dit : « Bonjour, je vous appelle de la part de Maud Mannoni, je voudrais un rendez-vous avec la psychanalyste Catherine Mathelin. » Je lui ai répondu du tac au tac : « Désolée, je ne suis pas psychanalyste. » En raccrochant, j'ai compris que Maud, qui avait sans doute envie de me voir psychanalyste, et qui savait bien sûr que je voulais l'être, m'avait envoyé mon premier patient... sans m'en avertir ! Je ne me sentais pas encore prête, à l'époque, pour affronter la responsabilité de mener des cures, seule chez moi. J'ai attendu encore un peu. C'est à vingt-huit ans que j'ai reçu mes premiers patients.

À la fin de mon analyse, j'avais trente-cinq ans, ma fille quatre ans, beaucoup de choses se sont dénouées dans ma relation avec ma mère. Tout s'est passé très sereinement, cette fin était une évidence. Je lui ai dit simplement : « Je crois que j'ai terminé. » Elle était du même avis.

Ce que m'a apporté l'analyse, à moi

La psychanalyse est le plus beau cadeau que l'on puisse se faire. C'est une belle rencontre avec soi-même car on y trouve sa propre vérité, une vérité singulière. Le trousseau de clés de sa liberté. Ce que Dolto disait aux enfants, la fameuse phrase « Tu ne viens pas ici pour plaire à ta maîtresse, ni à ta maman, tu viens là pour devenir ce que tu es », on peut l'appliquer aux adultes aussi.

Grâce à l'analyse, j'ai découvert ce que j'étais vraiment. Quand vous êtes fille d'acteurs, le rapport à la vérité n'est pas facile. Et cette vérité pour vous-même, vous pouvez mettre longtemps avant de la découvrir. Imaginez : je me suis remariée il y a quelques mois, à cinquante-huit ans. Cela, jamais je ne l'aurais fait sans l'analyse. Même à vingt ans, je serais passée à côté de lui ! Mon premier mari était, avant mon analyse, le seul choix que je pouvais faire. L'analyse vous permet de faire des choses dont vous ne vous sentiez pas capable. Tenez, j'ai passé mon brevet de pilote. Pour quelqu'un qui s'est retrouvé, après la mort de sa grand-mère, jetée dans le vide, sans repères, avouez que finir par conduire un petit avion, c'est une jolie image.

Françoise Dolto mon contrôleur

Tout analyste, pour se former, doit aller parler de ses premiers patients à d'autres analystes plus expérimentés. On appelle ça un travail de contrôle. J'ai eu trois contrôleurs ; Françoise Dolto a été le dernier. Je l'ai connue pendant un séminaire sur les dessins d'enfants. C'était impressionnant. Elle était capable, à la première lecture, de dire « Cet enfant a été abandonné à la naissance » ! C'était incroyable et certains psys lui reprochaient d'être mi-sorcière, mi-voyante ! Je suis allée la voir après avoir pris un poste de psy dans un service de réanimation de très grands prématurés. Je m'étais dit : « Seule Dolto est suffisamment folle pour croire aux vertus de la psychanalyse chez des bébés de cinq cents grammes ! »

Elle m'a très vite fait comprendre qu'il y avait du sujet chez ces tout petits bébés et qu'ils étaient capables de m'entendre. Très rapidement, l'amitié s'est nouée entre nous, car il était difficile de fréquenter Françoise, même en étant sa patiente, sans devenir son amie ! Elle était formidablement gaie, plaisantait sur tout et tout le monde, sans être jamais ironique, jamais blessante.

Je suis restée amie avec elle jusqu'à la fin de sa vie. En août 1988, le mois de sa mort, je suis partie en vacances en lui disant : « Je viens te voir dès que je rentre, j'apporterai les croissants, on se revoit très vite. » Elle m'a regardée et dit : « Bien sûr, on se reverra. Mais si je ne suis pas là, promets-moi de ne pas m'en vouloir. » Je suis partie le cœur gros, pressentant que quelque chose de grave allait survenir – et je ne l'ai jamais revue. Mais elle m'a apporté une grande leçon. La voir partir si calmement, c'était extraordinaire.

Être psychanalyste, c'est quoi ?

Être psychanalyste, c'est d'une certaine façon frustrant, car on ne peut pas répondre à la demande immédiate. Vous savez, il faut un très long travail sur soi-même pour accepter de ne pas répondre à cela. On a envie de les materner, les patients ! Forcément. Pareil pour les enfants... Ils sont beaux à croquer, on a envie de leur faire des bisous, des câlins, de leur dire : « T'es le plus beau ! Tu vas voir, je vais tout te donner. » Mais ce n'est pas ça, faire une analyse ; ce n'est pas être dans la complaisance, mais dans cette vérité particulière qui appartient à chacun.

Si l'on répond à la demande immédiatement, les patients ne poseront jamais la vraie question pour laquelle ils sont venus. Vous savez, je suis une psychanalyste qui plaisante, qui parle avec ses patients... Et je me retiens pour ne pas trop parler. C'est à eux de le faire ! Aux États-Unis, il existe des « psys » qui donnent des conseils : « Vous devriez porter du rouge, ça vous fera du bien », ou « Vous devriez faire une cure de pamplemousses ». Je plaisante à peine : ce genre de choses existe. Mais ce n'est pas ça, la psychanalyse.

Il y a des solutions immédiates qui peuvent marcher : le coaching, la conseillère en look, les oméga 3, la chirurgie esthétique... Ça marche un jour, puis deux. Mais croyez-moi, si vous aviez une autre raison de vous trouver une sale gueule, ça reviendra forcément. La suggestion est à la mode, mais c'est le contraire de la démarche analytique.

Être analyste, c'est être attentif au moindre détail de ce qui se joue là, dans le cabinet. Sur cette scène-là, tout prend sens, le moindre geste ! On se dit : « Il est en train de me dire quelque chose qu'il ignore. » Un jour, par exemple, un enfant de onze ans est arrivé et s'est installé sur le divan, me disant qu'il avait vu, à la télé, que c'était « comme ça, chez le psychanalyste ! ». Mais les enfants ne vont pas sur le divan. Très vite, nous avons compris l'un et l'autre qu'il était adultisé par ses parents, qu'il n'était pas à sa place d'enfant. Il a progressé le jour où il s'est remis à faire de la pâte à modeler.

Comment vit-on quand on est psychanalyste ?

On est passionné, on vit avec ça en permanence. En trente-quatre ans de carrière, jamais une seule journée je ne me suis dit : « Je me suis emmerdée. » Je suis contente, après cela, d'aller en séminaire, je me dis : « Je vais en apprendre plus. » On est toujours en position d'être enseigné, par ses patients d'abord, par ses collègues ensuite. Au fond, quand vous êtes analyste, vous êtes tout le temps en train de vous interroger sur vous-même, comme un analysant. C'est la seule manière de travailler et de respecter le désir de ses patients – de les laisser parler sans interférer.

Cela implique que l'on travaille énormément. Je reçois toute la journée, je fais des séminaires, je pars à l'étranger... C'est énorme. Depuis que j'ai épousé Alain Vanier, qui est psychanalyste, cela facilite les choses. Nous parlons de psychanalyse, mais nous ne parlons pas que de cela, heureusement ! Et en tout cas jamais de nos patients. Beaucoup de choses de la vie nous passionnent, l'actualité, la politique, le cinéma, le théâtre. C'est plus facile de vivre avec un autre passionné. On se comprend.

Je les aime bien

Bien sûr, j'aime bien mes patients. Comment faire autrement ? C'est ce que me disait Maud Mannoni aussi : « Je les aime bien. » Et alors ? Nous sommes plusieurs à dire ça, mais ce n'est jamais très bien vu. Pourtant, ce n'est pas un drame ! C'est rare, quand je ne les aime pas. Certes, il y a des séances plus ennuyeuses, des patients parfois inhibés, mais qui peuvent être touchants. Il y en a d'autres qui se prennent très au sérieux, qui viennent vous dire : « Je n'ai aucun problème mais je veux devenir psychanalyste ! » Il est plus difficile de les mettre au travail et de faire décoller l'analyse.

Cela dit, quand l'ennui s'installe, il faut aller chercher le problème du côté de l'analyste ! Dans ces cas-là, quand cela m'arrive, j'essaie de me demander ce que je n'ai pas entendu, en quoi je l'ai empêché de progresser. « Qu'est-ce que j'ai pu dire, précédemment, ou ne pas dire, qui l'empêche d'avancer, d'entrer vraiment dans l'analyse ? » Un bon analyste, c'est quelqu'un qui n'empêche pas le patient de faire son analyse !

Il peut être très utile de refaire une tranche, comme on dit. Freud conseillait de refaire un petit tour sur le divan régulièrement, tous les cinq ans. Retourner sur le divan quand quelque chose nous gêne, quand on en ressent le besoin, c'est la moindre des choses, quand vous êtes psychanalyste, non ? Certains pensent qu'ils ont le diplôme, mais ce n'est pas un certificat qui fait de vous un analyste !

Oui, j'ai refusé un patient

Il m'est arrivé un seul jour de refuser un patient. C'était un monsieur pédophile qui me racontait qu'il passait aux actes avec les enfants à la sortie de l'école ! Je ne savais pas si c'était vraiment le cas. Je l'aurais peut-être écouté, si je n'avais senti qu'il venait chez moi pour continuer à jouir en parlant de ses actes – il ne m'est pas apparu qu'il avait envie d'y changer quoi que ce soit. Et là, ça n'a pas été possible. Bien sûr que nous pouvons et devons entendre ce genre de choses. Mais c'est difficile si nous sentons que la personne vient dans un but pervers, pour continuer à jouir en parlant. Ce jour-là, j'ai compris que je n'aurais pu faire autrement que téléphoner à la brigade des mineurs. C'est la seule fois de ma vie d'analyste où j'ai demandé à un patient de ne pas revenir. Peut-être un autre psychanalyste aurait-il pu le recevoir en restant neutre et bienveillant. Mais il faut que chacun de nous connaisse ses limites ; moi, je n'ai pas pu. Je sais que la colère que j'aurais ressentie à l'entendre m'aurait empêchée de tenir pour lui ma place de psychanalyste.

Un esprit libre

Je me sens, dans cette confrérie de psychanalystes, plutôt différente. Vous voyez, je réponds à la presse ; Françoise Dolto m'y encourageait beaucoup, de la même façon qu'elle m'incitait à parler en public et à écrire des livres. Je déteste que l'on se prenne au sérieux, que l'on manque de fantaisie. Et certains psychanalystes sont tellement ennuyeux ! C'est un métier que l'on devrait faire avec de l'humour et de la fantaisie ! D'ailleurs, rien n'est plus sérieux que l'humour – je l'ai appris dans mon enfance.

En cela, je suis bien une fille de Branquignols ! Mes parents étaient rigoureux et subversifs. Ils montaient, avec le plus grand sérieux, des spectacles où l'on se moquait toujours des valeurs établies et des gens qui se pensent importants. J'ai gardé d'eux cette manière de me critiquer moi-même et aussi mes pairs.

De toute façon, pour être psychanalyste d'enfants plus encore que pour les adultes, il faut avoir une souplesse psychique, savoir plaisanter avec eux pour faire avancer le travail. Je l'ai appris entre autres de Maud Mannoni : Winnicott, son contrôleur, la poussait à travailler avec cet humour-là. Mais j'ai beau aimer l'insolence, je respecte aussi la culture de mon milieu, mes racines. Je prends la vie au sérieux.

Je n'ai pas oublié mes psychanalystes. Et je ne les oublierai jamais. La vie est faite de transmissions, de passages. Je suis toujours amie avec Colette Misrahi, mon ancienne prof de philosophie. Je suis restée fidèle à l'esprit de Maud Mannoni. Je suis aujourd'hui membre d'Espace analytique, l'école qu'elle a fondée. Au cours des séminaires, des colloques à l'étranger avec mes collègues, je retrouve cet esprit de troupe que j'ai toujours connu, petite fille. Je retrouve un peu l'ambiance des tournées. Quant à Françoise Dolto, elle est toujours à mes côtés et m'accompagne au quotidien. Il m'arrive souvent de penser à ce qu'elle me dirait si elle était encore près de moi. Elle me pousse toujours à travailler encore plus et à ne jamais me prendre vraiment au sérieux. Et l'une de mes meilleures amies, aujourd'hui, si ce n'est la meilleure, est Catherine Dolto, sa fille...

J.-D. Nasio, psychiatre et psychanalyste

« En état d'inspiration »

Vêtu d'un costume bleu marine, chemise en coton oxford et cravate mauve, Légion d'honneur dûment épinglée sur son veston, J.-D. Nasio cultive un côté dandy. Mais, derrière ses petites lunettes, son regard pétille, son sourire est très juvénile. Ce psychiatre-psychanalyste argentin est installé en France depuis quarante ans, depuis sa rencontre avec Lacan. Son cabinet, au rez-de-chaussée, près de la tour Eiffel, est chaleureux, à son image : moquette bouton d'or, fauteuil et divan en cuir vieilli, reproduction d'une toile de Bruegel, *Jour de fête*, à côté de l'incontournable portrait de Freud au regard pénétrant. En face, sur une armoire, un nounours pelé au nez reprisé, quelques figurines et petites voitures rappellent qu'il reçoit aussi des enfants. Adultes, enfants et couples en difficulté sexuelle. C'est à croire que rien n'arrête sa soif de comprendre l'autre ! Il nous accueille avec chaleur, offre une tisane et se prête très volontiers à l'exercice de sa vérité[1]. Signe indubitable : en sortant de chez lui, on se sent un peu plus intelligent...

1. J.-D. Nasio est l'auteur de nombreux livres, dont *L'Œdipe, le concept le plus crucial de la psychanalyse*, Paris, Payot, 2005, et *Mon corps et ses images*, Paris, Payot, 2006. Il est directeur de collection aux éditions Payot.

Fils de médecin, ma vocation

Ma vocation de psychanalyste vient de mon enfance, du temps où mon père, gastro-entérologue réputé à Buenos Aires, mais surtout grand humaniste et écrivain à ses heures, m'emmenait avec lui, pendant ses consultations, afin que je réconforte les patients ! « Tu es mon assistant », me disait-il. J'avais douze ans et, pendant les explorations gastriques que les patients subissaient à l'hôpital, pendant qu'il introduisait un tube métallique rigide de vingt centimètres de long – l'ancêtre de la cœlioscopie –, promu assistant, je tenais la main des patients, afin de les réconforter ! Beau balbutiement, n'est-ce pas, pour celui qui songe à devenir psychiatre ! L'idée de mon père était de me pousser vers la neurochirurgie. Mais je crois que cette expérience, par moments traumatisante pour un enfant, m'a encouragé à devenir psychiatre. Par la suite, j'ai étudié la médecine, tout en militant pour la gauche marxiste. Dans les années 60, en Argentine, impossible d'exercer la psychiatrie sans passer par la psychanalyse ; je savais donc qu'il me faudrait faire un tour sur le divan. Ça m'ennuyait profondément car, en tant que militant de gauche, je jugeais la psychanalyse comme une discipline incroyablement réactionnaire, forcément individualiste. Freud m'apparaissait comme le nec plus ultra du réac. Vous imaginez ? C'est dans cet état d'esprit que, à vingt et un ans, j'ai commencé ma propre analyse. Non pas conduit par un symptôme ou une dépression, mais simplement pour compléter mon savoir de psychiatre. À raison de trois fois par semaine, pour des séances de cinquante minutes, d'inspiration kleinienne (au cours desquelles le psychanalyste interprète souvent et longuement). Très rigoureux. Mon psychanalyste n'avait pas de salle d'attente, car l'heure, c'était l'heure !

Une analyse de cinq ans

Cette analyse a duré cinq ans. Mon psychanalyste, Emiliano del Campo, intervenait donc beaucoup, à la manière kleinienne, pour parler de mes réactions, en particulier de ce qu'il jugeait être de l'ordre du transfert négatif. Pourtant, je me trouvais peu rebelle, car j'ai de toute façon toujours eu beaucoup de respect pour mes maîtres. C'est bien la raison pour laquelle je n'ai pas loupé une seule séance.

Réfractaire à cette discipline, j'ai pourtant, dès le début de mon analyse, immédiatement perçu l'intérêt qu'il y avait à retourner sur soi-même dans le but de s'ouvrir à l'autre. Ça, c'est le moteur de l'analyse, et j'en étais comme émerveillé. J'ai compris plusieurs choses au fil de ces séances : d'une part, l'influence fondamentale et décisive de mon père sur ma vie, et des maîtres que j'ai eus (je n'ai eu de cesse de trouver des maîtres, des pères de substitution) ; d'autre part, la conviction que j'étais fait pour ce métier. Le divan m'a permis de réunir à la fois le militant gauchiste et l'apprenti psychanalyste ! Car faire ce métier, c'est d'abord aider les gens. Et puis, sur le divan, j'ai souffert, comme tout le monde, j'ai été ému, bouleversé ; j'ai ri aussi, beaucoup, car être sur le divan est une grande source de joie et de gaieté, on ne le dit pas assez souvent ! Je me souviens d'une séance émouvante et assez douloureuse, car il m'avait fallu parler d'une séparation amicale. Je vivais cela comme une trahison ; mais cela a sans doute été une expérience pilote pour, par la suite, me séparer de mes patients.

Mes premiers patients

À l'âge de vingt et un ans, du jour au lendemain, j'ai eu mes premiers patients en consultation. C'est jeune, très jeune ! Mais ces premières expériences de patients parfois gravement atteints m'ont vraiment beaucoup apporté. Ma toute première patiente est venue me voir le 12 décembre 1964. Je m'en souviens comme si c'était hier. C'était une femme, homosexuelle et malheureuse. Je me souviens aussi d'un homme, frappé d'une grave psychose, incapable d'enlever son vêtement. C'était dramatique. Les mois, les années se succédaient et, dans mon cabinet, je voyais le vêtement s'effilocher de jour en jour, se salir, sa chemise partir en lambeaux. Et puis il y a eu, peu de temps après, cette autre femme, maniaco-dépressive, qui, en phase maniaque, se mettait à faire la prostituée ou à repeindre son appartement en plein milieu de la nuit !

Mes journées étaient, déjà, très chargées : le matin, patients à l'hôpital, l'après-midi, thérapies de groupe et, le soir, militantisme de gauche. Je faisais tout cela avec passion, tout en continuant à dévorer des livres de psychanalyse et de philosophie, dont Althusser. Ce jour-là, en 1966, penché sur un livre d'Althusser, j'ai découvert une citation étonnante d'un psychanalyste français du nom de Jacques Lacan ! Un psy cité par un philosophe marxiste ? Ça a été comme un détonateur. Une bombe ! Je me suis débrouillé pour me procurer un exemplaire des *Écrits*, auquel je n'ai rien compris, comme tout le monde, même avec l'aide d'un ami philosophe qui parlait français ! Pour autant, j'ai tout de même perçu quelque chose : il s'agissait d'une psychanalyse novatrice, et ce Lacan était un révolutionnaire dans son genre, ce qui ne manquait pas de me plaire. J'ai alors décidé de venir en France – j'ai obtenu une bourse et je suis arrivé à Paris.

Ma rencontre avec Lacan

J'avais vingt-trois ans, c'était en 1966. C'est une sacrée chance de rencontrer quelqu'un comme lui. Il a immédiatement été séduit, flatté par le fait qu'un jeune psychiatre argentin ait obtenu une bourse pour le rencontrer. Un peu plus tard, pas très satisfait de la traduction espagnole des *Écrits*, il m'a recontacté, puis nous avons eu une relation assez suivie, dînant en tête à tête ou bien nous rencontrant dans sa maison de campagne. Je dois dire que j'avais toujours une petite liste de questions qui concernait la psychanalyse, et mes patients ; je profitais de chaque moment avec lui comme de leçons particulières. C'était quelqu'un d'arrogant et doté d'un caractère difficile, mais d'une présence incroyable. J'ai plus appris par lui que par quiconque ; et plus appris encore par ses silences que par ce qu'il me disait. Sa présence est quelque chose d'indicible, que je peux difficilement rendre par quelques mots. Même si je n'ai jamais fait partie des inconditionnels de Lacan – il y avait en lui des choses critiquables –, il était d'une intelligence redoutable.

Lacan superviseur

Un peu plus tard, de 1973 à 1979, donc entre trente et trente-neuf ans, Lacan est devenu mon superviseur. Je précise que la psychanalyse est une des rares disciplines où, bien heureusement, et je m'en réjouis, on s'en réfère à un aîné, à un maître, pour pouvoir mieux avancer et comprendre les cas cliniques que l'on a en consultation. Le dentiste ne le fait pas, ni même un autre spécialiste ! Mais le psychanalyste, oui.

Donc, dans les années 70, j'avais une trentaine d'années, tous les lundis à 11 heures, je me rendais rue de Lille, avec ma liasse de feuillets concernant mes patients. C'étaient toujours des moments rares, exceptionnels – je préparais soigneusement le dimanche soir les cas de mes patients, car ces minutes étaient comptées (généralement entre dix et vingt), et si Lacan ne s'intéressait pas aux cas, il pouvait vous garder cinq minutes seulement (moyennant 400 francs environ). Il était d'une grande exigence, bien qu'elle ne fût pas dite. Et nous la sentions et la respections. Je me souviens qu'il m'avait parlé de la question du divan. « Le divan, ça se mérite », disait-il en substance, ajoutant qu'il ne fallait pas y aller trop tôt dans la cure. Un autre jour, j'avais alors en consultation une patiente hystérique, et face aux hystériques, on se sent en état d'alerte maximale, toujours peur qu'elle interprète un battement de cils... J'étais très tendu, je ne favorisais pas son analyse et je m'en suis ouvert à Lacan. Il m'avait conseillé d'oublier un peu, de ne pas être au garde-à-vous, de me détendre. « C'est la seule façon de faire avec les hystériques », m'avait-il dit.

De la nécessité de la transmission

La psychanalyse nous demande de tuer le père – formule un peu rude, un peu catégorique ! Il est vrai que l'on doit devenir adulte, prendre sa place d'adulte... Pour autant, j'ai toujours personnellement prêté beaucoup d'importance à la transmission, en particulier de mes maîtres, et je me suis efforcé d'être un bon petit soldat, avant de me permettre de prendre mon indépendance.

Aujourd'hui, en 2007, la notion de transmission est mise à mal – on est dans un fantasme d'autoengendrement, on ne jure que par le self-made-man, comme si tous les pères avaient disparu de la circulation ! C'est une erreur, une grossière erreur. C'est le conseil que je donnerais à tous les jeunes aujourd'hui. Vous voulez être créatif, créer ? C'est très bien. Mais soyez d'abord un bon petit soldat ! Avant le temps de l'indépendance, il y a celui de la dépendance. Avoir de bons maîtres, c'est essentiel. C'est finalement la même chose sur le divan. Il y a un temps pour la dépendance, un temps pour l'indépendance. Vous devez être dépendant de votre psychanalyste avant de prendre votre envol.

La petite fille qui mordait

Mes plus grandes satisfactions ? Je les ai obtenues avec les enfants car, avec eux, les choses peuvent aller très vite. Parfois il suffit d'une ou deux séances pour dénouer un problème. Je me souviens en particulier de ce jour où une maman est venue avec une petite fille de trois ou quatre ans. Cette petite fille, qui avait été élevée comme une reine dans cette famille, venait d'avoir un petit frère. Elle enrageait, croyant avoir perdu quelque chose, et mordait les autres enfants, à la crèche. Un jour, sa maman l'avait trouvée dans la chambre du bébé, la petite fille s'était retournée et la maman avait vu du sang sur sa bouche : elle avait mordu le bébé au sang. C'est une scène de cauchemar, n'est-ce pas ? Quand cette petite est venue me voir, je lui ai parlé avec force et conviction, tout simplement, droit dans les yeux, comme je vous regarde, là ! Je lui ai dit que personne ne lui volerait sa place d'aînée, qu'elle resterait toujours là, que le bébé ne lui prendrait rien. Elle m'a écoutée intensément, car vraiment j'étais très convaincu, donc convaincant. Le père aussi, qui ne prenait pas sa place de papa, m'écoutait, et en a pris de la graine, je pense. La directrice de la crèche m'a ensuite remercié car la fillette ne mordait plus du tout, et elle m'a adressé d'autres petits patients.

En état d'inspiration

Et puis, il y a les moments exceptionnels, au fil d'une cure. Cela se passe avec les adultes sur le divan. Ce sont de grands moments que j'appellerais d'interprétation, où l'on se sent envahi par l'inconscient et la langue de l'autre. C'est assez rare, il faut faire le silence en soi, être dans un état de disponibilité psychique totale et laisser résonner le discours de l'autre en soi.

Un jour, cela s'est produit avec un de mes patients, un jeune homme de vingt-six ans, en permanence vêtu de noir, des pieds à la tête, serviette en cuir, chaussettes et chaussures inclus, qui souffrait terriblement d'avoir perdu sa maman étant enfant. Ce patient était en grande souffrance, car il n'avait pu faire le deuil ; son père, quand il était enfant, était resté très ambigu, lui avait dit que sa maman avait « quitté la maison ». Et il ne parvenait pas à se lier à d'autres femmes.

Ce jour-là, en séance, il a commencé par ces quelques mots : « Depuis que ma mère est partie... » J'ai senti ce silence se faire en moi, et senti que c'était le moment de parler. Je lui ai dit, textuellement, les images qui se faisaient en moi. J'imaginais un petit garçon courant derrière sa mère – la mère à la silhouette furtive, presque dans le brouillard, courant sans cesse –, elle se retournait, lui disant : « Je ne peux pas t'emmener », mais le petit garçon continuait à courir et à dire à sa mère : « Attends-moi, je viens avec toi ! » La mère court et l'enfant court après elle, attaché au moindre de ses pas. Et puis, soudain, le petit garçon s'assied au bord de la route, et s'arrête. C'est ce que j'ai dit, textuellement, ce jour-là, à ce jeune homme. Et, si je le lui ai dit, c'est que j'avais la conviction que sa souffrance cesserait le jour où il cesserait de courir après sa mère. Ce jeune homme, depuis des années, avait couru, couru, pour rejoindre sa mère. Et il s'était assis au bord de la route – ou plutôt allongé sur le divan.

J'étais dépersonnalisé, dissocié

En prononçant ces paroles, depuis mon fauteuil, ce jour-là, je me sentais comme en état de dépersonnalisation, envahi par l'inconscient de mon patient. Je parlais avec ses images à lui. C'est toujours pour moi un grand moment de surprise et d'émotion. En revanche, comme on n'en reste pas moins psychanalyste, on doit être tout de même maître de ce qui nous arrive et avoir suffisamment de discernement pour savoir s'il est bon de parler, et avec quels mots, ou s'il est préférable de se taire. Parfois, il est bien évident qu'il ne faut pas parler, car le moment n'est pas venu pour le patient d'entendre notre interprétation. Alors, on se dit : « Attention, c'est trop tôt, ce n'est pas le moment. » Mais quand le moment est venu d'interpréter, alors, je vous l'assure, ces quelques mots font avancer considérablement la cure.

Au moment précisément où j'ai parlé à ce jeune homme tout en noir, un grand silence s'est fait sur le divan. Le jeune homme était suspendu à mon dire, il était envahi d'une grande émotion et s'est mis à pleurer. Avec le jeune homme endeuillé, cette séance a signé le début de la fin de la cure. Il est venu encore un an, mais nous revenions constamment sur cette séance. Ensuite, il a pu partir. Aujourd'hui, il est marié, il a pu se déprendre de sa mère. Il est père de famille et, aux dernières nouvelles, plutôt heureux.

L'inconscient instrumental

Le psychanalyste soigne avec son inconscient. Il met au service du patient ce que j'appelle son inconscient instrumental, cet inconscient devenu outil qui n'est plus le sien propre, mais un inconscient qui s'est affiné avec sa propre analyse personnelle et son travail d'analyste. C'est un outil de perception dont le praticien se sert chaque fois qu'il écoute intensément son patient et qu'il réussit à déceler, à enregistrer et à traduire en mots les vibrations les plus ténues de l'inconscient de l'autre.

Certes, un psy est celui qui écoute les mots de son patient et aussi ses gestes, ses attitudes, mais c'est au moyen de son inconscient instrumental qu'il parviendra à accomplir son action thérapeutique : capter l'inconscient de l'autre. Savoir pourquoi il va mal – ce que l'autre ne sait pas toujours. Je me mets moi-même en état de réceptivité et, souvent, en allant chercher un patient dans ma salle d'attente, je sais intuitivement quel conflit l'habite. Ce n'est pas magique, vous savez, c'est juste une histoire de disponibilité psychique. Mais, pour cela, il faut être en quelque sorte débarrassé de soi-même et de ses névroses, d'où la nécessité d'avoir fait un travail sur soi et de le poursuivre.

Les patients les plus compliqués

Ce genre de moments d'interprétation, ça n'arrive pas tous les jours, ni avec tous les patients. Certains patients sont plus sympathiques que d'autres, plus analysables que d'autres, leur inconscient est comme à fleur de peau. D'autres sont très peu perméables à la psychanalyse. Leur état s'améliore un peu, mais ils ne peuvent pas être guéris : ce sont les psychotiques (en particulier les schizophrènes), les pervers (dont les pédophiles) et les toxicomanes, également très difficiles à soigner par la psychanalyse.

Je n'ai, à ce jour, pas souvent refusé de patients – quasiment jamais. Ma pratique hospitalière, à l'hôpital Evita de Buenos Aires, m'a permis de prendre en charge des psychotiques graves. Mais, un jour, j'ai fini par virer un paranoïaque. Il était devenu, comme tous les paranoïaques, extrêmement susceptible, très agressif à mon égard. Il s'était mis à hurler dans la cour intérieure de mon immeuble. Je lui ai demandé de cesser, à cause des voisins. Il a recommencé une autre fois – je lui ai donc demandé de ne pas revenir.

Cartes de vœux et faire-part

Je ne prétends pas qu'il est facile de quitter un patient. Non. C'est toujours un moment d'intense émotion. Au moment où la fin de la cure se profile, c'est-à-dire où le patient peut vivre avec sa souffrance – bien entendu, elle continue d'exister, la psychanalyse ne prétend pas annihiler toute douleur psychique, mais seulement permettre de vivre avec –, à ce moment-là, nous convenons d'une date. « La dernière séance sera le 15 mai. » Le jour arrive, la dernière séance arrive. Je me lève, j'accompagne le patient à la porte, je lui serre la main, je lui dis : « Je suis très heureux de vous avoir eu comme patient » et j'ajoute que je serai toujours là, mais cette fois de façon ponctuelle, pour une ou deux séances, jamais plus ; et qu'il peut toujours me rappeler. Sinon, ce serait sans fin ! Il m'est arrivé en effet de les revoir, de façon ponctuelle. Mais jamais plus.

Ce qui me rend vraiment heureux, c'est de recevoir des lettres, des faire-part, des petits mots de mes anciens patients. (Il se lève et va chercher, soigneusement rangée dans son tiroir, une liasse de lettres.) Regardez cela : c'est une jeune femme qui ne parvenait pas à avoir un bébé ; elle m'envoie une photo de son enfant. Et regardez toutes ces cartes de vœux. Les patients doivent le savoir : ça fait vraiment très plaisir d'avoir de leurs nouvelles. Même si, franchi le seuil de la porte, ils ne nous doivent bien évidemment plus rien.

Remerciements

Merci aux dix-huit témoins qui se sont confiés sans fard, sans compter leur temps ou leur fatigue.

S. C.

Table

Des mêmes auteurs :

De Sophie Carquain

Cent histoires du soir, Paris, Marabout, 2005

Petites histoires pour devenir grand. À lire le soir pour aborder avec l'enfant ses peurs, ses tracas, ses questions, Paris, Albin Michel, 2003

Petites histoires pour devenir grand, 2. Des contes pour leur apprendre à bien s'occuper d'eux, Paris, Albin Michel, 2005

Petites leçons de vie. Pour l'aider à s'affirmer, Albin Michel, 2008

Entre sœurs. Une question de féminité (avec Maryse Vaillant), Albin Michel, 2008

Les Objets bavards : de la Barbie au Caméscope, Le Rocher, 2009

Cent comptines farfelues, pour rire et grandir, Marabout, 2010

24 histoires avant Noël, Albin Michel Jeunesse, 2011

De Maryse Vaillant

Comment aiment les femmes. Du désir et des hommes, Paris, Le Seuil, 2006

Il m'a tuée. Au cœur des secrets de famille, Paris, Pocket, 2005

Pardonner à ses parents. Il n'est jamais trop tard pour se libérer des secrets de famille, Paris, Pocket, 2004

L'Adolescence au quotidien. De quelques principes utiles à l'usage des parents, Paris, Pocket, 2003

La Réparation. De la délinquance à la découverte de la responsabilité, Paris, Gallimard, 1999

Encyclopédie de la vie de famille. Les psys en parlent, Paris, La Martinière, 2004

Une année singulière avec mon cancer du sein, Albin Michel, 2008

Les Hommes, l'amour, la fidélité, Albin Michel, 2009

Au bonheur des grands-mères, Érès, 2010

La Répétition amoureuse, sortir de l'échec (avec Sophie Carquain), Albin Michel, 2010

Mes petites machines à vivre, Lattès, 2011

Être mère : mission impossible ?, Albin Michel, 2011

Avec Judith Leroy

Range ta chambre ! Petit traité d'éducation familiale, Paris, J'ai lu, 2006

Cuisine et dépendances affectives. Pour mieux comprendre nos rapports à l'alimentation, Paris, Flammarion, 2006

Vivre avec elle. Mères et filles racontent, Paris, La Martinière, 2004

Composition réalisée par Datagrafix

Achevé d'imprimer en janvier 2012, en France sur Presse Offset par
Maury-Imprimeur – 45330 Malesherbes
N° d'imprimeur : 170409
Dépôt légal 1re publication : février 2012
LIBRAIRIE GÉNÉRALE FRANÇAISE – 31, rue de Fleurus – 75278 Paris Cedex 06

31/6618/8